U0905141

■ 本书为中央级公益性科研院所基本科研业务费专项资金资助项目

"十二五"国家重点图书

IAED

Study on Policies Promoting the Merger and Reorganization of Agricultural Leading Enterprises

促进农业产业化龙头企业兼并重组政策研究

■ 蒋和平 蒋辉 蒋黎 / 著

前 言

农业产业化龙头企业是助推我国农业产业结构转型和农业现代化发展的重要力量。通过完善农业产业化龙头企业扶持政策措施，有助于提升农业产业化发展水平，支持龙头企业通过兼并、重组、收购、控股等方式组建大型企业集团，打造农业产业化发展的“领头羊”。支持龙头企业快速发展，做大做强龙头企业，对于提高农业组织化程度、加快转变农业发展方式、促进现代农业建设和农民就业增收具有十分重要的作用。

在我国农业产业化龙头企业兼并重组的进程中，政府发挥着至关重要的作用。如何在充分尊重市场的前提下，发挥政府引导、协调、服务和监管的职能，以有效推动兼并重组的进行，是当前农业产业化发展实践中面临的一个重大课题，更是一个没有现成经验和成功模式可以参考借鉴的理论难题。目前我国农业产业化龙头企业兼并重组现状和发展趋势如何，面临的政策环境怎样，政府在其中所起的作用是什么，有哪些可以借鉴的兼并重组模式，相关的扶持政策和优惠措施是否有效以及如何进一步优化，针对上述有关农业产业化龙头企业兼并重组的重要理论和实践问题，我们组建了“促进农业产业化龙头企业兼并重组政策研究”课题组，并撰写了本书。全书共分为10章：第1章是导论；第2章是龙头企业兼并重组的理论基础研究；第3章是农业龙头企业在我国农业产业化进程中的作用；第4章是我国农业产业化龙头企业发展现状及趋势；第5章是农业产业化龙头企业兼并重组的国际经验比较研究；第6章是农业产业化龙头企业兼并重组存在的现实问题；第7章是农业产业化龙头企业兼并重组的政策环境分析；第 8 章是农业产业化龙头企业兼并重组中的政府行为分析；第 9 章是农业产业化龙头企业兼并重组的主要模式研究；第 10 章是农业产业化龙头企业兼并重组的政策建议。

全书在课题研究成果的基础上，对龙头企业兼并重组的理论基础进行了深入系统的研究，并结合实际对农业龙头企业在我国农业产业化进程中起到的重要作用，以及我国农业产业化龙头企业的发展现状及趋势进行了全面分析。同时，选取美国、法国、日本等发达国家企业兼并重组的案例进行了深入剖析和总结。为更好地了解我国农业产业化龙头企业兼并重组的现实情况和面临的具体问题，课题组先后赴北京、广东、四川、重庆和辽宁等地，对广东四会市、广东温氏集团股份有限公司、北京汇源饮料食品集团有限公司、中华棉花集团有限公司、中国供销农产品批发市场有限公司、大北农集团公司进行了相关调研，收集了翔实的一手资料和信息，并且分产业对于几种典型的企业兼并重组问题进行了实证分析。

为了进一步了解我国农业产业化龙头企业兼并重组、实际情况，课题组对农业产业化龙头企业兼并重组过程中具有典型代表性的地区进行实地调研，通过对五种不同类型农业产业化龙头企业兼并重组模式的研究，总结和归纳了出资购买型、投资控股型、无形资产入股型、资产划拨型四种成功的运行模式，这四种典型模式涵盖了我国部分农业产业化龙头企业兼并重组的特点，对其他地区和龙头企业具有一定的借鉴作用。在我国，由于农业产业化的发展离不开各级政府的支持和帮助，加上农业产业化龙头企业兼并重组涉及的扶持政策更为复杂，因此，我们也深入研究了各级政府如何发挥引导和扶持作用，制定有效政策，提出了推动农业产业化龙头企业兼并重组的工作思路和对策。

在促进农业产业化龙头企业兼并重组政策研究过程中，研究团队每一个成员都感触颇深。农业产业化龙头企业的兼并重组既是一个重要的理论和实际问题，也是值得关注的农业产业化发展的实践问题。中国的国情和发展阶段决定了中国农业产业化龙头企业的兼并重组模式既不同于美国和欧盟，也不同于日本和韩国，未来对我国农业产业化龙头兼并重组还有很多研究工作需要开展，有关农业产业化龙头企业兼并重组的成果也需要不断地充实和完善。

由于时间紧、科研任务重，加上课题组研究刚刚起步，本书的成稿难免会存在一些问题，恳请同行专家和学者能够不吝赐教，提出批评意见和建议，共享经验，相互交流，以期推动我国农业产业化龙头企业兼并重组理论与实践更好的发展。

蒋和平

2013 年 8 月

目录

Contents

第1章

导　论

我国农业现代化转型的进程就是农业产业化快速发展的过程。而在构建现代农业产业体系和新型农业经营格局中，农业产业化龙头企业起着至关重要的作用，一方面它代表了现代农业发展的方向，有助于推动我国农业经济体制机制的创新；另一方面它便于集成资本、技术、人才等生产要素，带动专业化、标准化、规模化、集约化和安全化生产，有助于全面提升农业生产的组织化程度和水平、加快转变农业发展方式和显著提升农业的比较效益。虽然经历了改革开放后几十年的快速发展，我国农业产业化龙头企业发展取得了长足进步，其规模经济效益不断显现，但从整体上来看，还呈现出“龙头”的带动效应不突出、产业集中度不高、企业小而分散、社会化专业化水平较低、能引领行业发展的大企业数量有限、龙头企业发展的软环境有待进一步完善等诸多问题。以农业产业化集中度为例，粮食种植方面，2010 年全国农垦系统共生产稻谷 1 514 万吨，占全国的 8. 72%；生产小麦 335 万吨，占全国的 2. 92%。其中，国内最大粮食种植企业——北大荒集团粮食产量仅占全国粮食总产量的 3. 56%。禽畜养殖方面，国内最大养殖企业——温氏集团 2011 年上市肉鸡 7. 77 亿只，占全国上市量的 10%，而生猪出栏量 663 万头，占全国的不到 2%。饲料生产方面，国内最大饲料生产企业——新希望集团 2010 年饲料产量占全国的 7. 49%，且近 3 年有下降趋势[①]。上述数据在一定程度上表明，中国虽然是农业大国，但行业内上规模的企业数量较少，其产值在全国所占比重也很小，产业集中度仍处在较低水平。因此，通过兼并、重组、收购、控股

① 方方：《农业产业化：呼唤龙头企业》，载《中国经济导报》2013 年 2 月 28 日。

等方式，推动跨区域、跨行业、跨所有制的资源整合，组建大型企业集团，使龙头企业发挥辐射带动作用进而推进农业产业化的快速发展具有重大意义。

1.1 研究背景

近年来，国家对农业产业化龙头企业非常重视，相继出台政策措施，支持龙头企业通过兼并、重组、收购、控股等组建大型企业集团，支持龙头企业建设原料基地、节能减排、培育品牌。2008～2012 年，中央财政累计安排拨付现代农业生产发展资金 381 亿元①，有效促进了优势特色主导产业加快发展和转型升级，加快了农业现代化步伐，在税收方面对农业产业化龙头企业也多有减免。而在 2013 年由 12 部门联合发布的《关于加快推进重点行业企业兼并重组的指导意见》中更是首次针对农业产业化龙头企业提出，要支持农业产业化龙头企业通过兼并重组、收购、控股等方式，组建大型企业集团。在多项政策的扶持下，以龙头企业为主的产业化经营组织快速发展，优化了农业生产经营组织形式，并成为农业生产和农产品市场供应的重要主体。“十一五”期间，我国农业产业化龙头企业实力不断增强，品牌效应显著提升，基地规模不断扩大，到“十一五”末，已经形成了以 1 253 家农业产业化国家重点龙头企业为核心，8 000 多家省级龙头企业为骨干，10 万余家中小型龙头企业为基础的发展格局，各类龙头企业销售收入突破 5 万亿元，从业人员近 3 000 万，企业固定资产近 2 万亿元，比“十五”末增长 1.2 倍②。在龙头企业自身发展壮大的同时，也有效带动了农业增效和农民增收，通过保护价、加价收购、利润返还、分红等方式，与农户建立了更为紧密的利益联结机制，其中通过合同、合作、股份三种方式带动农户的产业化组织数占总数的98%，比“十五”末提高了 11.3%，2010 年，国家重点龙头企业带动农户总数 6 415.4 万户，

① http://www.gov.cn/gzdt/2012-11/07/content_2259193.htm.

② http：//www.moa.gov.cn/hdllm/wszb/zb44/.

平均每个企业带动7.7万户，其中订单农户3 613.7万户，占带动农户的56.3%①。在注重规模扩大的同时，各级各类龙头企业也更加重视质量安全和品牌建设，截至2009年底，国家重点龙头企业建立了完善的质量管理制度，90%以上企业获得两种以上质量认证，有475家国家重点龙头企业获得驰名商标或名牌产品称号②。农业产业化龙头企业有力促进了“三农”事业的快速发展。但在发展过程中，龙头企业也面临着不少问题，诸如企业规模小、融资渠道狭窄、创新能力不够、生产经营成本压力大、市场风险加大、扶持政策落实不到位、核心竞争力欠缺、带动辐射力有待提升等现象始终伴随着农业产业化龙头企业的发展全过程。为了解决产业集中度不高、产业链条不健全、产业体系不完善、引领行业健康发展的大企业严重缺乏等问题，我国近年来出台了一系列政策，希望通过各种形式的兼并重组来“培育壮大龙头企业，打造一批自主创新能力强、加工水平高、处于行业领先地位的大型龙头企业。引导龙头企业向优势产区集中，形成一批相互配套、功能互补、联系紧密的龙头企业集群，培育壮大区域主导产业，增强区域经济发展实力”。由此在我国掀起了一股农业产业化龙头企业兼并重组的浪潮，各级政府集中资金、人才、技术等要素资源，重点培育一批起点高、规模大、带动强的行业领军型龙头企业，打造一批引领行业发展的大型企业集团，并支持符合条件的重点企业上市融资。农业部的相关规划表明将会用3~5年时间，培育100家年销售收入超过100亿元的重点行业领军企业，重点做大做强龙头企业。创建500个主导产业更加突出、集聚效应更加明显、产业链条更加完整、辐射带动能力更加显著的国家农业产业化示范基地。

1.2 问题的提出

在龙头企业资产重组过程中，必须灵活运用资本运营手段，鼓励农产品的生产、加工企业与外贸企业联合，组建大型企业集团，重组规模小、

①② http://www.moa.gov.cn/hdllm/wszb/zb44/.

经营困难的农产品生产、加工、销售企业，盘活闲置资产、扩大规模，进行低成本扩张，并按照现代企业制度的要求改为规范的股份制企业。

但是在推动企业兼并重组过程中仍面临诸多问题。一方面，在实践层面，除了受到产业结构调整、发展方式转型、国有资产处置、企业兼并重组会计处理等问题的限制外，还存在各级地方政府出于狭隘的地方本位和“税源保护”思想而采取种种措施限制农业企业兼并重组的现象。由于中国现行的财税体制是“分税制”和转移支付制度相结合，在企业兼并重组尤其是涉及跨区域的兼并重组时，部分地方担心被重组后的企业将不再为地方财政做出贡献，常常出于对税源外流和税收再次分配的担心而设置障碍。另一方面，在理论层面，虽然有大量研究涉及企业兼并重组问题，但却鲜有论及农业产业化龙头企业的成果，对于农业产业化龙头企业作为一般企业兼并重组的共性研究较多，但从“农业产业”角度探讨这些企业兼并重组特性的研究较少，对于农业产业化龙头企业兼并重组的原则、意义等宏大命题探讨较多，但对于兼并重组的过程、路径、模式、政策等实务操作层面的研究较少。这就使得我国的农业产业化龙头企业兼并重组面临显著的困境，一边是现代农业发展和农业发展方式的转型急需农业产业化龙头企业兼并重组的大力推进，而另一边却是相关的理论指导非常薄弱且在实践中阻力重重。

所谓的兼并重组是指企业在经营过程中由于权益变更而导致企业控制权归属和资产规模、比例、结构等发生重大变化的事件和行为。一般而言，兼并是指两家或以上的企业合并组成一家企业，通常由一家占优势的公司吸收一家或更多的公司。前者保留其独立性并获得后者的财产、责任、权利，后者不再是一个独立的企业法人。重组是指资产主体的重新选择和组合，它可能体现出来的是资产项目的重新组合，也可能是负债结构的变化，还可以是所有者权益主体的变更。国际上通行的资产重组主要方式是资产剥离和兼并重组，在我国，通用的实现方式包括公司制改组、承包、租赁、兼并、收购、托管、破产重组等。兼并重组往往涉及企业重大的实质性的经济或法律结构的改变，只有被兼并重组企业资产的实质性转让，才构成真正意义上的兼并重组。由此可见，企业兼并重组的内涵丰富、表现形式多样、实现过程复杂，而农业产业化龙头

企业兼并重组更具独特性和复杂性。为此，必须从理论和实践层面对于农业产业化龙头企业兼并重组进行系统梳理归纳。本研究旨在为各级政府提供在市场经济条件下促进农业产业化龙头企业兼并重组的政策、路径和模式选择。在吸收国内外已有研究成果的基础上，提出和界定农业产业化龙头企业兼并重组的原理、内容、层次、结构、特征和类型，探讨促进农业产业化龙头企业兼并重组的基本思路和主要制约因素，明确促进农业产业化龙头企业兼并重组的外部推动和内部变迁的基本路径。同时，通过农业产业化龙头企业兼并重组案例研究，总结和归纳其成功经验和应吸取的教训。对不同类型农业产业化龙头企业兼并重组的四大运行模式进行研究，深刻揭示农业产业化龙头企业兼并重组的内在机理和运行规律，从实践角度对比归纳出农业产业化龙头企业兼并重组运行模式，并进一步论证和检验所提出的理论、方法和运行模式的适用性及可行性，为促进农业产业化龙头企业兼并重组、推动农业产业化龙头企业快速发展提供理论依据和科学方案。

为此，我们分产业、分类型对北京、广东、江苏、河南、重庆等地有代表性的农业产业化龙头企业进行了系统调研，选择了北京汇源饮料食品集团有限公司、中粮集团、北京新发地农产品有限公司、北京首农集团、中华棉花集团有限公司、广东省四会市、广东温氏集团、中国供销农产品批发市场控股有限公司等作为典型案例进行深入分析，试图通过规范的案例研究，将我国农业产业化龙头企业兼并重组的真实状况、现实问题及发展趋势呈现出来，并进一步概括出几种典型的农业产业化龙头企业兼并重组模式。

1.3 基本思路及框架

1.3.1 基本思路

本书的基本思路如图1－1所示，主要分为总体设计、综合分析、系统研究、案例剖析和形成结论五个方面。

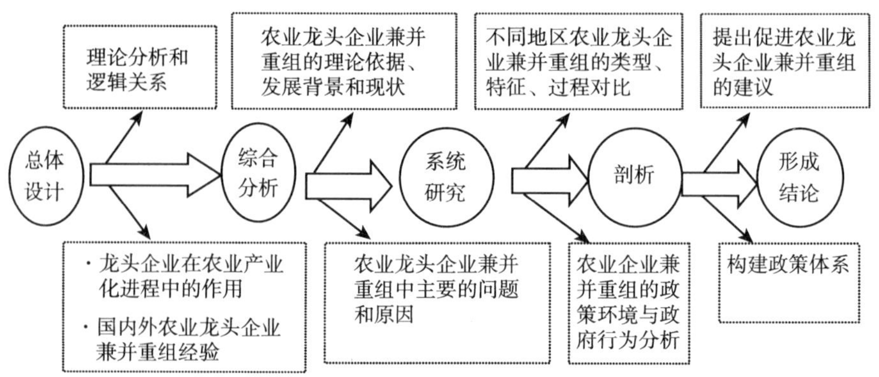

图 1-1　本书的基本思路

总体设计阶段，进行国内外研究文献检索和查询，了解和掌握发达国家在促进龙头企业兼并重组发展方面的做法和成功的经验。总结和归纳国内农业产业化龙头企业发展现状、龙头企业兼并重组的主要研究进展，为下一步研究奠定理论基础，并形成全书的总体设计。

在综合分析阶段，开展案例调研，以北京、广东、江苏、浙江、辽宁、河南的数十个重点国家农业产业化龙头企业，以及全国多个农业产业化示范基地为例进行调查，了解当前农业龙头企业在产业结构升级、自主创新、兼并重组等方面的相关情况，以及国家产业扶持政策的推动情况。在此基础上，分析农业龙头企业在兼并重组过程中遇到的困难和瓶颈，了解现行国家对龙头企业兼并重组的主要支持政策及存在的问题。

在系统研究阶段，对不同地区农业龙头企业兼并重组的类型、特征、过程进行对比研究，适当地补充典型市县案例，进行全面的案例分析和综合研究，得出研究结论，提出促进农业龙头企业兼并重组的可行建议并构建切合我国农业发展实际的政策体系。

1.3.2　研究内容及框架

本书的研究分别从理论和实践两个层面展开，理论研究方面首先探讨了龙头企业兼并重组的理论依据和理论内涵，实践层面主要围绕我国农业产业化龙头企业在农业产业化进程中的作用、发展现状和发展趋势、农业产业化龙头企业兼并重组的国内外经验比较、分产业分类型农业产业化龙头企业兼并重组的现实问题政策环境、兼并重组中的政府行为、农业产业化龙头企业兼并重组的主要模式和推动农业产业化龙头企业兼并重组的政策建议五个方面展开。各研究内容在逻辑上相互衔接，构成一个完整的研究体系。本书的研究框架及主要内容之间的逻辑关系如图1－2所示。

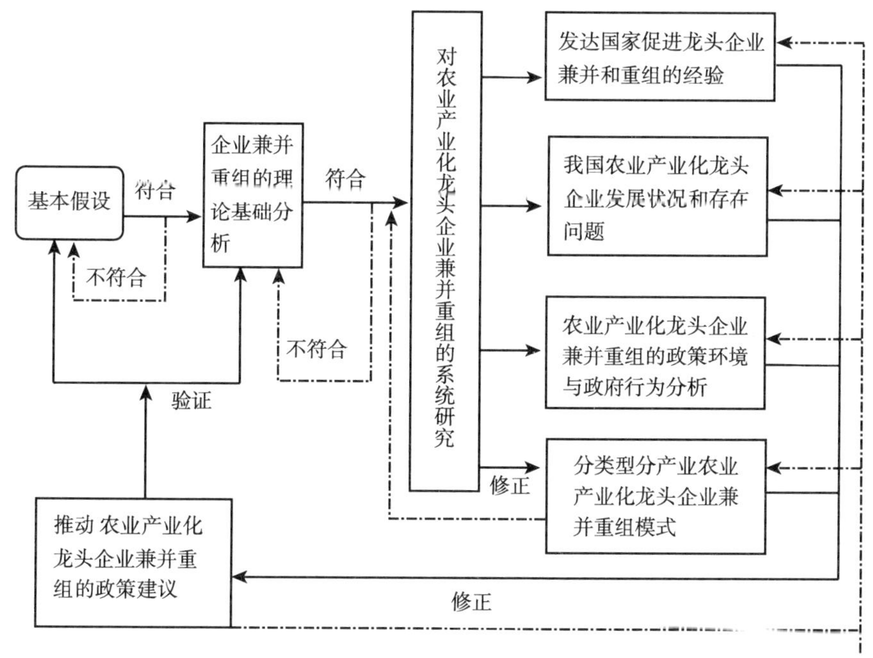

图1－2 本书的基本框架及内容的逻辑关系

本书的基本内容可概括为以下几个方面。

（1）龙头企业兼并重组的理论基础研究。龙头企业兼并重组的理论研究是后续项目研究的基石，其目的在于重新审视新形势下产业结构调整对农业产业化龙头企业兼并重组的要求，为不同行业龙头企业兼并重组研究奠定理论基础，因此我们首先理顺龙头企业兼并重组的发展背景、依据和原则等（见图1－3）。

（2）农业龙头企业在我国农业产业化进程中的作用。在探讨农业产业化、农业产业化龙头企业等与本研究相关的重要概念及其内涵的基础上，借鉴理论研究及各地实践中对于农业产业化龙头企业的认定标准，得出本

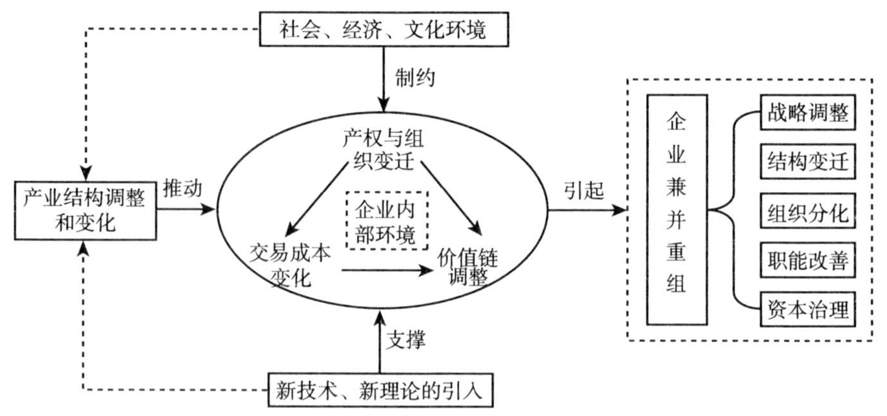

图1-3　企业兼并重组的环境、演变及其驱动

研究对于“农业产业化龙头企业”这一概念的界定，进而深入探讨农业产业化龙头企业的特征及其对于推进我国农业产业化进程所起到的重要作用。

（3）我国农业产业化龙头企业发展状况。研究农业产业化龙头企业发展的特点、类型、发展过程，在此基础上，针对国内农业产业化龙头企业的现状，研究其在产业升级、结构调整中遇到的困难和问题，提出解决问题的方案，并国家现行的扶持政策，讨论其未来的发展趋势。

（4）农业产业化龙头企业兼并重组的国内外经验比较研究。将农业产业化龙头企业与企业兼并重组的理论相结合，从美国、法国、日本等一些发达国家龙头企业在兼并重组中的先进做法入手，分析龙头企业兼并重组在不同条件和政策环境下的进程和发展，吸取经验；从我国农业产业化龙头企业发展的现状出发，找出我国农业龙头企业在产业发展质量和效益上存在的问题，以及进行企业兼并重组的必要性和可行性，为进一步的案例分析打下宏观研究基础（见图1-4）。

（5）农业产业化龙头企业兼并重组存在的现实问题与模式分析。从农业产业化龙头企业兼并重组的实际案例研究出发，分产业、分区域对农产品加工国家重点龙头企业——汇源集团、大型农业产业化龙头企业中华棉花集团有限公司、广东省四会市为例、畜牧养殖龙头企业——广东温氏集团、大型农产品流通企业——中国供销农产品批发市场控股有限公司等进

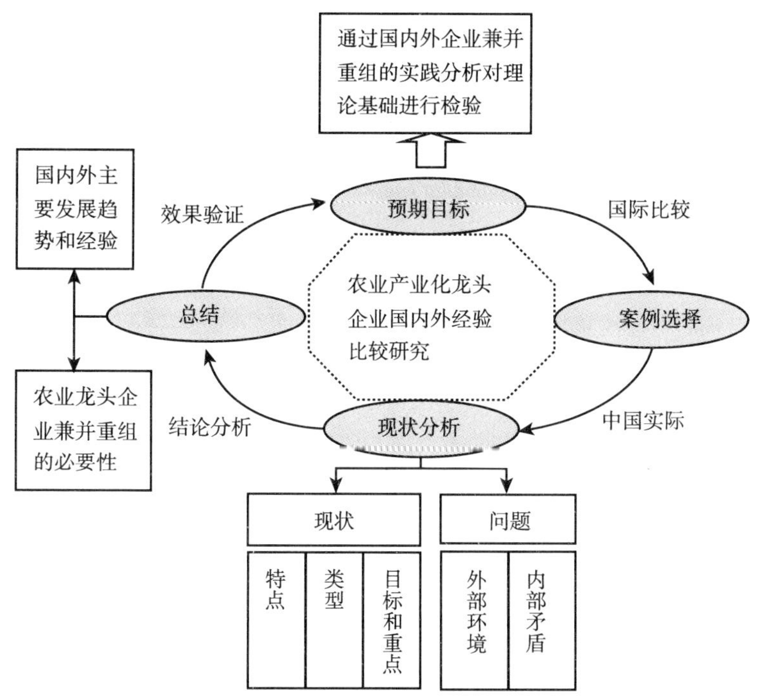

图1-4 农业产业化龙头企业兼并重组的国内外经验比较研究框架

行系统全面的调研，对我国龙头企业兼并重组的主体、市场体系、实现路径、类型进行考察；进一步分产业类别和产业规模对于农业龙头企业的产业结构调整、组织变迁、职能分化等几个方面进行总结和案例比较，找出影响其兼并重组的关键驱动力，以及我国农业产业化龙头企业进行兼并重组的经验和主要趋势（见图1-5）。在系统调研的基础上概括了出资购买型、投资控股型、无形资产入股型和资产划拨型四种典型的农业产业化龙头企业兼并重组模式。

（6）农业产业化龙头企业兼并重组的政策环境与政府行为分析。农业产业化龙头企业兼并重组进程、成效在一定程度上受到宏观的政策环境和微观的政府行为影响，对此，我们从公共政策学、公共经济学的角度进行了系统分析。实践层面，从兼并重组政策出台的历史背景、政策环境特征、政策障碍及优化等方面，全面探讨了我国的农业产业化龙头企业兼并重组政策环境；从理论层面分析了政府介入农业产业化龙头企业兼并重组的依据、动因、行为方式、效应和职能。

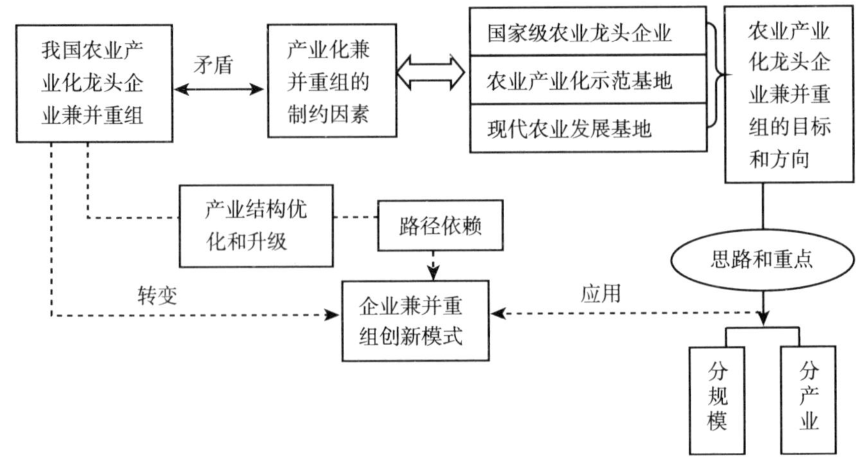

图1－5　农业产业化龙头企业兼并重组的案例分析和模式研究

（7）推动农业产业化龙头企业兼并重组的政策建议。推动农业产业化龙头企业兼并重组，是加快农业发展方式转变和农业产业结构调整的基本要求之一。结合国内外学者的研究成果，我们提出推动农业产业化龙头企业兼并重组的工作思路，并分类型给出了农业产业化龙头企业兼并重组政策建议。

1.4　本书的现实意义与创新

本书主要围绕农业产业化龙头企业兼并重组，探讨如下理论和实践方面的关键问题：

（1）运用农业经济学原理和企业管理学理论知识来分析龙头企业兼并重组背后的机理，揭示农业产业化龙头企业兼并重组的内涵、特征、类型和方式，找出机制创新、体制创新、政策创新、结构创新与推进农业产业化龙头企业的作用关系和内在规律，为推进农业产业化龙头企业兼并重组提供理论依据和科学方案。

（2）通过对国内外农业产业化龙头企业兼并重组成功经验和典型案例的比较，分析我国农业产业化龙头企业兼并重组的发展现状和存在的问题，为解决这些问题提供可操作方案。

（3）通过对主要省市的实地调研，对农业产业化龙头企业兼并重组案例和模式开展研究，找出其运行成功的模式和可供借鉴的经验，分析其运行过程中存在的主要制约因素和问题，为其他地区推进农业产业化龙头企业提供参考。

（4）运用公共政策学和公共经济学的理论，全面系统地分析了农业产业化龙头企业兼并重组政策的产生背景、政策特征、政策障碍、政策趋势及在兼并重组过程中政府的行为模式及其效应，进而指出了优化政策环境和政府行为的路径，相关研究对于健全完善农业产业化龙头企业兼并重组政策，调整相关体制机制提供了有益思路。

（5）通过对推动农业产业化龙头企业兼并重组工作思路的研究，提出推动农业产业化龙头企业兼并重组的基本原则、发展目标、实施方案和工作重点，为促进产业结构优化升级，加快转变经济发展方式，保持经济平稳较快发展提供政策依据。

本研究试图在既有研究的基础上有所提升和创新。在对我国农业产业化龙头企业兼并重组的概貌和基本脉络进行梳理的基础上，通过经验和案例研究，探讨共性的、一般的、规律性的东西。具体而言，有几个方面的创新：

（1）在推动农业产业化龙头企业兼并重组的理论基础研究上有创新。把推动农业产业化龙头企业产业兼并重组的理论研究与各地国家级农业产业化龙头企业的实际运行案例相结合，揭示农业产业化龙头企业兼并重组的内在机制和规律，拓展其研究对象，从而深化农业产业化龙头企业兼并重组的理论基础研究。

（2）在研究农业产业化龙头企业产业兼并重组路径选择上有所创新。采用定性和定量分析的方法，从龙头企业在产业发展、公司治理机制体制创新和技术自主创新等方面进行考察，找出部分重点国家龙头企业产业结构优化进程，以及龙头企业进行兼并重组的主要路径和方式，为其他龙头企业提供参考方案。

（3）在分类型农业产业化龙头企业比较研究上有所创新。通过对北京、广东、四川、河南、江苏的国家级重点农业产业化龙头企业以及各地农业产业化示范基地的龙头企业进行分类和案例比较，找出国家现行对农业龙头企业支持政策存在的问题和主要制约因素，总结和归纳农业产业化龙头企业兼并重组成功的运行模式，为不同规模龙头企业的兼并重组提供参考方案和实现途径。

（4）在研究农业产业化龙头企业兼并重组的工作思路上有所创新。从技术、制度、社会、市场等多个角度出发，提出加强对企业兼并重组的引导政策和扶持措施。同时，从税收、融资、财政扶持和科技创新等方面研究推动农业产业化龙头企业兼并重组的政策，以及改进对兼并重组的管理和服务等方面的实施方案。为各地推动农业产业化龙头企业兼并重组提供工作思路和参考方案。

在当前我国面临着现代农业转型和大力构建新型农业经营体系等新形势、新背景下，探讨农业产业化龙头企业兼并重组问题就显得尤为重要。在中国这样一个传统的农业大国和农业产业弱国，农业如何走出弱、小、散、差的困局，一直是社会各界高度关注的热点和难点，通过兼并、重组等一系列方式来做大做强农业产业化龙头企业，打造农业产业发展的航母似乎是一条较为可行的路径，本书将从理论和实践两个层面对于实现上述路径提供一套系统、全面、科学的理论体系。

第2章

龙头企业兼并重组的理论基础研究

龙头企业兼并重组的理论研究是后续项目研究的重要基石，其目的在于重新审视新形势下产业结构调整对农业产业化龙头企业兼并重组的要求，为不同行业龙头企业兼并重组研究奠定理论基础。本章将基于管理学、经济学和产业组织等理论，分析企业兼并重组的理论基础，如产权理论、交易成本理论、规模效率理论、协同理论等，理顺龙头企业兼并重组的发展背景、依据和原则等，提出龙头企业兼并重组外部环境及内部驱动因素。

2.1 龙头企业兼并重组的理论基础

兼并泛指两家或两家以上的企业进行合并的市场交易行为，合并会导致双方企业资产和负债的联合。例如，我国《关于企业兼并的暂行办法》第一条指出，“……企业兼并，指一个企业购买其他企业的产权，使其他企业失去法人资格或改变法人实体的一种行为。”企业兼并的基本点是合并或吸收其他企业法人资产，从而实现产权转移和所有权变更。合并中兼并企业和被兼并企业的区分并不重要。兼并包括吸收合并与新设合并。而重组的概念比兼并更广泛，既包括企业间的兼并、收购、合并等，也包括企业间或企业内部各要素的重组结合，如业务重组、产品重组、功能重组、资产重组等，以实现完全控制对方、优化资源配置的目的。因此，可以认为，兼并重组指通过企业的兼并、合并、收购、出售、重组等方式，实现企业的资产主体及各个要素的重新选择和组合，以优化企业资产结构，提高企业资产质量，建立起符合市场经济要求的、具有竞争力的资产组合体系的一系列行为。

企业兼并重组整合已成为现代投资的一种主流形式，作为企业的一项重大投资决策与行为，理应以增强企业竞争优势从而创造更多经济利润为中心。这里主要从产权理论、规模效率理论、交易费用理论、协同理论和市场实力理论等方面，为龙头企业的兼并和重组提供理论基础。

2.1.1 产权理论

产权理论研究的是产权安排与运行效率之间的内在关系，是现代制度经济学重要的理论基础。其主要内容是探讨如何通过界定、变更和安排产权及产权结构来降低或消除市场机制运行的社会成本，提高运行效率，改善资源配置，加快技术进步，促进经济增长。产权理论认为，不同的物品或资财有着自己特殊的属性，对应着相应的产权安排并产生不同的社会费用，从而决定着运行效率的高低。产权安排或产权结构的改善可以降低交易费用，从而提高运行效率。该理论把资产运作效率低下的原因归结于产权配置的失误，产权配置失误就是指产权没有配置给生产效率最高的人选，通过对产权的重新界定和产权结构的变更，可以克服原有的产权配置引起的动力不足的问题，提高资产的运作效率。

2.1.2 规模效率理论

规模效益理论是指兼并后随着企业规模的扩大，经营成本下降，利润增加的现象，即“1 +1 >2”的理论。兼并后，企业可以取得规模效益，通过横向兼并，可以使企业生产的专业化程度更高，降低单位产品的成本；通过纵向兼并，可以把由于专业化引起的各生产流程的分离，纳入同一企业，减少环节间隔，降低生产、运输等成本。具体包括以下几个方面：首先，通过兼并扩大了企业规模，降低了单位产品的管理费用：其次，通过兼并可以降低单位产品的销售费用；最后，通过企业间的优势互补，可以提高企业技术水平。企业规模经济的协同作用对横向兼并的作用

是最直接的。一方面横向兼并扩大了企业的生产规模，降低了单位生产成本，提高了生产效率；另一方面，横向兼并形成了卖方集中，提高了企业的市场权力，形成了一定程度的行业或地区的垄断。总之，通过企业兼并可以影响企业规模，使其尽可能达到规模经济的要求，实现经营成本最小化、经营利润最大化的目标。

2.1.3 交易费用理论

现代交易费用理论认为，节约交易费用是企业结构多变的唯一动力。企业兼并实质上是企业组织对市场的替代，是为了减少生产经营活动的交易费用。交易费用理论用“资产专用性”概念来解释纵向兼并，资产专用性是指某项资产或生产要素适合于某种特定的配置，资产专业性越高，市场交易的潜在费用越高，纵向兼并的可能性也就越大，当资产的专用性达到一定程度时，市场交易的潜在费用就会阻止企业继续依赖市场，而将其相关部分内化，这时纵向兼并就出现了。根据交易费用理论，无论什么形式的企业兼并都是企业内部协调对市场机制的替代，其目的是节约交易费用。当市场交易成本大于企业内部协调成本时，旨在使交易内在化的兼并就会发生。企业兼并，就其实质来说，是企业组织对市场的替代，是对外部市场不确定性的一种反应。交易费用理论对企业兼并现象这种系统解释在理论上具有很强的说服力，但由于其分析方法抽象，因此难以得到系统检验。

2.1.4 协同理论

协同理论假设在某一行业中确实存在着规模经济，在未发生重组前，各公司的经营水平都未能达到预期规模经济的要求。经营协同主要存在于横向或纵向重组中。以横向重组而言，通过扩大产品的数量并控制固定成本，使得单位产品成本处于某一临界值上，兑现经济节约。此种经营经济是规模经济的代表形式，重组后在各方面都形成利好。这种重组所带来的调整速度要快于内部发展的调整速度，并且还可能存在实现管理协同效应的机会。以纵向重组而言，将同一行业中处于不同发展阶段的企业重组在一起，可以获得各种不同水平的更有效的协同。通过纵向重组有效减少沟通成本、各式各样的讨价还价和投机行为。

2.1.5 市场势力理论

所谓市场势力是指企业对市场的控制能力，企业在具有强大市场势力的条件下，可以获得相对的垄断权，这有助于企业保持垄断利润和对其他企业的优势，在不同的兼并方式下，获得的市场势力可能会有所不同。市场势力理论认为，通过兼并活动，可以减少竞争对手，加强垄断程度，提高市场占有率，获得超额利润。在行业生产能力过剩、竞争日趋激烈，或是国内市场遭受国际市场的强烈冲击，或是法律对企业的垄断制裁日益严格的情况下，企业往往通过兼并重组来达到增强市场势力、增加利润的目的。企业可以通过横向兼并，实现规模经济，提高在行业中的垄断程度，通过纵向兼并增加对原材料和销售渠道的控制，最终提高企业对市场的控制能力。其中横向兼并对企业的市场势力的增强最为有效。在当代，面对各国的贸易壁垒，兼并也成为超越贸易壁垒，占领新兴市场或阻碍市场被占领的重要手段。

在我国当前的企业资产经营和重组中，经常出现“公司兼并重组”这个用语，“兼并重组”（有时称为“购并”），是“兼并”和“收购”这两个词的合称，用英文表述为“Merger & Acquisition”，缩写为“M&A”，即公司兼并和收购的总称。收购强调的是行为，而兼并强调的是结果，此外收购这一行为可能导致兼并的结果。把这两个词放到一起，纯粹是经济学意义上的，都包含着若干经济力量组合，凝聚到一起的含义，兼并重组的过程达到重组的目的，所以说兼并重组，就是公司通过收买其他企业部分或全部的股份，取得对这家企业控制权，并对企业进行重新整合的产权交易行为。兼并重组作为市场经济条件下优胜劣汰的一种机制，对优化资源配置，调整产业结构，有效利用规模经济效应，实现生产与资本的迅速扩张，促进国家现代化进程等都是非常有效的手段。

2.2 龙头企业兼并重组的特征、原则和意义

2.2.1 龙头企业兼并重组的意义

近年来，我国各行业、各领域企业通过合并和股权、资产收购等多种形式积极进行整合，兼并重组步伐加快，产业组织结构不断优化，取得了明显成效。但一些行业重复建设严重、产业集中度低、自主创新能力不强、市场竞争力较弱的问题仍很突出。在资源环境约束日益严重、国际上产业竞争更加激烈、贸易保护主义明显抬头的新形势下，必须切实推进企业兼并重组，深化企业改革，促进产业结构优化升级，加快转变发展方式，提高发展质量和效益，增强抵御国际市场风险能力，实现可持续发展。重点推动优势企业实施强强联合、跨地区兼并重组、境外兼并重组和投资合作，提高产业集中度，促进规模化、集约化经营，加快发展具有自主知识产权和知名品牌的骨干企业，培养一批具有国际竞争力的大型企业集团，推动产业结构优化升级。

1. 企业兼并重组可以使企业资源优化配置

企业的主要目标是资本不断增值，实现利润的最大化。在企业兼并重组的经济条件下，企业资产证券化、商品化、市场化，企业不愿将资金投向效益不好的行业，不愿资金闲置，不愿随意浪费资产，尽可能降低产品成本。投资者也更愿意将资金投向效益好、回报丰厚、国家重点扶持发展的部门行业如邮电、交通、能源等领域的企业，这样的结果，资金源源不断流向社会经济发展需要的地区和部门。效益差、当前不宜发展的企业在资金缺乏的情况下或转向投资，或遭市场淘汰，这种经济效益本身的因素，有利于生产要素和社会资源的优化组合，有利于根据市场要素的变化，及时调整产品结构和产业结构。

2. 企业兼并重组可以实现企业的资本经营战略

企业的资本经营战略是在企业对自身条件和外部环境分析的基础上，

为实现企业的资本经营目标而做出的长远的谋略。企业的兼并重组关系企业的长期发展，因此，必须以企业的战略作指导。当企业选择积极进取的发展型资本经营战略时，可以采取兼并、合并、控股、租赁等企业重组形式，促进资本集中、生产规模扩大。当企业选择退却型战略时，则可以采取拍卖租赁等产权转让形式，缩小企业规模，进行产业的转移。

3. 企业兼并重组可增强企业实力

企业通过兼并重组可以扩大经营规模，甚至形成集团作战，适应市场的变化，增强企业的实力。企业通过控制股权，可以使分散的资金聚合，使生产形成规模，实现规模经济；通过兼并重组还可以实现优势互补，获得技术上的优势，实现经验共享和互补，有效地占领市场。这里的经验不单包括曲线效应，还包括企业在技术市场专利产品管理等方面的特长，也包括优秀的企业文化。通过对闲置资产的兼并重组，可以盘活闲置资产，使凝固的资产转向市场流动，调整企业的产品结构，提高资本经营效率。

4. 企业兼并重组可以充分发挥协同效应

通过购并，企业可以获得生产成本、营销成本、企业管理和筹资等方面的经济性，所以资产重组后企业总体效益会大于重组前各独立企业经济效益的算术和，即产生了协同效应。协同效应的一个重要源泉是规模经济，企业通过购并重组，可以使生产规模达到最佳规模，也可使企业在整体产品结构不变的情况下实现产品的专业化生产，从而降低生产成本。企业通过资产兼并重组还可以统筹安排整个企业的采购与销售，提高讨价还价能力，降低供销成本，也可充分利用管理资源，降低分摊在单位产品上的管理费用，还可统一筹措资金，降低单位资金筹措成本，并可集中足够的经费用于研究、开发、设计及技术改造，迅速推出新产品，采用新技术。

5. 企业兼并重组有利于推动现代企业制度创新，推动市场发育

现代企业制度的基本特征是“产权清晰，权责明确，政企分开，管理科学”，建立现代企业制度的关键首先是明确企业的产权关系，改善企业

产权结构，这就必然涉及企业资产的重新组织和调整。而企业兼并重组聚集了改革以来所遇到的与制度有关的所有深层次矛盾，解决这些矛盾无疑将会推动改革的进程，也必然会推动现代企业制度的创新。企业兼并重组要求对企业的人、才、物、技术、信息等资源在不同地区、不同行业、不同部门和不同所有制企业之间自由、规范地流动，必然会促进统一、开放、竞争、有序的全国市场的建设。要顺利进行企业兼并重组，需要有规范的产权交易市场和发达的证券交易市场，这些市场的建设会有利于企业资产兼并重组的开展，进而推动这些市场的发育和成长。

6. 企业通过兼并重组可以扩张资本，增强抵御市场风险的能力

进行兼并重组改造，不仅可以使企业规模扩大，竞争优势得以体现，而且使企业抵御市场风险的能力大大增强，有利于组建企业集团参与国际竞争。企业兼并重组是适应资本国际化、生产国际化的最佳经济模式。我国实行企业兼并重组，可以用发行B股、H股的方式引进国外资金，也可以用发展基金的方式来筹集国外资本。股票、基金的不返还性，无附加政治经济条件等优点，较贷款、借款、外商独资的方式引进资金更优越。同时，让国外投资者以科技开发管理等方式进入企业兼并重组，让国外投资者购买股票后关心企业的发展，其积极作用都是显而易见的。从更长远的角度考虑我国企业兼并重组与国外企业兼并重组的经验，不断完善发展我国企业集团。

2.2.2 龙头企业兼并重组的特征

兼并重组在我国真正兴起只是近十年来的事情，我国企业的兼并在学习了西方国家先进经验的同时，也具有自己的特点。

1. 政府参与

这是我国现行企业兼并的一个显著特点。本来，在较为成熟的市场体制下，企业兼并往往是企业因为激烈的市场竞争而主动选择的一种企业发展战略，是一种正常的市场化行为，若不涉及反托拉斯问题或不正当竞争等法律问题，政府一般没有必要参与具体兼并活动。但在我国，当初选择兼并这种方式的直接目的往往是为了减少企业亏损、减轻财政负担、搞活企业、调整资产存量等，在很大程度上是政府的目标，当企业的法人财产权没有被确认的情况下，政府兼有国有资产所有者代表和行政管理者的双重身份，参与和干预企业的兼并是必然的。事实上，大部分的兼并是在政府的参与下完成的。

2. 企业兼并形式的多元化

从兼并双方所处的行业来看，可以分为同行业兼并与跨行业兼并；按兼并重组双方的产业特征划分，分为横向兼并重组、纵向兼并重组和混合兼并重组；按兼并重组的实现方式划分，分为承担债务式、现金购买式和股份交易式兼并重组；从兼并双方所在的地域来分，有同地域兼并和跨地域兼并；从兼并双方所属的所有制形式来看，有同种所有制兼并和跨所有制兼并；从产权转让的方式来看，也趋于多元化，有承担债务式、购买式等。

3. 兼并动因单一化

从政府角度来看，促成企业兼并重组主要的动因是为了使国有企业减少亏损，减缓财政上的压力。从企业来看，大多是看中了对方的场地、仓库或良好的机器设备，而把多元化经营，降低经营风险等作为兼并重组动因的企业尚属少数。大多数企业兼并重组的动因尚停留在较单一的水平上。而西方企业兼并重组的动因是极其多样的，如有的为了获得协同效应和规模经济效益，有的为了谋求企业的增长，有的为了得到诸如高科技、新工艺或科技管理人才等特殊资产，有的为了提高市场占有率，有的为了多元化经营，降低经营风险，有的为了拓展海外市场，还有的仅仅出于投机的目的，或兼而有之。多元化的兼并重组动因，对活跃兼并重组市场是有利的。

4. 兼并价格确定上体现两重性特征

一方面，现阶段国有企业的兼并重组不是计划经济体制下的无偿的

"关、停、并、转"，而是有偿地在各自利益主体之间转让，体现了市场化的特点。另一方面，企业兼并中的产权转让价格不完全由市场调节来决定，带有很浓厚的行政干预色彩，由于还没有形成真正的产权交易市场，兼并中的价格不能真正反映被兼并企业的真实价值，突出表现为被兼并企业资产往往被低估，造成国有资产的流失。

5. 兼并操作的不规范

我国企业的兼并浪潮，总体上看是随着改革开放的推进，自下而上地产生和发展起来的，企业兼并由一个地方、几个企业而起，蔓延到其他地方、其他企业。各地并无规范的、标准化的兼并重组规则和程序，中央也无全国统一的企业产权转让交易的法律和法规，以及企业兼并的报批、审批和协调规划，总体上缺乏规范和宏观调控。最主要的原因是目前还没有一个完善的规范兼并活动的法律体系。虽然我国已经颁布实施了《关于企业兼并的暂行办法》、《国有企业职工待业保险规定》、《有限责任公司规范意见》、《股份有限公司规范意见》、《国有资产评估管理办法》、《公司法》和《证券法》等法规，但因企业兼并活动涉及的范围广、领域多，造成了兼并活动的许多方面无法可依的局面。

2.2.3 龙头企业兼并重组的方式

资产兼并重组一般分为企业内部资产重组和外部资产重组。企业内部的资产重组，主要是企业对现有自身资产的改造；企业外部资产重组，主要通过兼并或收购其他企业的资产，达到资产的迅速对外扩张，从而进一步壮大自己的竞争实力。企业内部资产重组的实现途径主要是：股份制改造、企业资产剥离、企业资产分割、资产出售转让、企业租赁与托管、企业产权拍卖与破产等。企业外部资产重组的实现途径是：企业购并、买壳上市、借壳上市等。

1. 股份制改造

国有企业的股份制改造，是指按照现代企业制度的要求，把传统意义上的企业改造成具有“产权清晰、权责明确、政企分开、管理科学”等现代企业特征的股份公司，同时对企业原有资产进行合理处置和重组。通过发行股票筹集资金，建立股份公司进行生产经营的企业经营制度。股份制的经济构成特征，是股份公司、股份、股本、股票、股东、董事会等。股份制具有政企职能分开，所有权和经营权既分离又统一，筹资面广、股东既按股份又承担相应风险。经改制达到现代企业制度要求的公司，待各项工作符合要求并被批准后，可以通过证券市场公开募股并挂牌上市。

2. 非经营性资产剥离

企业资产剥离主要是为了突出主营业务而将一些非经营性业务通过剥离的方式转移出去，实现资产向主营业务的高度集中。目前，我国国有企业的业务往往由两部分组成，一种是经营性业务，另一种是非经营性业务。前者是以营利为目的的，而后者往往体现“企业办社会”的内容。为了突出国家对国有企业进行“改制、改组、改造”的精神，提高国有企业的竞争力，对企业非经营性资产进行剥离是十分必要的。

3. 资产出售和股权转让

资产出售是指购买方以现金、股票或其他有价证券为对价收购卖方公司全部或实质全部的资产而接管卖方公司的营业。对于购买方来讲，也就是资产收购。股权转让，是公司股东依法将自己的股东权益有偿转让给他人，使他人取得股权的民事法律行为。资产出售和股权转让是企业对不需要或不适应企业长远发展的部分资产予以出售转让，其目的一般是为新增项目或业务发展筹措资金，其特征是法人财产权的买卖交易活动。

4. 企业资产分割

企业资产分割是在企业内部或集团内部按不同业务进行重新组合，以形成多个专业化生产基地或多元化业务的子孙企业。这种方式通常是以产权为纽带，形成一个金字塔式的控股体系，组成一个庞大的企业集团。它有利于集团内部调拨资产，加强专业化发展，提高子孙公司的运作效率，同时可以灵活地展开有关业务的分析与合并，进行资产和业务的优化组合。

5. 企业租赁与托管

企业租赁是指在不改变企业终极所有权的条件下实行所有权与经营权的分离，企业所有者有期限地把企业交给承租者经营，承租方向出租方交纳租金，并依照合同规定对企业实行自主经营。企业托管是在企业租赁经营基础上的一种完善和延伸，与租赁不同的是，受托人不仅拥有企业经营权，而且对受托企业有较大的处置权。

2.2.4 龙头企业兼并重组的原则

为了在龙头企业兼并重组过程中有效地实施整合管理，在实施整合管理的过程中至少应当遵循以下原则。

1. 系统集成原则

系统集成从一般意义上可以理解为把两个或两个以上的要素（单元、子系统）集合成为一个有机整体，这种集成不是要素之间的简单叠加，而是要素之间的有机结合，即按照一定规则进行的组合和构造，其目的在于提高系统的整体功能，追求系统的整体优化。企业重组中，各要素发生了变化，按旧的规则运行难以有效实现新系统的功能。因此，需要将重组后的各个子系统（要素）有机地结合起来，按照新的规则运行，才能实现新的企业系统功能大于各子系统功能总和的目标，实现集成效应。为有效实施企业重组，在实施整合管理的过程中，应始终坚持以系统集成为基本原则。在企业重组过程中，从市场分析、产品设计、加工制造、经营管理、信息、渠道到售后服务等各要素形成一个不可分割的整体，需要紧密合作，统一整合。企业内部的各个部门也是一个不可分割的整体，应根据整个业务流程的需要统一设置：即使是局部的调整，也应以系统整体优化为目标。

2. 协同性原则

对企业系统来说，协同性表现为系统内部各要素为实现统一的目标相互协作。为了使企业各要素通过相互协作实现整体优化的目标，整合管理必须遵循协同性原则，使企业运行的各个环节有效协作、紧密配合。如在业务的整合中要使企业的研究开发、计划、生产、销售及售后服务等一系列生产经营活动有效协作。兼并重组协同效应是战略兼并重组中需要考虑的重要问题，因为它是兼并重组是否可行的判断依据，也是兼并重组定价的依据，从一定程度上决定着兼并重组的成败。

3. 层次性原则

任何复杂的系统都是有一定层次的，层次与层次间相互联系又相互区别。企业作为一个复杂的系统，其结构是有层次性的。由于构成企业系统的各要素分别处于不同的地位，它们对企业系统产生的影响和发挥的作用并不相同，有些作用也不是直接的，而是需要通过不同层次间的传递才能产生最终效果。各层次系统的相互作用形成高层次的各种大系统或超系统，而多层次系统的作用与共存，则按照等级组成更高层次的系统总体。企业资源系统是由几个层次构成的系统，具有自组织的层次性特征。

4. 动态发展原则

企业重组时，随着整合范围的不断扩张，力度不断加大，整合各要素的作用与功能也在不断发生变化。从信息渠道到人力资源，从组织结构到管理制度，这些企业要素都将随着目标与环境的变化不断地变化与发展。为了使企业系统在这种不断变化的动态过程中生存和发展，整合管理也需要不断调整和完善。因此，整合管理的实施必须坚持动态发展的原则，根据企业内部要素及外部环境的变化不断进行调整。

2.2.5 龙头企业兼并重组的发展趋势

企业兼并重组是企业适应经济发展、维持生存的需要。一个成功企业的发展史，往往就是企业不断兼并重组、不断扩张的历史。同时，它也是国家调整经济结构，优化社会资源配置的重要途径，对于企业和国民经济的发展起着积极的作用。

1. 从战略上调整国有经济结构

中国宏观经济的发展趋势，为大规模的企业兼并重组提供了有利的机遇，国有企业通过兼并重组不仅在发展战略、竞争手段和企业规模上有了改观，更重要的是在国家政策的指导下对区域经济结构进行了调整，减少了重复建设，地区经济结构得到了优化，增强了经济实力，有效地促进了生产要素向高效企业的流动，推动了一些有发展前途的企业进入新的行业。

2. 形成具有较强竞争力的大型企业集团

在企业兼并的浪潮中，通过优势企业之间的兼并重组，形成具有较强市场竞争力的大型企业集团，进一步加速国有企业的发展壮大。在国内外日趋激烈的竞争中，龙头企业将占据愈加重要的地位。龙头企业的兼并重组，提高集中度，一方面要突破跨地区、跨所有制的障碍；另一方面也应遏制重复建设、加大对过剩行业矿产资源进口的限制，只有这样才能真正意义上减少产能过剩，培育具有较强国际竞争力的大型企业集团。

3. 促进现代企业制度的构建

通过兼并重组，许多国有企业从全民所有制转变成为国有控股公司、有限责任公司、股份有限公司，成立了股东会、董事会和监事会，不少企业通过上市走入国内、国际资本市场。现代企业制度要求建立完整的股东大会、董事会、监事会与经理层相互制衡的公司治理结构，实行产权股份化、组织公司化和管理制度化，企业兼并重组后将走上产品经营和资本经营相结合的道路，实现所有权和经营权分离，更有可能形成相互制衡的决策监督机制，实现企业决策的民主化、科学化，有效规避企业经营风险。

4. 更加重视和发挥中介组织在企业重组整合中的作用

在市场经济逐步发展和形成的过程中，政府已经逐步从市场参与者的角色转变成具有市场调控、监督职能的裁判角色，那么涉及市场交易、资产重组的一系列活动，更需要较为健全的中介机构来承担各项服务职能。从西方发达市场经济国家的情况看，资产重组，特别是面广量大的非上市公司之间的企业兼并重组，基本上是通过投资银行、会计师事务所、证券公司和律师事务所等社会中介机构来实现的。根据西方国家的经验，我国政府当前的一项迫切任务，就是要积极稳妥地培育服务于资产重组活动的中介机构，包括产权交易、投资银行、资产评估、审计、公证、信息、咨询等中介服务组织，充分发挥他们的作用，做好兼并、收购的中介服务。要加强制度建设，要使各种中介组织按市场原则依法行事，提供标准化的服务，当好政府和企业的专职顾问，并独自承担法律责任。

5. 逐步规范企业兼并重组的法制轨道

市场经济是法治经济，一切市场活动，包括企业重组都应纳入法制的轨道，以切实保障市场活动参与者的利益和经济的有序进行。目前，我国的市场法规还很不健全，经济立法和经济司法都还不能适应改革和社会主义市场经济发展的要求，在资本市场和资产重组方面表现得更为突出，无法可依、有法不依和执法不严的现象同时存在，龙头企业兼并重组未来的发展方向将在立法、教育、执法等多方面加强市场法制建设。

2.3 龙头企业兼并重组的背景和环境研究

2.3.1 龙头企业兼并重组的背景分析

我国真正意义上的企业兼并重组起源于20世纪80年代，它的兴起主要源于商品经济的发展和企业制度的改革。由于当时股份制这种产权关系较为明晰的形式尚未被广泛接受，而通过企业产权转让来促进国有企业经营机制转换、合理配置社会资源、搞活企业的方法，得到了越来越广泛的重视。但是，80年代的企业兼并重组大多是政府通过包办方式把一个个劣势企业或濒临破产企业“兼并”给优势企业，而优势企业由于受企业宏观和微观治理环境的影响以及自身管理能力的不足，往往对兼并重组后的整合管理表现无力，因而兼并重组后不仅没有搞活劣势企业，提高整体优势，反而普遍出现走向衰败的现象。

1992年以来，中国的经济改革加快了步伐，股份制改革的加速和社会主义市场经济的确立，使产权交易市场得以迅速发展，企业可以通过这些产权交易市场，进行以实物形态为基本特征的财产权益的全部或部分交易。90年代中国的证券市场得到了迅猛的发展，上市公司数量和交易量急剧增加，从而为一家公司通过购买一定份额的另一家上市公司股票而达到控股目的提供了可能。

经过近20年的发展，企业兼并重组整合已经成为中国经济领域中的一个重要现象，对促进我国企业扩张成长、提高企业竞争能力、优化资源配置、提高经济效益起到了积极的推动作用。但是，由于我国产业组织结构和市场结构以及企业管理制度等因素的影响，企业兼并重组整合在我国不仅理论研究相对薄弱，而且实践中也存在许多问题，特别是在企业兼并重组后的整合方面，亟须进行深入的研究。

2.3.2 龙头企业兼并重组的外部环境

我国是一个以公有制为主体的国家，社会资源与财富主要存在于众多的国有企业之中。长期以来，由于国有企业的资产不能依据经济形势的变化自由流动与调整，大量的资产长期闲置、沉淀，并导致国有企业资产结构普遍不合理。这种没有体现合理经济规模、最优资产组合、最大效益获得原则的资产结构，直接影响了国有企业资产的运营效率。随着我国社会主义市场经济模式的确立和国有企业改革的不断深化，效率优先被提到了重要的地位上来；同时，市场经济运作的内在机制也要求企业的目标必然定位于资本的不断增值和实现利润最大化。资产重组作为企业开展资本经营的基本手段，其核心在于通过促使资产的全方位流动，通过产权主体的重新选择，充分调动和合理配置各种社会资源，不断优化企业的资产结构，从而，客观上使资产从低效区域向高效区域流动，从低效部门向高效部门流动，从低效企业向高效企业流动，促使企业实行优胜劣汰，大大改善企业资源配置状态，提高资源配置效率。

在市场经济条件下，由于市场机制的作用、消费者需求的不断变化、科学技术的进步和经济周期性的变化，导致产业结构经常处于失衡状态。

由于产业结构不平衡，部分产业的存量资源利用率在下降，急需转移到效率更高的产业上去；另外，新产业不断兴起，旧产业不断衰落，衰落产业多余的存量资产需要转入新兴产业上来。在市场经济条件下，利润极大化动机必然驱使资源在不同的产业之间发生流动，使失衡的产业结构趋向于平衡状态，促进产业结构升级换代。根据经济形势的变化适时进行资产重组，有利于产业结构趋向于平衡状态。同时由于市场集中度、企业规模、企业横向联合的程度与形式对每一个产业而言，都有其最佳状态，并且这一最佳状态是动态的和不断变化的，企业资产重组会促使产业组织状态不断地向最佳状态趋近。

市场经济条件下，企业兼并重组面对的外部环境如图 2－1 所示。

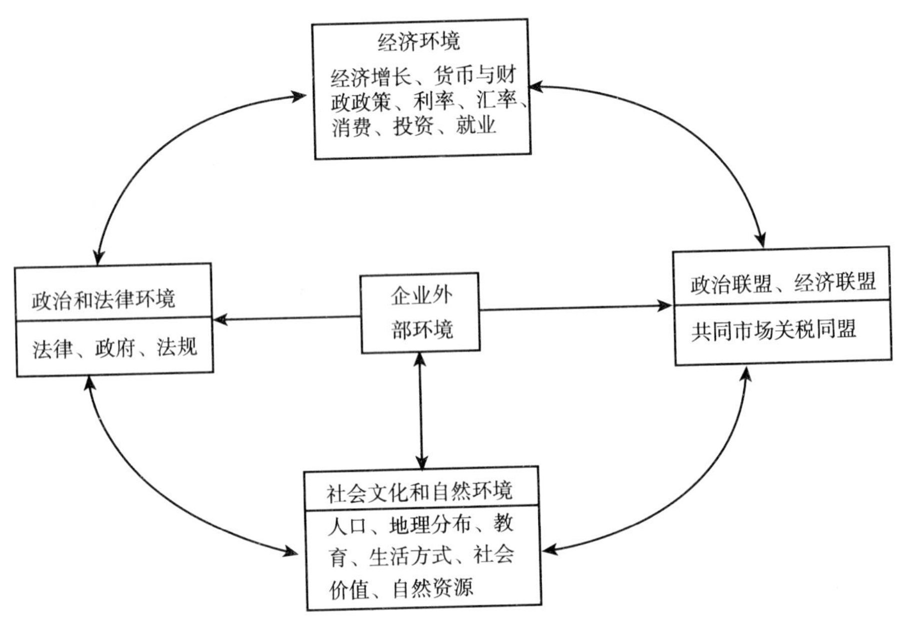

图 2－1　企业兼并重组的外部环境示意

2.3.3　龙头企业兼并重组的内部驱动

企业的资本经营战略是在企业对自身条件和外部环境分析的基础上，为实现企业的资本经营目标而做出的长远谋略。企业的资产重组关系企业的长期发展，因此，必须以企业的战略作指导。当企业选择积极进取的发

展型资本经营战略时，可以采取兼并、收购、租赁、托管等资产重组形式，促进生产集中，扩大生产规模。当企业选择多角化经营战略时，可以采取向其他行业购并、租赁等形式，实现向新领域渗透。当企业选择退却型战略时，则可以采取资产拍卖出售等产权转让形式，缩小企业规模，进行产业的转移。

企业资产重组要求对企业的人、才、物、技术、信息等资源在不同地区、不同行业、不同部门和不同所有制企业之间自由、规范地流动，必然会促进统一、开放、竞争、有序的全国市场的建设。要顺利进行企业资产重组，需要有规范的产权交易市场和发达的证券交易市场，这些市场的建设会有利于企业资产重组的开展，而企业资产重组的开展又会推动这些市场的发育和成长（见图2－2）。

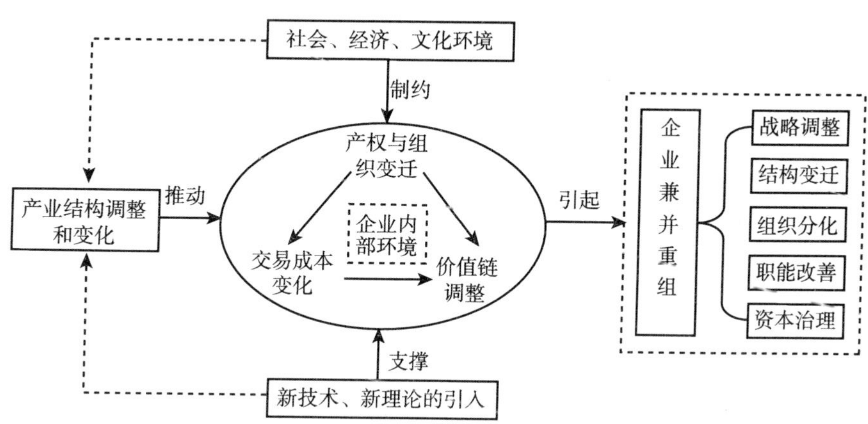

图2－2　企业兼并重组的外部环境及内部驱动

通过购并，企业可以获得生产成本经济性、营销成本经济性、企业管理和筹资等方面的经济性，所以资产重组后企业总体效益会大于重组前各独立企业经济效益的算术和，即产生了协同效应。协同效应的一个重要源泉是规模经济，企业通过购并重组，可以使生产规模达到最佳，也可使企业在整体产品结构不变的情况下实现产品的专业化生产，从而降低生产成本。企业通过资产重组还可以统筹安排整个企业的采购与销售，提高讨价还价能力，降低供销成本，也可充分利用管理资源，降低分摊在单位产品上的管理费用，还可统一筹措资金，降低单位资金筹措成本，并可集中足够的经费用于企业的研究、开发、设计及技术改造，迅速推出新产品，采用新技术。

企业债务和社会负担沉重是造成目前相当部分国有企业营运困难的主要原因。通过债务重组，企业的债务风险可以迅速缓解，通过债权与股权的转换，企业股本增加，并使原债权人变为企业的股东，新股东为使其资产保值增值，常会注入新的投资，给原企业带来新的活力。当亏损企业被用承担债务的方式接管后，其债务负担也会缓解，并可获得来自兼并企业的强有力的支持，从而获得新生。通过资产重组，企业可以剥离掉沉重的社会负担，交给社会统筹安排，轻装上阵，实行更有效的运作，大大提高企业的市场竞争力。

综上，以企业兼并重组整合为形式的兼并重组，实际上是一整套的管理思路与方式的运作，兼并重组后的整合的实效决定企业兼并重组的最终结果。对一个即将实施兼并重组战略的企业来说，培养整合能力比培养资本实力更为重要。国内外的事实证明：仅仅追求兼并重组的表面效应，而忽视兼并重组后的整合，就等于忽视了兼并重组的本质，背弃了兼并重组的最终目的。因此，企业兼并重组过程中，如果没有兼并重组后的整合，单纯的企业买卖是没有实质性意义的，它不能为社会创造任何的财富，而只能导致社会财富的再分配。因此，无论是龙头企业自身还是政府、银行等其他利益相关者，都应当遵循兼并重组的一般原则和规律，同时从兼并重组所面临的具体内、外环境和条件出发，依据我国国情及特有的文化背景，着重针对经营战略、财务、人事和企业文化等方面，对各方实施系统、稳健和全面的整合措施，使整个兼并重组过程走向良性的发展道路。

第3章

农业龙头企业在我国农业产业化进程中的作用

当前我国已经进入传统农业向现代农业转型的关键时期，十八大尤其是十八届三中全会的召开，为农业的快速发展提供了前所未有的契机，在这一进程中农业产业化龙头企业正在且将长期起到重要的推动作用，农业龙头企业做大做强在一定程度上决定了我国农业产业化发展水平和层次。

3.1 农业产业化龙头企业的界定

3.1.1 农业产业化

在对农业产业化龙头企业进行全面界定前，有必要先厘清“农业产业化”这一耳熟能详的概念。在我国，农业产业化实践要早于理论的产生，早在1986年，山东省枣庄市便在羊毛产销中试行农工商、产加销一体化的路子，这似乎是农业产业化较早的雏形，而这一概念最早则是1992年在山东潍坊正式提出，随后在江苏、浙江、安徽等地农村和农业经济发展中，这一模式被广泛推行。1994年人民日报以《论农业产业化》为题和1995年发表的一篇社论掀起了农业产业化理论研究的高潮。该概念自产生以来，在理论和实践界产生了广泛影响，由于不同时期其表现形式和具体内涵在演变，因此虽然其产生发展时间不长，但作为未来中国农业发展的基本趋势，它已经对我国传统农业生产经营方式产生了巨大冲击。何为农业产业化？理论界和实践界的定义都不相同。西方学者习惯将农业产业化称为“农业一体化”，国外学者戴维斯和戈德堡认为，“农业产业化就是把农业生产中产前、产中和产后进行有效的结合，并相互融合的组织和部门”。1995年12月11日《人民日报》社论指出，农业产业化就是“以国内外市场为导向，以提高经济效益为中心，对当地农业的支柱产业和主导产品，实行区域化布局、专业化生产、一体化经营、社会化服务、企业化管理，把产供销、贸工农、经科教紧密结合起来，形成‘一条龙’的经营体制。实际上是按照建立社会主义市场经济体制的要求，全面地、系统地、从总体上组织、改造和提高农业和农村经济的战略思想和实际运作。简言之，改造传统的自给半自给的农业和农村经济，使之和市场接轨，在家庭经营的基础上，逐步实现农业生产的专业化、商品化和社会化。”在这篇社论中同时还指出了推进农业产业化必须具备的六个基本要素，即：一要面向国内外大市场；二要立足于当地优势；三要实行专业化分工；四要形成经济规模；五要组织贸工农、产供销一体化；六要实行企业经营。进而指出农业产业化的核心问题在于解决农户和市场的连接问题，贸工农、产加销的结合只是实现上述核心的重要途径，农业产业化的最终目的是提升农业生产的生产效率和经济效益，以增加农民收入推动农村经济发展。国内学者牛若峰（2000）对于农业产业化的内涵、特征和类型进行了深入的研究，他认为农业产业化经营应当结合完善的服务手段，并联合各个生产环节形成完整的系统，同时分析了农业产业化经营的常用模式，从组织形式来看，主要有公司企业模式，如农工商综合体；合作社模式和合同生产模式。从发展水平来看，又分为两种类型，即以合同为联结纽带的松散型和以参股（资产联结）为基础的紧密型。侯军岐（2003）指出，农业产业化是农业专业化分工深化的必然产物，实质是传统农业转变为现代产业的过程，也是农民增收的一条重要途径。目前，在我国农业产业化过程中，有三种比较重要的组织形式，即合同组织形式、合作社组织形式和企业组织形式。李小建（2001）认为，农业产业化的内涵是经营一体化，关键是龙头企业带动，基础是农户参与，本质是由有关各方组成经济共同体，使各个组成主体都能获得整个产业链上的平均利润。从实践角度看，农业产业化表现为产品商品化、生产专业化、布局区域化、经营一体化、服务社会

化和管理企业化等综合特征。严立冬（2001）指出，农业产业化是指在市场经济条件下，通过将农业的产前、产中、产后诸环节联结整合为一个完整的产业化系统，增强农业的增值能力和增进比较效益，形成自我扩张与发展的内在良性循环发展机制。在实践中，它表现为提高农业生产专业化、布局区域化、经营一体化、服务社会化、管理科学化等基本特征。农业产业化的基本做法，即按产业一体化来组织发展农村经济。具体来说，是以国内外市场为导向，以经济效益为中心，以资源开发为基础，对农业和农村经济的主导产业、产品，按照产供销、种养加、贸工农、产加销、科工贸等一体化经营原则，实行多层次、多形式、多元化的优化组合，发展各具特色的一体化产业实体和高效农业体系。其核心是形成一体化生产与经营体系，以及相应的经济利益共同体，确立一种新的利益分配调节机制，连接各类生产经营组织，形成产业链、企业群，培育各类市场，走系列化、专业化、商品化的路子，以此改造传统的农业和农村经济，逐步实现农业现代化与生态化，农村工业化与城市化。郑景骥（2003）认为，农业产业化的本质特征就是贸工农一条龙经营，其形式就是农、工、商三业的“经济联合”形式或“经济联系”形式，不应该把一切“经济合作”形式都视为农业产业化形式，虽然农业产业化有利于农业现代化，但农业产业化不同于农业现代化，农业产业化是实现农业现代化的重要途径之一，但不能说农业产业化是农业现代化的“必由之路”。

我们认为，农业产业化的界定既要考虑农业的一般性规律，也要考虑其区域和阶段性规律。我国现代农业发展不同于国外，国外实践中较早开始关注和支持农业产业化，理论上则侧重于运用西方经济体系尤其是市场经济理论来构建农业产业化理论体系。一方面，我国农业产业化起步晚，起点低，农业产业化不仅仅是生产设备和技术的现代化，不仅仅是生产规模化，它更多的是意味着一种对传统农业生产方式的调整和变革。另一方面，我国地域广袤，农业产区分布广、区域的自然和社会差异性大，这就导致在中国探讨农业产业化问题要摒弃那种试图寻找一种普适性发展道路的做法，要客观全面地考虑各地区、各时期的不同自然和社会条件来分析农业产业化的内涵及其发展趋势。中国的农业产业化不仅要探讨农业产业化的组织形态、运行机制、竞争行为、市场绩效等方面的问题，更要把握各环节的逻辑关系，要用动态发展的思想来思考农业的发展问题。

农业产业化是以市场和经济效益为导向，以产品和品牌为重点，通过生产要素的高效使用和优化配置，实行专业化生产、集约化经营、区域化布局、规模化发展、社会化服务、现代化管理、企业化运作，能有效构建完整农业产业链和农业自我发展机制，能有效提升农业企业、农民等农业经营主体经济效益和社会效益的现代化经营方式和产业组织形式，同时它也是一种对传统农业进行技术改造，推动农业科技进步的过程。它能有效推进传统农业向现代农业的转变，是加速农业现代化的有效途径。要有效发展农业产业化，应抓住四个环节，即培育主导产业，做好区域布局，依托龙头带动，发展适度规模经营。而这四个环节中最重要的一环，就在于龙头带动，这涉及的是农业产业化实现的载体。就我国实际而言，企业、合作社、大户、家庭农场等都可以有效推进农业产业化，但毋庸置疑的是，龙头企业无论是带动的幅度和辐射面都要远远超过其他几种形式，因此理论和实践界已经基本认同了龙头企业在农业产业化进程中的显著作用。

3.1.2 农业产业化龙头企业

作为我国农业产业化重要的实现载体，农业龙头企业在技术改造、市场与农户联结、品牌塑造、产品创新等方面做出了重要贡献，它对于我国农业产业化和现代化进程意义重大。一般而言，农业产业化龙头企业是指以农产品生产、加工或流通为主，通过各种利益联结机制与农户相联系，带动农户进入市场，使农产品生产、加工、销售有机结合、相互促进，在规模和经营指标上达到规定标准并经政府有关部门认定的农业企业。农业产业化龙头企业集成利用资本、技术、人才等生产要素，带动农户发展专业化、标准化、规模化、集约化生产，是构建现代农业产业体系的重要主体，是推进农业产业化经营的关键。把握农业产业化龙头企业的内涵应从实践中动态理解，我们可从实践层面对比国家和各主要省份制定的农业产业化龙头企业认定办法和标准中归纳总结出来。

1. 农业产业化国家重点龙头企业的认定标准

根据中央关于“在全国选择一批有基础、有优势、有特色、有前景的龙头企业作为国家支持的重点”的要求，为进一步规范农业产业化国家重点龙头企业的认定和运行监测工作，加强对农业产业化国家重点龙头企业的服务与扶持，培育壮大龙头企业，增强辐射带动能力，国务院九部委制定并颁布了《农业产业化国家重点龙头企业认定和运行监测管理办法》，该办法明确指出，农业产业化国家重点龙头企业（以下简称“国家重点龙头企业”）是指以农产品生产、加工或流通为主业，通过合同、合作、股份合作等利益联结方式直接与农户紧密联系，使农产品生产、加工、销售有机结合、相互促进，在规模和经营指标上达到规定标准并经全国农业产业化联席会议认定的农业企业。必须具备以下条件的才可申报农业产业化国家重点龙头企业：①

（1）企业组织形式。依法设立的以农产品生产、加工或流通为主业、具有独立法人资格的企业。包括依照《公司法》设立的公司，其他形式的国有、集体、私营企业以及中外合资经营、中外合作经营、外商独资企业，直接在工商管理部门注册登记的农产品专业批发市场等。

（2）企业经营的产品。企业中农产品生产、加工、流通的销售收入（交易额）占总销售收入（总交易额）70%以上。

（3）生产、加工、流通企业规模。总资产规模：东部地区1.5亿元以上，中部地区1亿元以上，西部地区5 000万元以上；固定资产规模：东部地区5 000万元以上，中部地区3 000万元以上，西部地区2 000万元以上；年销售收入：东部地区2亿元以上，中部地区1.3亿元以上，西部地区6 000万元以上②。

（4）农产品专业批发市场年交易规模：东部地区15亿元以上，中部地区10亿元以上，西部地区8亿元以上③。

（5）企业效益。企业的总资产报酬率应高于现行1年期银行贷款基准利率；企业应不欠工资、不欠社会保险金、不欠折旧，无涉税违法行为，

①②③ http：//www.hnai.gov.cn/new/39551_1.

产销率达93%以上。

（6）企业负债与信用。企业资产负债率一般应低于60%；有银行贷款的企业，近两年内不得有不良信用记录①。

（7）企业带动能力。鼓励龙头企业通过农民专业合作社、专业大户直接带动农户。通过建立合同、合作、股份合作等利益联结方式带动农户的数量一般应达到：东部地区4 000户以上，中部地区3 500户以上，西部地区1 500户以上。企业从事农产品生产、加工、流通过程中，通过合同、合作和股份合作方式从农民、合作社或自建基地直接采购的原料或购进的货物占所需原料量或所销售货物量的70%以上②。

（8）企业产品竞争力。在同行业中企业的产品质量、产品科技含量、新产品开发能力处于领先水平，企业有注册商标和品牌。产品符合国家产业政策、环保政策，并获得相关质量管理标准体系认证，近两年内没有发生产品质量安全事件。

（9）其他条件。申报企业原则上是农业产业化省级重点龙头企业。

2. 陕西省农业产业化省级重点龙头企业评选认定标准

为了规范省级农业产业化经营重点龙头企业资格认定和运行监测管理工作，扶持省重点龙头企业发展，提升农业产业化发展水平，根据《农业产业化国家重点龙头企业认定和运行监测管理办法》，结合该省实际，制定了《陕西省农业产业化经营重点龙头企业认定和运行监测管理办法》。该办法中明确规定了省重点龙头企业是指以农产品生产、加工或流通为主业，通过各种利益机制与农户相连，使农产品生产、加工、销售有机结合、相互促进，经营规模、带动能力等指标达到规定标准并经省农业产业化联席会议认定的企业。并强调由省农业产业化联席会议负责审核、推荐申报的农业产业化国家重点龙头企业，认定和监测管理省重点龙头企业。只有具备如下条件才可申报省重点龙头企业：③

（1）企业组织形式。依法设立的以农产品生产、加工或流通为主业，

①② http://www.hnai.gov.cn/new/39551_1.

③ http://www.sxny.gov.cn/templet/sxny_gov_cn/showarticle.jsp? id=4582.

具有独立法人资格的企业，包括依照《中华人民共和国公司法》设立的公司，其他形式的国有、集体、私营企业以及中外合资经营、中外合作经营、外商独资企业，直接在工商管理部门注册登记的农产品专业批发市场、依照《中华人民共和国农民专业合作社法》设立的农民专业合作社等，且设立登记3年以上。

（2）主营业务。以农产品生产、加工或流通为主业且销售额占到企业销售总额的70%以上。

（3）企业规模。①农产品生产型龙头企业。年销售收入：关中地区的企业达到4 000万元以上，陕南、陕北地区的企业达到3 000万元以上；注册资本（金）：关中地区的企业达到300万元以上，陕南、陕北地区的企业达到200万元以上；固定资产：关中地区的企业达到1 500万元以上，陕南、陕北地区的企业达到1 000万元以上。②农产品加工、流通型龙头企业。年销售收入：关中地区的企业达到5 000万元以上，陕南、陕北地区的企业达到4 000万元以上；注册资本（金）：关中地区的企业达到500万元以上，陕南、陕北地区的企业达到400万元以上；固定资产：关中地区的企业达到3 000万元以上，陕南、陕北地区的企业达到2 000万元以上。③农产品专业批发市场型龙头企业。年交易额：关中地区企业达到5亿元以上，陕南、陕北地区企业达到3亿元以上；注册资本（金）：关中地区的达到1 000万元以上，陕南、陕北地区的企业达到500万元以上；固定资产：关中地区的企业达到2 000万元以上，陕南、陕北地区的企业达到1 500万元以上。①

（4）带动能力。龙头企业通过建立合同、合作、股份合作等利益联结方式带动农户的数量，关中地区一般应达到2 000户以上，陕南、陕北地区一般应达到1 000户以上，从农民、专业大户、合作社或自建基地直接采购的原料或购进的货物占所需原料量或所销售货物量的60%以上。

（5）负债与信用。企业资产负债率低于70%，银行信用等级在A级以上（含A级），近两年内不得有不良信用记录。

（6）效益与规范。企业连续3年赢利，不拖欠职工工资，无违法违规

① http：//www. sxny. gov. cn/templet/sxny_gov_cn/showarticle. jsp? id =4582.

行为。

（7）市场竞争力。企业有注册商标和品牌，生产经营符合国家产业政策以及节能、环保和质量管理等方面的要求。企业整体实力、产品质量、新产品研发能力居省内同行业领先水平，对区域经济发展有较强的带动能力。企业诚实守信、营销网络健全，有较强的抵御市场风险能力。近两年内未出现产品质量安全事件，农产品专业批发市场型龙头企业应有独立的农残检测实验室并具备相应检测能力。

（8）申报企业原则上应是市级农业产业化重点龙头企业或省农业行政主管部门认定的行业骨干龙头企业。鼓励科技创新力强、竞争优势明显、带动作用突出、自觉履行社会责任的企业申报省重点龙头企业。

3. 福建省农业产业化省级重点龙头企业评选认定标准

为了规范该省农业产业化经营省级重点龙头企业的认定和运行监测工作，搞好对省级重点龙头企业的服务与支持，根据省委省政府相关精神，参照《农业产业化国家重点龙头企业认定和运行监测管理暂行办法》，制定了《福建省农业产业化省级重点龙头企业认定和运行监测管理办法》。该办法规定的省级重点龙头企业是指以农产品加工或流通为主业，通过各种利益联结机制与农户相联系，带动农户进入市场，使农产品生产、加工、销售有机结合、相互促进，在规模和经营指标上达到规定标准，经省农办和省财政厅审核，由省农业产业化工作领导小组认定公布的企业，并规定由省农办和省财政厅负责省级重点龙头企业的认定和运行监测工作。只有符合下列标准的企业才可申报省级重点龙头企业：①

（1）企业组织形式。依法设立的以农产品加工或流通为主业、具有独立法人资格的企业。包括依照《中华人民共和国公司法》设立的公司，其他形式的国有、集体、私营企业以及中外合资经营、中外合作经营企业、外商独资企业，直接在工商行政管理部门登记开办的农产品专业批发市场、中介组织等。

（2）投资经营规模较大。企业有一定的固定资产规模，年产值和营销

① http：//nb. shanghang. gov. cn/wjxz/200910/t20091012_30273. htm.

收入居本省同行前列。加工带动型企业：沿海地区（福州、厦门、漳州、泉州、莆田五市，下同）企业年产值或销售总额在6 000万元以上，固定资产总值在3 000万元以上，年上缴税收（含减免税，下同）在100万元以上；内地山区（南平、三明、龙岩、宁德四市和沿海欠发达县，下同）企业年产值或销售总额在4 000万元以上，固定资产总值在1 500万元以上，年上缴税收在50万元以上。企业带动农户2 000户以上。专业市场：年交易额在4亿元以上，年上缴税收（含减免税）在200万元以上。中介组织：加入组织人数在200人以上；带动农户2 000户以上；沿海地区年销售总额在5 000万元以上；内地山区年销售总额在2 000万元以上；能为农户提供产前、产中、产后系列服务。

（3）企业资质好。企业的总资产报酬率应高于同期银行贷款利率；不偷税、漏税、欠税，不拖欠工资或拖欠社会保险金；企业资产负债率一般应低于60%；企业中农产品加工、流通的增加值占总增加值70%以上；银行信用等级在A级以上（含A级），有较强的抵御市场风险能力；主营产品产销率达93%以上。

（4）带动能力强。在本省内建立较大规模的原料生产基地，辐射带动本省农户面广；生产、加工、销售各环节利益联结机制健全，企业以资本、技术、市场等生产要素为纽带，通过合同、股份制、股份合作制等形式，与农户建立较稳定的产销关系和合理的利益联结机制；能为农民提供产前、产中、产后系列服务，有效地带动农民发展生产、增加收入。

（5）市场竞争力较强。企业主营业务符合国家产业政策、环保政策和农村经济结构调整方向，对区域经济发展带动作用大；企业能依靠科技进步，应用引进新品种、新技术、新设备、新工艺，进行技术改造创新，开发生产名、特、优、新名牌产品，产品质量好；企业或生产的产品通过ISO、HACCP或其他国际质量体系认证；所开发和生产的产品属高新技术产品、名牌农产品或无公害农产品、绿色食品和有机食品，出口创汇潜力大或进口替代能力强，能有力地促进和带动相关新兴产业的形成；企业营销网络健全，产品市场占有率高。

（6）企业制度健全。企业遵循“产权明晰、权责分明、政企分开、管理科学”的原则，按照《公司法》建立健全企业法人治理结构和组织结构，各项管理制度健全，依法经营，形象良好。

（7）已开展市级龙头企业认定工作的设区市，申报企业原则上应是市级以上产业化龙头企业。

4. 湖南省农业产业化省级重点龙头企业评选认定标准

湖南省在颁布实施的《湖南省农业产业化省级龙头企业申报认定和运行监测管理办法》中明确了农业产业化省级龙头企业，是指在湖南省行政区域内以农产品加工、流通为主业，通过各种利益联结机制与农户相联系，带动农户进入市场，使农产品生产、加工、销售有机结合、相互促进，各项经营指标达到本办法规定标准，经省农业产业化领导小组办公室考核认定，报省人民政府批准的企业。并规定，经认定或监测合格的农业产业化省级龙头企业，享受湖南省人民政府《关于加快农业五大产业链建设，推进农业产业化经营的意见》、湖南省人民政府《关于加快农产品加工业和物流产业发展的意见》和《湖南省人民代表大会常务委员会关于加快发展农业产业化经营的决定》规定的扶持政策及其他有关扶持政策和优惠政策。申报基本条件如下：①

（1）组织形式。依法设立的以农产品加工、流通为主业，具有独立法人资格的企业。包括依照《公司法》设立的公司，其他形式的国有、集体、私营企业以及中外合资经营、中外合作经营、外商独资企业，直接在工商行政管理部门登记开办的农产品专业批发市场等。

（2）经营产品。企业从事农产品加工、流通的增加值占总增加值70%以上。

（3）经营规模。加工、流通企业年销售收入7 000万元以上，注册资金500万元以上，总资产5 000万元以上，固定资产2 000万元以上；农产品专业批发市场年交易额8亿元以上，注册资金2 000万元以上，总资产1亿元以上，固定资产5 000万元以上。

（4）经济效益。企业的总资产报酬率应高于同期银行贷款利率；企业

① 本节有关湖南省农业产业化省级重点龙头企业申报条件的各数据均来自：http://www.csh.gov.cn/article_349760.html.

应不欠税、不欠工资、不欠社会保险金、不欠折旧，不亏损。

（5）负债与信用。企业资产负债率低于60%，企业银行信用等级在A级以上。

（6）带动能力。企业应具有与其生产规模相当的生产基地，通过建立可靠、稳定的利益联结机制带动农户3 000户以上。餐饮企业吸纳农村劳动力占职工人数50%以上，原辅材料60%源自湖南本省。

（7）产品竞争力。在省内同行业企业中，产品质量、产品科技含量、新产品开发能力居于领先水平，主营产品符合省里产业政策、环保政策和质量管理标准体系。

（8）其他。对农产品专业批发市场，上述第（6）、第（7）条不做要求。

5. 辽宁省农业产业化省级重点龙头企业评选认定标准

根据党中央、国务院和省委、省政府的有关部署，按照国家九部委（行、局、社）及辽宁省扶持农业产业化重点龙头企业政策规定，为规范省级农业产业化重点龙头企业的认定和运行监测管理工作，制定了《辽宁省省级农业产业化重点龙头企业认定和运行监测管理办法》。省级农业产业化重点龙头企业是指以农产品生产、加工、流通为主业，通过多种利益联结机制带动农户，产加销有机结合，经营指标达到规定标准，按规定程序评选、认定的企业。办法规定，具备独立法人经营资格的以农产品生产、加工、流通为主业的企业和在工商行政管理部门登记开办的农产品专业批发市场，均可申报省级重点龙头企业。申报标准如下①：

（1）企业经营规模。企业主营业务的年销售额：沈阳、大连、鞍山、营口、辽阳在1亿元以上（含1亿元，下同）；抚顺、本溪、丹东、锦州、铁岭、盘锦在5 000万元以上；阜新、朝阳、葫芦岛在4 000万元以上。农产品专业批发市场的年交易额，辽南和中部地区在5亿元以上，辽东、辽北、辽西地区在3亿元以上。

（2）企业效益。企业主营业务年利税额：沈阳、大连、鞍山、营口、

① 本节有关辽宁省农业产业化省级重点龙头企业申报标准中的相关数据均来自：http://www.docin.com/p-247121944.html.

辽阳在 800 万元以上；抚顺、本溪、丹东、锦州、铁岭、盘锦在 350 万元以上；阜新、朝阳、葫芦岛在 240 万元以上。农产品专业批发市场年利税额，辽南和中部地区在 1 200 万元以上，辽东、辽北、辽西地区在 600 万元以上。企业总资产回报率应高于同期银行贷款利率；企业不亏损、不欠税、不欠工资、不欠社会保险金、不欠折旧。

（3）企业负债与信用。企业资产负债率一般应低于 60%，企业的银行信用等级在 AA 级以上。

（4）企业带动能力。企业要建立稳定的生产基地或原料供给基地。企业以契约或其他利益联结形式带动的生产基地农户应达到 2 000 户以上。

（5）企业产品竞争力。在同行业中，企业的产品质量、产品科技含量居省内领先水平。主营产品符合国家产业政策、环保政策和质量管理标准要求，具有健全的质量管理体系。产品产销率达 90% 以上。

（6）特别标准。为促进畜牧业、名优特产业发展，将对带动辐射能力强、科技含量高、发展潜力大的省内著名原种场（企业）、特种农产品生产企业实行重点扶持，对其申报的规模、效益等指标实行特别标准。对仍承担政策性业务的国有粮食企业，在计算企业效益和资产负债时，应剔除政策性因素。

通过上述有关农业产业化龙头企业认定标准可以看出，实践中对于农业产业化龙头企业的内涵应把握以下几个方面：第一，从生产经营性质看，农业产业化龙头企业应属于涉农企业，或其主营业务、生产经营主要环节是与“三农”直接相关的。从国家到省级相关部门都要求龙头企业是从事农产品生产、加工或流通为主、具有独立法人资格的企业。他们主要从事与农业有关的产供销或贸工农一体化。第二，从生产经营规模和经营效益看，农业产业化龙头企业应达到一定规模，企业销售额和利润额必须在同类企业名列前茅，且不同地区、不同产业和不同生产经营性质企业所要求的标准并不相同。第三，企业应具有较好的信用和优良的资产负债比率。第四，农业产业化龙头企业对于“三农”发展应具有显著的带动和辐射作用，与农户之间应建立稳定、可靠的利益共享机制和风险共担机制，能为农户提供有效的产前、产中和产后各种服务，对于农户经济收入提升具有明显作用，且对于农户的带动应达到一定规模。第五，关于产品及科

技力量，农业产业化龙头企业应拥有质量过硬、品牌突出、科技含量较高的核心产品，产品核心竞争力和品牌声誉应远高于同类企业产品，企业高度重视科技研发和产品质量。

基于上述分析，我们认为农业产业化龙头企业，是指以农业生产经营为主要业务领域，以追求企业的经济利润和长远发展为最终目的，在农业生产、加工、技术服务、市场流通等某个或几个环节具有一定规模且效果显著的引领、联结功能，在整个农业产业链中起主导作用，能有效带动农户增收和区域农业发展的企业组织。

3.2 农业产业化龙头企业的特征

我国农业产业化龙头企业的产生和兴起具有一定的历史原因，它是我国向社会主义市场经济体制转轨过程中出现的一种新兴的农业生产经营组织和形式，因此其在发展过程中既具备所有龙头企业一样的共性特征，同时也会有一些特殊属性。简单而言，我国的农业产业化龙头企业在实际发展中需要以企业这一独立法人身份去履行诸如创造价值、追逐利润的责任，以维系企业的生存和发展，同时还要履行政府所赋予的责任。即农业产业化龙头企业在谋求自我发展的同时，还要注重承担其在“三农”发展、节能减排、引领区域发展、减贫脱困、食品安全、环境保护等方面的社会责任，要在利润追逐和社会责任这两大目标之间找到一个良好的平衡点，要自觉融入中国的发展、改革、转型中去，充分协调好与政府、农户和市场的关系。总体而言，农业产业化龙头企业具有如下一些显著特征。

1. 盈利性

作为自主经营、自负盈亏的独立法人，企业首要的目标就是获得能维持企业生产和发展的利润，因此农业产业化龙头企业发展过程中肯定是以追求利润最大化为终极目标。追求最大化利润是企业得以存在和发展的前提和基础。传统经济学一直把企业的发展目标定位在追求最大化利润上，这在一定程度上反映了企业存在的本质，因为，利润是企业新创造价值的一部分，是企业的新增财富，是企业生存与发展的必要条件。农业产业化龙头企业在发展过程中也会与一般企业一样首先要追求利润最大化目标。

2. 农业性

即以农业为主营业务，作为农业产业化龙头企业，其主营业务应是与农业直接相关的，其经营领域必定涉及了农业产业链的某个或某几个环节，一些刚刚起步、规模较小的企业可能只是在农业生产、加工或流通的某个环节开展经营，而一些大型的农业产业化龙头企业尤其是一些巨型农业产业集团，则可能从源头的基地建设到终端市场都有涉入，建立了非常完整的全产业链经营模式。

3. 社会性

企业的社会责任近年来一直是理论界探讨的热点，企业社会责任（简称 CSR）是指企业在创造利润、对股东承担法律责任的同时，也要考虑到对各相关利益者造成的影响，并无公认定义，一般泛指企业的营运方式达到或超越道德、法律及公众要求的标准。企业社会责任的概念是基于商业运作必须符合可持续发展的想法，企业除了考虑自身的财政和经营状况外，也要加入其对社会和自然环境所造成的影响的考量。企业社会责任是企业通向可持续发展的重要途径，它符合社会整体对企业的合理期望，不但不会分散企业的精力，反而能够提高企业的竞争力和声誉。国际性的企业社会责任标准主要有 SA8000、《全球契约》、《OECD 多国企业指导纲领》等，在上述有关社会责任的标准中，比较全面客观的当属《OECD 多国企业指导纲领》，该纲领中主要规定了企业十个方面的责任，即观念与原则：指导纲领系各国政府对多国企业营运行为的共同建议，企业除应遵守国内法律外，亦鼓励自愿地，采用该纲领良好的实务原则与标准，运用于全球的营运，同时也考量每一地主国的特殊情况；一般政策：企业应促成经济、社会及环境进步以达到可持续发展的目标，鼓励企业伙伴，包括供应商，符合指导纲领的公司行为原则；披露：企业应定期公开具可信度的资讯，披露两种范围的资讯：第一，充分披露公司重要事项，如业务活

动、公司结构、财务状况及公司治理情形；第二，将非财务绩效资讯作完整适当的披露，如社会、环境及利害关系人的资料；就业及劳资关系：企业应遵守劳动基本原则与权利，即结社自由及集体协商权、消除童工、消除各种形式的强迫劳动或强制劳动及无雇佣与就业歧视；环境：适当保护环境，致力可持续发展目标，企业应重视营运活动对环境可能造成的影响，强化环境管理系统；打击贿赂：企业应致力于消除为保障商业利益而造成的行贿或受贿行为，遵守“OECD 打击贿赂外国公务人员公约”；消费者权益：企业应尊重消费者权益，确保提供安全与品质优先的商品及服务；科技：在不损及知识产权、经济可行性、竞争等前提下，企业在其营运所在国家推广其研发成果。对地主国的经济发展与科技创新能力有所贡献；竞争：企业应遵守竞争法则，避免违反竞争的行为与态度；税收：企业应适时履行纳税义务，为地主国财政尽一份心力。总结西方国家对于企业社会责任的界定，可以发现，其对于社会责任的相关规定主要侧重于人权、劳工标准、环境等方面，但西方国家的价值体系和市场体系与中国截然不同，除却那些共性的责任外，我们认为中国农业产业化龙头企业更应强调对农民和政府的责任。对于农民而言，龙头企业是当然的强势者，企业与农户之间构建联系紧密的利益共同体，是农业产业各利益相关者得以发展的基础。作为农业产业化经营的两个主要的利益主体，农户虽然无法控制或影响农业龙头企业的决策，但龙头企业与农民在长期的生产经营过程中建立的天然联系决定了他们之间的相互依存关系，农业龙头企业的基地建设、原材料和初级产品来源或依赖于农民，这种依存导致了龙头企业要想持续获得质优价廉的初级农产品，必须要向农民支付足够的报酬，龙头企业必须从自己的生产经营获得的利润中拿出一部分来转移给农民，使农民愿意从事生产，从而有动力源源不断地提供初级产品。因此，与一般农产品加工企业相比，农业产业化龙头企业的运行较为复杂，它与农民构成一个利益共同体，任何一方利益受损都会影响到农业产业化龙头企业的整体发展。这种利益上的相互制约性决定了农业产业化龙头企业在发展目标中要综合考虑农民的利益，探索综合保证农民利益与企业利益最大化的有效途径。对于政府而言，农业产业化龙头企业在促进“三农”发展承担了较多本属于政府的公共责任和义务，也正因为此，政府在财政预算中对于农业产业化龙头企业列支了较为可观的专项扶持资金，尤其是对于那些在带动农民脱贫致富、引领区域发展、推动当地农业发展方式转型方面做出了显著贡献的企业，更是在财税、基础设施建设、公共服务等方面给予了非常大的政策倾斜。农民增收、农业增效和农村发展是目前各级政府迫切需要解决的问题，也是政府扶持农业产业化龙头企业的根本目的所在，这些使得农业产业化龙头企业与政府在利益取向上具有了高度的一致性，即在政府农业产业化政策目标中，强调农业产业化龙头企业是农民利益代表的公益性政策目标。政府的相关产业政策使得农业产业化龙头企业在经营实践中更为关注政府的政策导向，这是企业发展的天性使然，只有关注政府导向，在促进农民增收、农业增效和农村发展方面有更积极的作为才能获得更多支持，而这些支持对于减低企业经营成本、提升经营利润、扩大企业经营规模至关重要，因此，龙头企业在追求经济效益的同时会非常关注政府的相关公共诉求。

4. 辐射引领性

农业产业化龙头企业集成利用资本、技术、人才等生产要素，可以有效带动农户发展专业化、标准化、规模化、集约化生产，推动区域农业发展方式转型和现代农业快速发展，是构建现代农业产业体系的重要主体和推进农业产业化经营的关键。农业产业化龙头企业在提高农业组织化程度、加快转变农业发展方式、促进现代农业建设和农民就业增收具有显著的辐射引领作用。以 2012 年新认定的 359 家国家重点龙头企业为例，2010 年，这些企业平均固定资产规模超过 1. 8 亿元，平均销售收入达 9. 3 亿元，约为全国龙头企业平均水平的 9 倍和 18 倍。出口创汇企业 125 家，平均创汇 2 520. 2 万美元。其中 90% 的龙头企业建立了专门的研发机构，超过 60% 的企业获得了省级以上科技奖励或荣誉，科技水平较高。企业质量管理和品牌创建成效明显，90% 的企业通过了 ISO9000、HACCP 等质量认证，2/3 的企业产品获得了绿色、有机或无公害认证①。平均每家企业辐射带动农户 4. 4 万户，通过合同、合作、股份合作三种紧密型利益联结机制

---

① 高杨：《359 家企业成为国家重点龙头企业生力军》，载《农民日报》2012 年 2 月 28 日。

带动的农户占75.9%；平均每家企业吸纳就业人员1 199人，每个职工年均工资福利1.98万元；平均每家企业主要原料采购额5.3亿元，向每个农户平均支付1.2万元①，辐射带动作用可见一斑。

3.3 农业产业化龙头企业在我国农业产业化进程中的重要作用

3.3.1 保障农产品有效供给和质量安全

有效满足人们生活需求、充足且质量可靠的农产品供给是现代农业发展的重要内容和主要标志。农产品的有效供给和质量水平不仅关系到人民群众的日常生产乃至生命安全，而且关系到构建社会主义和谐社会和全面建设小康社会的大局。因此，随着农业现代化进程的加快，农产品生产必须由过去的以数量为主向数量和质量安全并重的方向转变。在市场经济条件下，分散的农户经营难以与千变万化的市场进行衔接，无法满足市场对农产品数量和质量的需求，必须依据市场化要求和经济利益原则，将小规模分散经营的农户与市场需求联结起来，通过一种有效的经营组织形式进一步将区域内分散经营的农户组织起来，使分散的土地、资金和劳动力等生产要素在较大范围和较高层面上有效结合，才能在组织化管理、规模化经营、标准化生产、品牌化销售方面都优于传统农户，改变农产品生产主体分散、经营主体众多的混乱无序状态，形成统一化组织、基地化生产、规模化发展的态势。而农业产业化龙头企业自然成为最为有效的连接桥梁。其积极作用具体表现为，其一，有利于农产品生产的全程控制。生产环节是农产品供给和质量安全监管的重点和难点，农产品标准化、规范化控制要贯穿整个生产过程。要强化生产源头管理，就要开展农产品产地环境安全评价和监控，实行产地编码，同时对农业投入品进行规范和监管。龙头企业自建或与农户、合作社共建生产基地，有利于实行统一生产资料

① 高杨：《359家企业成为国家重点龙头企业生力军》，载《农民日报》2012年2月28日。

供应、技术服务、质量标准和营销运作，有效对农业投入品进行监管，强有力地推进农业标准化和品牌化建设，便于探索基地农产品的准出和追溯管理。其二，有利于促进生产经营理念的转变。通过合作，龙头企业可以将市场中对于产品的最新需求传递给农户，一些诸如有机、绿色、环保等现代社会对于农产品的诉求，一些最新的农产生产管理观念、模式和机制，一些农业生产最新的技术和设备将快速进入农户生产经营的实践中，从而以最高效的方式生产出更多更好的农产品。其三，有利于增强风险抵御能力。通过建立紧密的利益共同体，在形成农业产业链的同时，企业与农户、基地、合作社等也在无形中建成了一种共担风险的战略联盟，这种联盟更有利于先进实用技术和现代生产要素的采用，相较于传统农户而言，在龙头企业的带动下，农户抗拒自然风险、技术风险、市场风险、经济风险的能力明显提升，必然导致农产品产量和质量安全水平的全方位提升。

3.3.2 促进农业产业结构优化升级

农业发展方式转型的一个重要内容就是农产产业结构的优化升级，其根本目的就是通过农业产业结构调整和升级，通过对农业生产经营过程中的资源优化配置和合理利用，最大化提高农业的产出效益和比较效益，最终实现农民增收、农业农村可持续发展。这些年来，我国对农业产业结构进行了大的调整和优化升级，取得了明显成效，农业生产的区域结构、产业结构、产业链的连接机制等方面有较大改善，传统农作物种植业所占比例持续下降，而林、渔、牧业比重相应上升；粮食作物种植呈下降趋势，经济作物种植持续上升；粮食作物产量及人均粮食产量显著提高。但是，随着我国工业化和城市化进程不断深入，现阶段的农业产业结构中的一些问题逐渐暴露出来，具体表现为：一是农产品同质化现象突出，某种农产品在一段时间好销，大家一拥而上从事该行业，没有规划和理性分析，最终导致恶性竞争；二是产品的科技含量低、没有显著品牌效应，附加值不突出；三是农业种植的区域布局和科学规划没有有效启动，农业种植结构区域布局不合理、产品同化、品质较差现象严重，区域优势没有有效发

挥；四是没有形成完备的产业链条，产业化程度不高、利益联结机制不紧密。与农业有关的龙头企业较少，农业产业化链条有待完善，特别是由于长期以来我国农业产业结构中传统农业所占比例一直很大，而与之相关的加工业、物流业发展一直未得到重视，因此，现在农村劳动力就业仍然以传统农业领域为主，而农产品运输、加工、储藏等环节薄弱，吸纳就业能力不足，无法带动农民增收。

龙头企业是根据市场需要配置资源、引导生产要素合理流动的枢纽，是推进农业产业结构转型和农业发展方式转变的重要动力。农业产业化龙头企业建设已成为我国农业经济发展中的增长点，将在我国农业现代化进程中扮演重要角色，在传统农业中仅仅依靠农民所使用的现有生产要素无法提高农业生产率，必须有对新的生产要素的投入，而一般情况下农民又不会主动去寻求新的要素。因此，在我国现在所需进行的农业结构调整中，依靠农民是不现实的，而如果吸引企业投资于农业生产经营的某些环节，一方面可以通过与农户共建基地、订单农业等方式直接带动一部分农民致富；另一方面又间接地为农民做了示范，使其主动积极地参与到农业结构调整中来。实践证明，农业产业化经营是调整优化农业结构的重要途径。通过农业产业化经营，千家万户的农民实现了与市场的对接。因此，要继续大力推进农业产业化经营，进而带动农业结构的调整优化。推进农业产业化经营的一个重要环节是壮大龙头企业。离开农业产业化龙头企业，农业产业结构调整将失去强大的动力和有力的依托。

3.3.3 形成农业产业集聚，增强区域经济发展实力

目前，农业产业化经营已进入由数量扩张向质量提升转变，由松散型利益联结向紧密型利益联结转变，由单个龙头企业带动向龙头企业集群带动转变阶段。为适应农业产业化经营新阶段的需要，加快发展农业产业化集群，以农业优势资源为基础，以若干涉农经营组织为主体，以农业产业化龙头企业为支撑，以相关服务机构为辅助，以加工集聚地为核心，以辐射带动周边区域为范围，围绕农业相关联产业发展种养、加工和物流，形成上下游协作紧密、产业链相对完整、辐射带动能力较强、综合效益达到

一定规模的生产经营群体，实现产、加、销一体化，对提高农业产业化经营质量和效益、加快转变农业发展方式、推进现代农业建设、统筹城乡发展、带动区域经济发展具有重要意义。

发展农业产业化集群是促进农业增效、农民增收的必然选择。发展农业产业化集群，提高农业生产经营组织化程度，把家庭经营生产方式与社会化大生产有效衔接，有利于实现农业向规模化、标准化、专业化和集约化方向发展。依靠农业产业化龙头企业的支撑和带动，发展农业产业化集群，对农业产业区域和农产品加工业进行优化布局，有利于实现农产品就地加工转化，促进农业稳定发展、农业综合效益提升和农民持续增收。发展农业产业化集群，拉长产业链条，实现生产、加工、运输、仓储、销售相链接，有利于农村富余劳动力就地转移和劳动力价值提升，带动农民增收致富。发展农业产业化集群是加快转变农业发展方式的科学途径。在农业产业化进程中，选择与之相适应的产业集群模式，通过培育龙头企业、农民专业合作社、种养大户等新型经营主体，积极引进和推广新技术、新品种、新工艺、新理念，大力发展农产品加工业和第三产业，有利于带动当地现代农业发展。农业产业化集群的积聚效应，有利于实现区域资源共享，提高土地产出率、劳动生产率和资源利用率；有利于形成区域产业和企业竞争优势，促进企业规模发展；有利于促进涉农企业技术创新，提高企业竞争力；有利于塑造地域品牌，提升品牌化地域产品的知名度，增强区域农业经济竞争力。

3.3.4 推进技术创新，增强农业整体竞争力

龙头企业在科技创新方面的主导功能是凸显产业链上某个环节的示范带动作用，突出产业技术示范功能。农业产业化龙头企业主要是通过服务价值链提升全产业链的研发、生产、交易、物流、交流和科技活动价值。以现代服务业引领现代农业能够通过服务价值链将农业科技价值链与产业价值链进行链接，化解传统农业生产方式面临的科技和产业对接不足的问题。其一，农业产业化龙头企业的带头示范作用能够加快我国现代农业和农业高新技术产业发展。农业是国民经济的基础产业，农业发展的根本出

路在科技进步。发展现代农业必须构建现代农业产业链，按照高产、优质、高效、生态、安全的原则，依靠现代科技向附加值高的产业和高新技术产业方向发展。农业产业化龙头企业能够凝聚农业科技创新主体、创新要素，加强我国农业科技自主创新，按照产业链发展的要求加快一、二、三产业的融合，提高农业科技创新和推广能力，引领我国现代农业发展，无论对于应对国际农业科技竞争，还是转变我国经济发展方式都具有战略意义。其二，农业产业化龙头企业能够促进科技体制创新与产学研一体化。它在农业科技创新成果的应用方面可以起到引领、示范和带动的作用。龙头企业所掌握的农业资源相对集中，生产规模相对较大，通过出资研发、购买成果等形式与大专院校、科研院所建立合作关系，形成以应用促进研发的良性互动和机制，有力促进科研、教学、推广与生产之间的密切合作，用科技保障农产品质量安全。同时，龙头企业通过带动周边农户，扩大先进适用技术的应用，加速农业科技成果转化，推广应用优良品种和标准化生产技术，可有效促进农业整体竞争力。其三，农业产业化龙头企业能够加快现代农业高端产业的打造。加快发展高端农业，是实现农业经济增长方式根本转变、加速农业现代化建设的根本出路，也是引领未来我国农业科技发展、占领农业高端研究领域、实现农业“高端、高效、高附加值”的必由之路。农业产业化龙头企业可以使科技与服务相结合，进行一、二、三次产业融合为特点的研发和经营活动，推动传统的供给农业向消费农业、品质农业、品牌农业等高端形态转型，实现农业产业链价值创新。

3.3.5 建立完善的利益联结机制，带动农户增收致富

利益分配是农业产业化经营的核心问题，因此，在龙头企业和农户之间建立相对稳定的利益联系机制对于农业产业化经营的顺利进行有着重要意义。农业产业化龙头企业在产业链中发挥着重要的桥梁枢纽作用，它一方面外联市场，具有开拓市场、引导生产、加工转化、科技创新、销售服务等功能；另一方面又内联农户，具有带动农户和生产基地抵御市场风险，实现共同富裕的政策性功能，即要通过合同契约、保护价收购、股份

分红和利润返还等多种形式，把加工、流通环节的一部分利润返还给农民，与农民形成风险共担、利润共享的经济共同体。作为产业化经营的重要环节，更重要的还是通过“龙头企业 + 农户”、“龙头企业 + 合作社 + 农户”、“龙头企业 + 基地 + 农户”等组织形式，即所谓的契约农业，按照各方签订的契约界定权利与义务，农户按照契约约定进行指定品种和数量的农产品生产，而龙头企业则按照契约约定专事农产品的收购、加工和销售，并为农户生产提供相应服务。相对于原先的“农户—批发市场”的交易而言，这种渠道关系相对稳定，一方面在维持农户作为农业生产基本组织单元的独立性与自主性的同时，发挥龙头企业加工、销售农产品的优势，联结农户进入市场，从而与农产品加工和销售的规模性相适应，在某种程度上缓解了小农户与大市场之间的矛盾；另一方面利用农户与龙头企业之间的一次性交易代替批发市场中农户与批发商之间的多次交易，从而使交易成本得到了节约，同时龙头企业对农产品的加工提高了农产品的附加值，增加了整个渠道的收益。

第4章

我国农业产业化龙头企业发展现状及趋势*

在研究农业龙头企业发展的特点、类型、发展过程的基础上，本章针对国内农业产业化龙头企业的现状，研究其在产业升级、结构调整中遇到的困难和问题，提出解决问题的方案，并就国家现行的扶持政策，讨论其未来的发展趋势。

4.1 我国农业产业化发展现状和特点

农业产业化是我国农村改革发展的重要产物，是继家庭承包经营制度之后的又一次农业经营体制机制的重大创新。多年来，党中央、国务院高度重视农业产业化，各地区、各部门大力支持和推动农业产业化，使农业产业化从产生、发展到提升始终保持强大活力，呈现快速推进势头。21 世纪以来，农业产业化与我国农业农村经济一道进入了发展“黄金期”。

中央明确提出“扶持农业产业化就是扶持农业，扶持龙头企业就是扶持农民”，不断加大对推进农业产业化的扶持力度。各级各部门不断完善扶持政策，积极推动组织模式创新，全面提升农业产业化发展水平。

农业产业化的发展，为巩固发展农业农村经济好形势发挥了不可或缺的重大作用。2011 年，农业部认定了第一批 76 个国家农业产业化示范基

---

* 本章所引用的数据除特别标准外，均来自农业部农业产业化办公室。

地，基本涵盖了粮食等主要农产品和“菜篮子”产品，聚集了规模以上龙头企业4 000多家。2010年底农业产业化组织总数达到25.49万个，带动农户1.07亿户，农户从事产业化经营年户均增收2 193元。①

4.1.1 产业化组织成长迅速，经营模式由单一向多元转变

农业产业化组织是联结小生产与大市场的重要纽带，是转变农业经营方式的主要载体。“十一五”期间，随着农业规模化、专业化、市场化快速发展，农业产业化组织数量大幅增加。截至2010年底，在各类产业化组织中，龙头企业9.92万家，年销售收入500万元以上的6.34万家，过亿元的9 578家，分别比2005年增长62%、79.2%和1.39倍；中介服务组织14.11万个，其中与龙头企业实现有效对接的规模以上的专业合作经济组织4.35万个，分别比2005年增长1.24倍和1.89倍；专业市场1.46万个，交易额5 000万元以上的5 263个，分别比2005年增长26.2%和37.6%（见图4－1、图4－2）②。

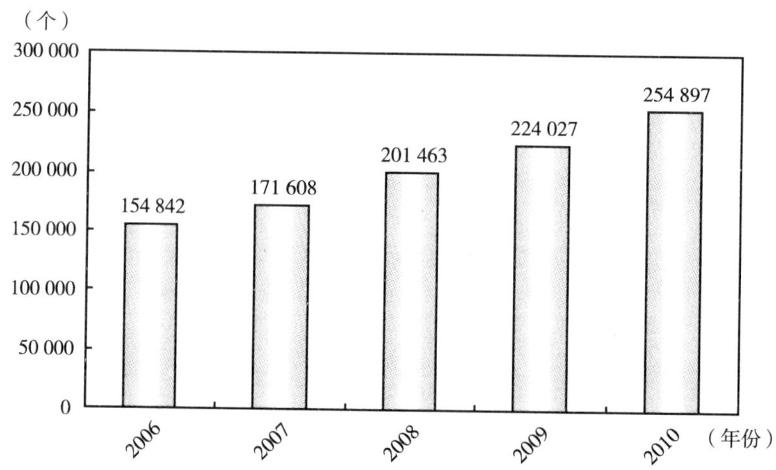

图4－1　2006～2010年农业产业化经营组织数量

资料来源：农业部农业产业化办公室。

---

① 韩长赋：《人力提升农业产业化引领现代农业发展水平》，载《农民日报》2012年12月1日。

② http://www.moa.gov.cn/hdllm/wszb/zb44/.

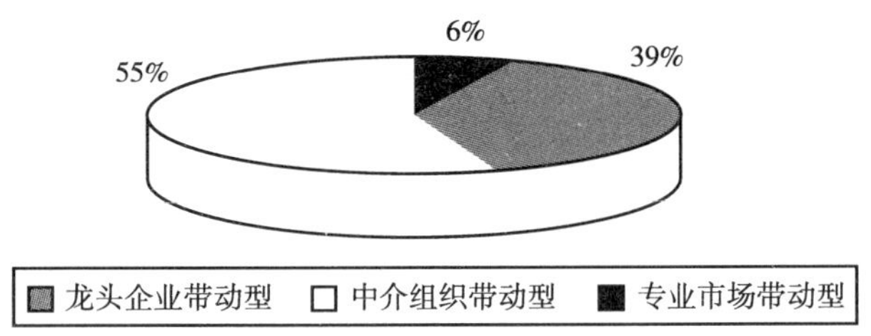

图4-2 2010年全国农业产业化经营组织类型构成

资料来源：农业部农业产业化办公室。

4.1.2 经济实力不断提高，可持续发展能力显著增强

“十一五”期间，农业产业化经营组织根据自身特点和优势，积极找准发展定位，努力创新发展思路，经济实力不断增强。截至2010年底，各类产业化组织固定资产总值2.6万亿元，其中龙头企业固定资产达1.91万亿元，分别比2005年增长1.66倍和1.19倍。龙头企业实现销售收入5.02万亿元，净利润2 479.41亿元，上缴税金1 503.73亿元，分别比2005年增长1.72倍、1.1倍和1.56倍；中介组织实现销售收入5 116.54亿元，比2005年增长87.7%；专业市场交易额2.07万亿元，净利润579.65亿元，上缴税金251.54亿元，分别比2005年增长1.19倍、47.1%和1.09倍（见表4-1）。

表4-1　　农业产业化经营组织的经济效益状况

项目	年份				
	2006	2007	2008	2009	2010
固定资产总值	131 098 611	164 151 269	185 479 728	211 180 239	260 463 119
1. 龙头企业					
（1）固定资产总值	97 818 869	128 781 820	142 162 434	163 195 856	190 826 750
（2）销售收入	241 883 024	316 948 656	383 176 961	424 943 250	502 332 246
（3）净利润	15 973 312	19 689 535	22 935 286	25 166 889	24 794 127
（4）创汇	2 634 139	3 103 313	3 396 870	3 320 240	4 174 337
（5）上缴税金	7 752 039	9 776 773	11 213 299	12 333 069	15 037 273

续表

项目	年份				
	2006	2007	2008	2009	2010
2. 中介组织					
销售收入	31 283 811	36 091 517	39 484 217	54 832 826	51 165 409
3. 专业市场					
（1）交易额	99 767 120	128 248 232	135 966 250	159 383 123	207 112 335
（2）净利润	3 788 872	3 793 896	4 046 989	4 533 803	5 796 478
（3）上缴税金	1 034 733	1 194 880	1 526 330	1 714 318	2 515 406

资料来源：农业部农业产业化办公室。

4.1.3 生产投入大幅增加，基地建设专业化、规模化、标准化水平明显提高

随着加工产能对原料数量和质量要求的提高，农业产业化经营组织将基地建设作为企业健康发展的重要基础，强化产业链上游建设，不断加大生产基地投入。2010 年，龙头企业对农产品原料基地投入总额达 1 579.58 亿元，比“十一五”初期（2007 年）增长 1.46 倍，其中改良土壤、农田水利、设施农业、养殖场等基础设施建设投入 662.36 亿元，比 2007 年增长 1.25 倍。随着投入的增加，基地规模化、标准化水平明显提高。截至 2010 年底，各类产业化组织辐射带动种植业生产基地 14.4 亿亩，占全国农作物播种面积的 59.8%，其中龙头企业获得“三品”认证的种植面积达到 7.46 亿亩，比 2007 年增长 79.9%；带动牲畜饲养量 13.97 亿头，约占全国牲畜饲养量的 70%，其中获得“三品”认证的 4.2 亿头，比 2007 年增长 52.6%；带动禽类饲养量 126.9 亿只，约占全国禽类饲养量的 75%，其中获得“三品”认证的 51.43 亿只，比 2007 年增长 34.2%；养殖水面 7 939 万亩，约占全国养殖水面面积的 73%，其中获得“三品”认证的 3 287.14 万亩，比 2007 年增长 51.1%（见表 4－2、图 4－3）。

表4-2　全国农业产业化经营组织的发展规模

项目	年份				
	2006	2007	2008	2009	2010
1. 带动农户数	90 982 481	95 107 835	98 079 955	102 552 401	107 336 904
订单带动农户数	70 793 858	82 428 882	85 052 202	73 355 732	85 568 979
2. 生产基地					
种植面积（万亩）	129 559	130 658	150 754	140 634	144 026
牧畜饲养量（万头）	146 209	146 838	136 729	124 306	139 720
禽类饲养量（万只）	1 133 549	1 154 356	1 216 525	1 269 065	1 283 527
养殖水面面积（万亩）	9 570	7 155	7 483	7 939	8 802

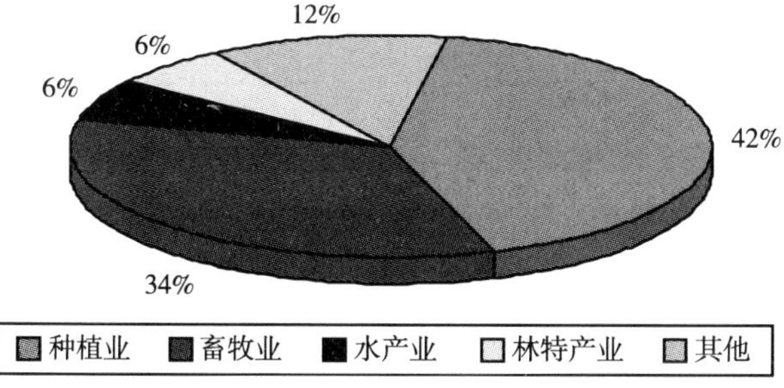

图4-3　2010年全国农业产业化经营组织的行业分布

4.1.4　利益联结机制不断完善，由松散型向紧密型转变

“十一五”期间，随着农业产业化组织形式的不断丰富，利益联结机制也不断完善。农业产业化组织与农户的联结方式已经不再是简单的、松散的联系，也不再仅仅是订单关系，而是提升到通过利润返还、股份合作按股分红等联结，与农产品品牌、标准、安全、质量等整个生产过程紧密相连。截至2010年底，在25.49万个农业产业化组织中，通过合同关系带动农户的产业化组织有17.2万个，占总数的67.5%，比2005年增长1.29倍；其中订单关系有11.89万个，占总数的46.6%，比2005年增长99.5%；订单履约率达88%，比2005年增加7.25个百分点。通过合作方

式带动农户的产业化组织有 4.11 万个，占 16.1%，比 2005 年提高 88.9%。通过股份合作方式带动农户的产业化组织有 3.55 万个，占 13.9%，比 2005 年增长 72.1%。合同、合作、股份合作三种较为稳定的利益联结方式所占比重达 97.5%，比 2005 年提高 11 个百分点（见图 4-4）。

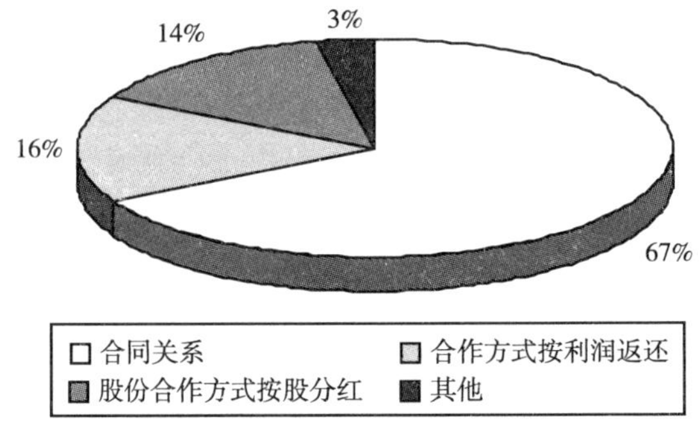

图 4-4　2010 年全国农业产业化经营利益联结类型构成

4.2　我国农业产业化发展取得的成效

4.2.1　经营组织实力不断壮大，有力促进了农产品供给保障能力提升

以龙头企业为主的产业化经营组织快速发展，优化了农业生产经营组织形式，注入了现代农业生产要素，成为农业生产和农产品市场供应的重要主体，对保障国家粮食安全和重要农产品有效供给发挥了重要支持促进作用。到 2011 年底，各类产业化经营组织达到 28.4 万个，辐射带动全国 40% 的农户；龙头企业 11.1 万家，销售收入达 5.7 万亿元，所提供的农产品及加工制品占农产品市场供应量的 1/3，占主要城市“菜篮子”产品供给的 2/3 以上①。

① 韩长赋：《人力提升农业产业化引领现代农业发展水平》，载《农民日报》2012 年 12 月 1 日。

4.2.2 产业链条不断完善，有力促进了产业集群化发展

龙头企业不断强化上游原料基地建设，大力发展精深加工，拓展包装储藏、物流配送等下游环节，打造完整产业链条，推动构建现代农业产业体系，有力提升了农业的产业素质。到2011年底，流通型龙头企业市场交易额超过2万亿元，龙头企业农产品加工产值与原料采购值之比超过2:1①。各地从实际出发，依托资源和区位优势，引导龙头企业向优势产业和优势产区集聚，涌现出一批主导产业突出、规模效应明显、组织化程度较高的龙头企业集群，不仅发展农产品加工，而且带动发展储藏、包装、运输等配套产业，培育了县域经济增长点。

4.2.3 辐射带动能力不断提升，有力促进了农民收入增长

各类产业化经营组织采取保护价和加价收购农产品、利润返还、股份分红等方式，组织农户生产，吸纳农民就业，并为基地农户提供生产性服务，不断完善与农民的利益联结机制，带动农民增收，实现企业与农民共享产业化发展成果。现在，采用合作、股份合作等紧密型利益联结机制的产业化经营组织明显增加，到2011年底已占总数的38.2%；各类产业化经营组织带动农户达1.1亿户，农户加入产业化经营年户均增收2 477元②。2010年，龙头企业通过合作制、股份合作制等方式向农民返还利润（分红）151.65亿元，采取土地租赁经营支付给农民的土地租金116.23亿元，分别比2007年增长23.4%和49.7%。龙头企业支付工资福利报酬373.38亿元，比2007年增长43.4%。此外，龙头企业还通过资助农户参加保险、提供担保、购买运输包装服务等方式带动农民增收436.71亿元，

①② 韩长赋：《大力提升农业产业化引领现代农业发展水平》，载《农民日报》2012年12月1日。

比2007年增长61.6%。

4.2.4 创新活力不断增强，有力促进了农业科技创新与应用水平的提高

龙头企业不断加大研发投入，建立研发机构，积极开发新品种，加快推广应用先进适用技术，为农业科技进步提供了物质保障和基础条件，为农业科技成果转化提供了有效平台。“十一五”期间，国家重点龙头企业共投入科研经费772亿元，年均增长18.7%。2010年，全国有3 006家龙头企业建有省级以上研发中心，占龙头企业总数的3%，比2007年增长1.46倍；近90%的国家重点龙头企业建立了研发中心，科研成果获得省级以上科技奖励的企业占60%以上。农业产业化经营组织通过科技创新，提高了农业综合生产能力，提升了产品科技含量和附加值，增强了农业核心竞争力。

4.2.5 有效保障农产品有效供给和质量安全

农业产业化经营对于保障主要农产品供给和质量安全有重要作用。它可以促进农业的规模化、集约化经营，提高资源利用率和土地产出率，增强农业综合生产能力，增加农副产品供给总量；可以通过统一农资供应、技术规程和管理规范，推行标准化生产和科学化管理，实施农产品产加销全过程质量控制，开展“三品”认证，提升质量安全水平。“十一五”期间，国家重点龙头企业累计投入1 100多亿元建设标准化基地，自建生产基地达到3 500万亩。全国9万多家龙头企业提供的农产品及加工制品占农产品市场供应量的1/3，占主要城市菜篮子产品供给的2/3以上。2010年，有22%的龙头企业通过ISO9000、HACCP、GAP、GMP等质量体系认证，15%的龙头企业质检机构通过计量认证，18%的龙头企业获得了“三品”认证，9 708家龙头企业的产品获得省级以上名牌产品或著名（驰名）商标。农业产业化对提升我国农产品质量安全水平的贡献巨大，为农业农村经济持续平稳较快发展提供了重要支撑。

4.3 我国农业产业化龙头企业发展总体情况

近年来，随着农业产业化的发展，我国的龙头企业队伍不断壮大，已成为现代农业建设和带动农民就业增收的重要主体，也成为影响农村经济发展的重要力量。农业产业化龙头企业的数量和实力增长较快。截至目前，我国农业龙头企业有11万家，其中国家认定的农业产业化国家重点龙头企业为1 253家。2012年9月，农业部农业产业化办公室和农业部农村经济研究中心对全国32个省（区、市）的946家农业产业化国家重点龙头企业进行了问卷调查，调查结果表明，目前我国龙头企业经济实力稳步增强，带农增收作用明显。2012年上半年，946家国家重点龙头企业平均主营业务收入达8.9亿元，比上年同期增长14.6%；平均主营业务利润9 923.6万元，比上年同期增长2%；平均职工2 231人，比上年同期增长1.6%；平均工资总额为3 760.1万元，比上年同期增长11.7%；主营业务成本比上年同期上涨17%。目前，全国各类龙头企业11万家，销售收入突破5.7万亿元，从业人员近3 000万人，有效提高了农业产业化水平，促进了现代农业建设。

4.3.1 企业集团化集群化趋势明显，行业集中度不断提高

各地积极培育壮大龙头企业，引导有比较优势的龙头企业以资本运营和优势品牌为纽带，采取兼并、重组、参股、收购等方式，加强联合与合作，组建大型企业集团，涌现出一批销售收入过百亿元的龙头企业航母。2010年蒙牛集团、雨润集团主营业务销售收入超300亿元，新希望集团达500亿元，成为行业发展的领军企业。一些地方充分利用资源和区位优势，引导龙头企业向优势产区集中，推进龙头企业集群集聚，发展相关配套产业，形成了一批企业分工协作良好、组织化程度较高、辐射带动效果显著的产业集聚区。据各地上报统计，2010年加工产值超5亿元的龙头企业集

聚区达到670多个，聚集龙头企业约1.2万家。“十一五”时期，国家重点龙头企业整体取得了较快发展，行业集中度逐步提高，不同行业在发展速度和发展特点方面各有差异。

从行业分布来看，农业产业化龙头企业以农业产业结构和经营项目为基准，可分为五大类，即种植业类，畜牧业类、水产业、林特产业及其他（见图4-5）。

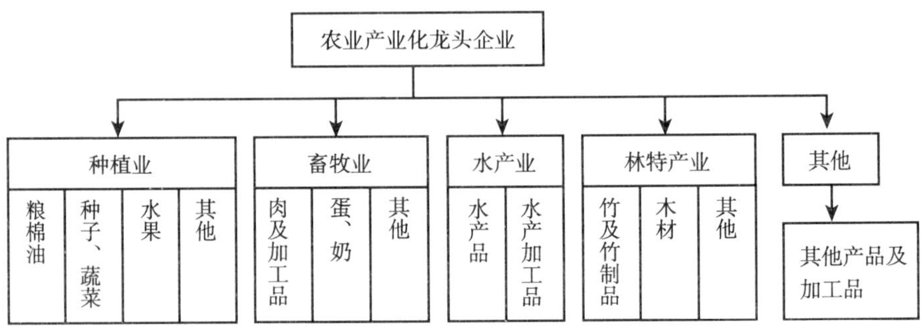

图4-5　农业产业化龙头企业分类

（1）种植业：是指以种植业产品为主、实行一体化经营的组织。在调查中分为粮油食品、种子、蔬菜及加工品、烟叶及加工品、食用菌及加工品、水果及加工品、茶叶及加工品、花卉、饲料、其他种植业产品及加工品。

（2）畜牧业：是指以畜禽产品为主、实行一体化经营的组织。在调查中分为猪肉及加工、奶牛及乳制品、禽肉、禽蛋及加工品、其他畜产品及加工品。

（3）水产业：是指以淡水或海水中各种养殖或捕捞产品为主、实行一体化经营的组织。分为水产品及水产加工品。

（4）林特产业：是指林产品为主、实行一体化经营的组织。在调查中分为竹及竹制品、木材及木材加工品、其他林产品及加工品。

（5）其他：未纳入上述分类的其他产品及加工品。

2010年683家国家重点农产品加工龙头企业生产1 068个主营产品，涉及粮油、畜禽、林特、棉麻、果树、水产、花卉、茶叶等行业，位居前五位的行业是粮油类（315个）、畜禽类（208个）、果蔬类（174个）、水

产类（56个）、乳品类（52个），合计805个，占总数的75.4%。2010年这五类产品销售总额为7 092.9亿元，占全部农产品加工企业销售额的79.4%；出口总额为76亿美元，占全部农产品加工企业出口总额的78.3%。与2008年相比，乳品类企业集团化发展速度较快，产品平均销售收入超过粮油类产品，2010年达18.67亿元，其他依次为粮油类产品（10.02亿元），畜禽产品（9.84亿元）、果蔬产品（4.03亿元）、水产品（3.87亿元）（见表4-3）。

表4-3　　全国农业产业化经营组织的行业分布

项目	年份				
	2006	2007	2008	2009	2010
产业化组织总量	154 842	171 608	201 463	224 027	254 897
1. 种植业	66 979	73 778	88 456	94 872	106 710
（1）粮棉油	27 054	28 853	30 464	30 967	33 493
（2）蔬菜	17 219	19 645	23 283	26 321	30 836
（3）水果	15 091	16 990	17 881	18 853	21 327
（4）其他	7 615	8 290	16 796	18 730	21 054
2. 畜牧业	54 961	63 086	69 126	75 358	87 744
（1）肉	35 700	41 169	49 579	53 347	61 750
（2）奶	10 474	12 727	5 990	5 437	6 212
（3）其他	8 787	9 190	13 557	16 574	19 782
3. 水产业	9 055	9 682	12 195	12 908	14 923
4. 林特产业	11 814	12 239	14 451	13 954	15 153
5. 其他	12 033	12 823	17 268	26 935	30 367

4.3.2　我国农业龙头企业的发展有典型的地域性

从区域发展来看，农业龙头企业主要分布在东南沿海地区，中部及西部地区龙头企业数量及规模相对较小，表现出明显的地区不均衡性。其主导产业往往是以当地的农副产品加工为主，发展的基础基本上是立足于本地，然后再逐渐向外扩展。当然，这些龙头企业发展到一定阶段必然要突破本区域的界限。如今，我国东部发达地区的一些龙头企业利用自身的经济实力，大力开展有关业务，将经营触角扩展到中西部地区。

在西部大开发和中部崛起战略指引下，中西部地区得到的政策支持不断强化，基础设施不断改善，发展换件不断优化，从而为中西部地区国家重点龙头企业的发展创造了良好的条件。中西部地区龙头企业结合自身优势，与东部地区龙头企业的差距逐步缩小。从经济实力看，2010年东、中、西部国家重点龙头企业平均主营业务收入分别为13.4亿元、11.9亿元、10.5亿元，东、中、西部之比为1.3:1.1:1，2008年这一比例为1.9:1.3:1，区域差距明显缩小。2010年东、中、西部地区的国家重点龙头企业平均资产总额分别为14.5亿元、12.4亿元、13.7亿元，平均总资产比为1.06:0.91:1，2008年这一比例为1.47:0.89:1，西部地区龙头企业规模已基本接近东部企业。从利润情况看，东部企业平均利润额较高，但利润率不及西部企业。

2010年东、中、西部龙头企业分别实现利润295亿元、147.7亿元、169.8亿元，企业平均利润分别为8 427.9万元、6 393.4万元、6 174.9万元。尽管东部实现利润最多，但在利润率方面却并不占优势，2010年东、中、西部企业销售利润率分别为5%、4.3%、5.8%，西部企业优势明显。出现这种情况，与东部日益增加的用地成本、劳动力成本有关，在西部大开发等一系列政策的激励下，东部的区位优势逐渐减弱（见图4－6）。

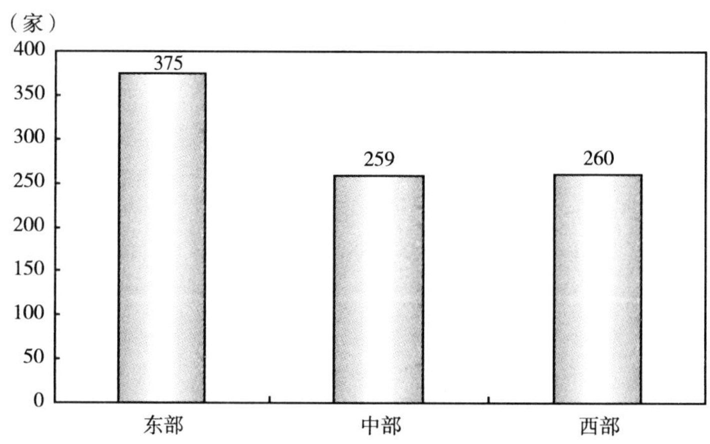

图4－6　2010年894家农业产业化国家重点龙头企业的区域分布

4.3.3 农业龙头企业的政策支持和优惠明显

从政策扶持来看，龙头企业普遍享受到了财政税收和金融支持政策。近年来，随着国家强农惠农富农政策体系的不断完善，对农业产业化龙头企业的支持力度不断加大。2012 年 3 月，国务院《关于支持农业产业化龙头企业发展的意见》出台，明确了农业产业化和龙头企业在发展现代农业中的战略地位，提出了扶持龙头企业发展的政策措施。从调查结果来看，绝大部分国家重点龙头企业享受到了优惠政策。2012 年，91.6% 的企业获得了国家财政资金的支持，平均获得财政支持资金 770 万元；91.3% 的企业获得了信贷支持；75% 的企业享受到了国家税收减免政策。64.5% 的企业认为国家支持龙头企业发展政策很好，对企业发展作用很大，有 52.2% 的企业认为即使符合条件也不容易争取优惠政策。

4.3.4 农业龙头企业有力推动了现代农业的快速发展

一是龙头企业建基地提质量，已成为保障主要农产品有效供给的骨干力量。龙头企业提供的农产品及加工制品占农产品市场供应量的 1/3，占主要城市“菜篮子”产品供给量的 2/3 以上，并且出口创汇额占全国农产品出口额的 80% 以上。二是龙头企业调结构拓链条，已成为构建现代农业产业体系的重要主体。目前，龙头企业已经形成了以 1 253 家国家重点龙头企业为核心，1 万多家省级龙头企业为骨干，10 万多家中小龙头企业为基础的发展格局，产品涵盖了种植、畜牧、水产多领域，经营涉及了生产、加工、流通多环节。三是龙头企业强研发抓推广，已成为加快农业科技创新与进步的重要载体。据统计，全国有 3 000 多家龙头企业建立了省级以上研发中心，近 90% 的国家重点龙头企业建立了研发机构，科研成果获得省级以上科技奖励的企业占 60% 以上。省级以上龙头企业拥有农业科技研发和推广人员 38.5 万人，占全国的 36.8%。四是龙头企业建机制重服务，已成为带动农民就业增收的重要力量。据统计，以龙头企业为主体的各类农业产业化组织以多种形式带动农户约 1.1 亿户。参与农业产业化经营的农户年户均增收额从2000年的900多元，快速增长到2011年的2 400多元①。由此可见，支持龙头企业发展，有力促进了农业增效、农民增收和农产品竞争力增强，对于保发展、保供给、保稳定，扩大强农惠农富农政策效果、实现农业农村经济平稳较快发展起到了重要作用。

4.4 农业产业化龙头企业发展中的主要问题

4.4.1 龙头企业的整体实力偏低，覆盖面较窄

我国的农业产业化起步较晚，发展过程较短，因而无法形成数量众多、实力雄厚的农业产业化龙头企业。目前，各地虽然已出现一些龙头企业，并且这些龙头企业确实在农业产业化过程中起到较大的推动作用，但各地的龙头企业往往从地方利益出发，各自为政，没有形成有效的合作体系，有的甚至还搞地区封锁，这就限制了龙头企业自身的发展。同时，各地农业企业的规模有限，相互间的竞争力有限，无法形成重组兼并的浪潮，这对农业产业化整体水平的提高非常不利。我国农业产业化的覆盖面较窄，目前只有50%左右的覆盖面，而发达国家如美国、日本、荷兰等则早已超过80%。就龙头企业方面来看，我国的龙头企业所占比重及整体实力也大大低于西方发达国家的水平。

4.4.2 龙头企业的发展程度较低，带来的经济效益相对较低

我国各地农业产业化龙头企业的发展程度与西方发达国家相比，还处于较低的水平。各地龙头企业之间往往各自为政，自求发展，出现各地区间龙头企业的重复设立，致使其规模和发展程度长时期处于较低的水平，很难有大幅度提高。对有限农业资源的争夺在一定程度上加剧了龙头企业

① 农业部2012年3月26日召开的新闻发布会。

间的矛盾，给我国农业产业化龙头企业的发展带来一系列不利影响。由于农业产业化的程度较低，公司与农户间的协作还不密切，这就增加了成本支出，减少了利润。据测算，价值1元的初级农产品，经加工处理后，在美国可增值3.7元，日本为2.2元，中国只有0.3元①。较低的利润水平又会影响龙头企业的进一步发展。

4.4.3 龙头企业规模小，辐射带动能力不足

虽然近年来我国农业产业化龙头企业获得长足发展，但无论同发达国家相比，还是同国内其他产业的龙头企业相比，都存在企业数量少、规模小、产品档次不高、科技创新能力不足、农产品附加值较低等问题。从横向看，龙头企业研发投入不足，加工深度不够，加工转化和增值率低，发达国家农业产值与农产品加工业产值比为1∶3，我国仅为1∶0.81。有些企业管理水平较低，尚未建立现代企业制度。龙头企业的辐射带动能力也还有待提升。虽然目前全国已有40%左右的农户参与到农业产业化经营中来，但是与当前我国现代化农业发展的要求和农民的实际需要相比，与日本等发达国家农民的组织化程度相比，产业化经营组织发展仍显滞后。

4.4.4 龙头企业的实力较弱，没有形成足够的控制力

在现有龙头企业中，年销售收入上亿元的企业仅占龙头企业总数的4.3%，中小企业和组织居多。大部分是在我国家庭承包经营和乡镇企业的农产品加工经营基础上发展起来的，属于低水平重复建设，规模小，层次低。未能真正能带动一批基地、牵动一个产业，应变能力和竞争能力差。从事农产品初级加工者较多，从事精深加工者较少。全国各地的农业产业化龙头企业数量虽然不少，但由于没有相对统一的管理，因而发展速度较慢，实力扩张有限，始终难以发展成规模巨大、实力雄厚的大型农业

① 民建中央：《民建中央关于加快发展农业产业化集群的提案》，转引自网易财经，2014年3月4日。

产业化企业集团。因此，推动传统农业向现代农业转移的步伐较慢，所起的作用也不大。同时，一些地区龙头企业在当地所占的比重并不高，对所在地区其他企业的控制力较弱，使其发展受到影响，这种情况在中西部地区表现得更明显。如湖北省鄂州市虽有20家市级以上龙头企业，但规模都不大，集约化程度也较低，对农业产业化发展所起的促进作用有限。

4.4.5 对龙头企业的发展缺乏统一规划，没有形成有效的合作机制

我国各级政府对农业产业化龙头企业的发展给予了大力支持，在政策和措施上都给予充分重视，但由于各地的实际情况不同，各地对农业产业化龙头企业的支持力度也有所不同。有些地区没有统一规划，任龙头企业自由发展，致使农业产业化的合作体系难以形成，这在一定程度上阻碍了农业资源利用效率的提高。多数中小龙头企业与基地、与农户的联结还停留在以产品买卖为基础的低层次产销合作上，公司独立经营，农户分散生产，双方都存在一定的随意性和机会主义行为。对资源利用的低效率反过来也会阻碍农业产业化龙头企业的发展和合作机制的形成。对发展中存在问题的认识不够，致使农产品加工龙头企业及其他企业的发展存在一定隐患，这些隐患妨碍了合作的进一步发展，给龙头企业的发展带来了不良影响。

4.4.6 政策扶持和保障力度有待进一步提高

龙头企业发展的所需要的一些扶持政策还不完善。例如，新企业所得税法明确了农产品初加工所得税优惠政策，但由于初加工范围界定不明确，造成部分地方税务部门理解政策有差异，执行落实不到位；此外，企业贷款难，尤其是中小型龙头企业更为突出。据调查，目前龙头企业的资金缺口比例一般在30%~40%。

目前我国上市的农业类企业较少，农业产业化发展可供选择的只有通过信贷体系间接融资。随着我国金融业商业化进程不断加快，金融机构对

信贷资金的投放倾向于支持优势地区、优势企业和优势农户。设在县及县以下的现有机构网点，大多只有吸收存款权而没有贷款权。而土生土长的农村信用社又普遍存在所有权不清晰、法人治理结构不完善、管理水平较低以及缺乏有效的激励机制和内部人控制等问题，从而导致一般地区、一般企业（尤其是省级以下的中小型企业）和一般农户融资渠道有限，面临着发展资金短缺的约束，不利于形成规模经济，提高市场竞争力。

4.4.7 外资兼并重组日益弱化国家对农业产业的控制权

近年来，外资采用各种方式兼并重组农业龙头企业，加速进入发展中国家农业领域。各类外资兼并重组事件频发，许多国家的重点农业龙头企业被外资绝对控股，产生了一些不利影响。一是外资在行业中较易取得市场垄断地位，操控产业的发展，如一些国家大豆、棉花等产业在这方面的教训深刻。二是较易造成国内产业对国外资源和技术的依赖，进而可能造成养殖业乃至畜牧业的对外依赖。三是外资还可以通过控制核心技术、关键环节和高附加值领域，抑制企业的自主创新能力，使得对国外先进技术依赖性增强。外资注入掌握主要农业企业的主导权，反映出其对于一些国家农业关键领域的控制，都对我国农业自身发展产生不利影响。

4.5 我国农业产业化龙头企业未来发展趋势

党的十八大报告指出，城乡发展一体化是解决“三农”问题的根本途径，强调要促进工业化、信息化、城镇化、农业现代化同步发展。大力支持促进农业产业化发展，推进培育新型农业经营主体，示范推进发展现代农业，服务引领农民参与现代化进程，促进构建新型工农城乡关系。龙头企业是农业产业化的关键，龙头企业的发展和壮大可带动农户和生产基地能力不断增强，促进农村劳动力转移和农民增收，促进优势产业聚集和升级，对推进区域经济繁荣、加快农业产业化进程具有重要意义。因此，我们要站在全面建成小康社会新高度，从加快发展现代农业、推进“四化同步”和城乡发展一体化新形势新任务出发，科学认识农业产业化龙头企业新的时代使命、新的发展要求和发展趋势。

4.5.1 发展方式发生转变

龙头企业在发展过程中，加快转变发展方式，由自然资源依赖为主，逐步向其他资源（组织资源、品牌资源、文化资源、市场资源等）依赖为主，使龙头企业提高自然资源利用效益，形成具有自身特色的核心竞争力。充分发挥辐射带动作用，促进农业稳定发展，农民持续增收。

一是加强科技创新，提升企业核心竞争力。要在发挥劳动密集型产业优势，带动农民就业的基础上，加大科研投入，注重引进、消化、吸收国外先进技术、工艺、设备；加强与科研单位、高等院校、技术推广部门等的合作，开展联合攻关；大力培养企业中高层经营管理人员和技术工人，提高企业管理水平。

二是调整优化结构，增强市场开拓能力。积极收购农民生产的农产品，促进产销衔接，积极研究消费需求的新趋势、新要求、新变化，改造老产品，推出新产品；稳定既有市场，积极开拓国内外新兴市场，促进农产品出口；实施品牌战略，把品牌经营理念融入生产、加工、流通各环节。

三是推进标准化管理，提升产品质量水平。要积极参与园艺产品畜禽水产品高产创建活动，在原料基地建设中加强对农药、肥料、兽药、饲料等农业投入品的质量管理，实现生产清洁化；加强对加工环节的质量控制，建立产品质量认证制度，开展相关认证；标准化管理要延伸到流通领域，通过定量包装、标识标志、商品条码等手段，建立“从餐桌到田头”的质量可追溯机制。

四是加强联合合作，推进集群集聚发展。

五是加强资源综合利用，发展低碳经济。要大力发展循环农业生态农业，重点发展低消耗、低排放、高效率的产品和项目，开发推广节约、替代和治理污染的先进适用技术，主动淘汰落后产能；积极发展循环经济产

业链，推广运用节地、节水、节肥、节种、节药、节能等技术，加大农产品初加工后的副产品及其废弃物的开发利用；加强内部管理，建立节能减排责任制，把节约资源、节约能源列入企业发展和管理的重要内容。

六是强化企业社会责任，增强企业持续发展能力。

4.5.2 经营产业不断扩展

龙头企业由农业制造业向服务业扩展，通过发展壮大服务业拉动制造业持续、快速发展，使龙头企业更好地把握市场需求，增强产品适应性，提高产品加工增值率和利润率。随着农业发展形态的变化和农业市场化程度加深，农业生产经营方式发生了深刻变化，农业生产领域加快向产前、产后延伸，规模经营比例明显上升，种养大户、专业农户明显增多，畜牧水产养殖业规模化水平已达到50%以上。过去适应小规模分散经营、传统种养为主的农业经营体系，已经越来越难以适应生产力发展新的要求。随着农业生产环节的不断分化，分工分业已是大势所趋，对农业生产性服务和经营性服务的需求越来越多。实践证明，越是规模经营，越需要社会化服务；越是市场化程度提高，越需要社会化服务。长期以来，分散农户一直满足于自给自足式的小农经济模式，既没有接受社会化服务的习惯，也不能承受社会化服务的成本，所以经营性服务组织发展严重滞后，服务能力难以满足生产经营需求。这就迫切要求建立与新时期农业生产经营方式相适应的新型农业经营体系。发展农业产业化，能够依托龙头企业将农户组织起来、带动起来，龙头企业可以采取多种方式，为农户开展新品种新技术推广、标准化生产、病虫害统防统治等技术服务；为农户销售农产品提供收购、仓储、保鲜、运销等市场服务；为农户发展生产提供贷款担保，资助农户参加农业保险；对农户开展生产技术、操作规程、市场营销、经营管理等培训，从而实现龙头企业与农民共同富裕。

4.5.3 带动农户的组织模式不断完善

龙头企业带动广大农户参与农业产业化经营的模式由初级松散型的

“公司+农户”，不断向紧密型的“公司+专业合作社”或“协会+农户”组织模式转变，龙头企业与农户的利益关系更加紧密，农民的组织化程度提高。发展农业产业化，以企业为龙头，以专业合作社为龙身，以广大农户为龙尾，是培育和带动新型经营主体的有效形式。农业产业化龙头企业，将农户生产作为“第一车间”，通过建设规模化、集约化、标准化生产基地，辐射带动农民专业合作社、专业大户、家庭农场发展生产、进入市场，可以增强农民的生产技能、管理知识、市场意识和法制观念，培育造就一大批新型经营主体、新型职业农民，为解决今后“谁来种地”的难题做出实际贡献。通过发展农业产业化，可以提高生产经营技术水平、优化产业结构，促进增加农业产出、提高劳动效率、降低生产成本；可以将农业产业链条向上游延伸、向下游拓展，促进产加销、贸工农各环节有机结合，拓展农业的增值空间；可以通过把农民在各产业链条上组织起来，扩大就业，分享经营收益。

4.5.4 由单区域经营向跨区经营拓展

龙头企业从事的基地建设、原料生产、加工销售等经营活动已开始从本地区域经营不断向跨区域经营乃至全国性区域经营转变，使龙头企业降低生产成本，实现规模效应和区域优势互补。发展农业产业化，可以将工业和城市的先进生产要素、经营理念、管理方式引入农业，与农村的土地、劳动力、原料等资源有效结合、优势互补，促进农产品加工、储藏、运销等行业的兴起，从而有效突破工农脱节、城乡分割的体制机制障碍，搭建一个工农城乡之间资源要素平等交换的有效平台，打通资源要素导入农业农村的通道，促进资源要素在工农城乡之间良性互动，让广大农民平等参与现代化进程、共同分享现代化成果。实践证明，农业产业化龙头企业是工业与农业、城市与农村、农民与市场之间的纽带和桥梁，把资金、技术、人才带入农业农村，把农产品、农民带入市场带入城市。可以说，农业产业化是促进以工补农、以城带乡的有效途径，是促进区域交流、互动、融合的重要载体，是缩小工农差距的推动力量。

4.5.5 兼并重组形式的规模化趋势明显

规模化发展是提高企业竞争力的重要途径，龙头企业是农业行业的领军和示范，也是不断提升产业技术水平和安全质量的重要支撑。通过收购、兼并、租赁、控股和承包等方式，开展跨区域、跨所有制的联合与合作，加快企业规模化、集约化发展，着力推进行业结构调整，不仅是转变农业发展方式的重要途径，也是解决我国农业企业发展分散、行业不平衡的着力点。从我国实际来看，一些龙头企业朝着大规模、集团化、现代化方向发展，形成企业集团，市场竞争力和带动农户增收的能力逐步增强。“十二五”期间，在大力培育龙头企业基础上，引导和推动优势企业兼并重组，整合生产、加工和贸易等关联环节，形成完整产业链；以优势产区为基础建立生产基地，以优势产业为依托发展农产品加工，以优势企业为核心聚合生产要素，引领关联企业联合与合作，促进农业产业化、规模化、集群化发展，加快新型农业产业化示范基地建设，将成为农业龙头企业未来发展的重点。

第5章

农业产业化龙头企业兼并重组的国际经验比较

本章将农业产业化龙头企业与企业兼并重组的理论相结合，首先从发达国家龙头企业在兼并重组中的先进做法分析入手，分析龙头企业兼并重组在不同条件和政策环境下的进程和发展，吸取经验；从我国农业产业化龙头企业发展的现状出发，找出我国农业龙头企业在产业发展质量和效益上存在的问题，以及进行企业兼并重组的必要性和可行性，为进一步的案例分析打下基础。

5.1 企业兼并重组的国际背景和趋势

5.1.1 国际背景

1. 产业革命的推动

随着互联网引发的数字经济革命，电子商务迅猛发展，企业成本大大降低，劳动生产率大大提高，极大地促进了社会生产力水平的发展。信息、网络经济的到来客观上要求企业对自身进行整合重组，精减人员，调整组织结构。特别是美国自20世纪90年代初开始，在全国铺设信息高速公路，迄今已铺设到社会的各个角落。信息化潮流的迅猛发展改变了企业竞争的环境和规则。一般制造业呈现利润递减趋势，知识密集型服务业则

呈现利润递增趋势；硬件产品利润越来越小，软件产品特别是系统产品利润越来越大。面对这一变化，企业最重要的是适应潮流不断进行整合重组。通用电气（GE）公司是美国最先进行战略调整和管理改革的企业。90年代上半期，该公司就明确提出，经营重点从以产品为中心向以服务为中心转移，企业则从制造公司向服务性公司转变。如今 GE 公司这一多年在制造业独领风骚的巨人已经改头换面成为服务业大亨，2010 年盈利 100 亿美元。这说明该公司重视信息时代的到来，视变化为机会，也代表着全球经济由工业社会向信息社会迈进。

2. 世界经济的全球化

90 年代以来，经济全球化步伐明显加快。这突出表现为国际市场的重新分割和占位，国际分工深化，跨国公司迅猛发展，国际贸易和投资呈现出超前增长。世界各国在全球范围内综合利用法律手段、经济政策、市场准则、文化合作和行政手段等调整工具，进入全面动态调整时期。其调整面包括产业结构、产品结构、市场结构等。跨国公司结构的国际化，促进经济发展所必需的资金、技术、信息、人才、资源和市场等日趋全球化。美国企业顺应全球化经济发展的态势，采取跨国兼并重组和国内重组的方式进行整合重组。国际上巨型的企业相互吞并或联合，最后形成一个拥有最大的经济和政治势力的财团。福特汽车公司的国外资产已占其总资产的36% 以上，实行全球生产、销售、采购，每年可以节省至少 30 亿美元。宝洁（P&G）公司改组为按产品（专业）进行全球管理的体制，这样有利于更迅速地适应全球市场的变化。公司要实现全球范围 24 小时不间断进行生产、管理和创新。美国国内通过整合重组，汽车行业形成了三大制造公司，会计行业形成了五大公司，烟草业形成了三大公司，电信业、音乐界、软饮料等行业，都出现了由少数几家大的跨国公司主宰的局面。

3. 企业生存和自身发展的新选择

面对激烈的市场竞争，企业要立于不败之地，必须通过整合重组提高其竞争力。90 年代以来，企业主要通过购并来提高企业的经营效益，进而提高企业竞争力。企业兼并重组可使企业形成规模经济，提高其管理能力和水平，降低交易成本。兼并重组可使两个企业实现优势互补，还可以通过联合的合力，创造出新的更大的竞争优势，大大提高企业的竞争力。美国波音公司与麦道公司合并就是实现企业优势互补，同时创造新的更大优势的做法。企业购并使得企业的技术开发能力和市场控制力大大增强，美国通用汽车公司兼并休斯公司，其目的在于引进先进技术，参股意大利的菲亚特公司，在于提高市场控制力。美国克莱斯勒与奔驰公司合并后一跃成为全球第三大汽车公司，销售额达 1 546.15 亿美元，企业竞争力大大增强。

5.1.2 发展趋势

1. 整合重组形式多样化

各国企业的整合重组的形式不是单一的，而是根据市场的需求，适应产业革命调整和经济全球化的需要，决定自身整合的方式，并且适时调整企业的发展战略，一种或多种整合重组并存。第一，企业的合并和兼并。是一种通过资本形态的转化而实现产权转让，并以控制目标企业为目的的经济行为，是实现企业低成本扩张的有效形式，同时也是企业实现产业更替和升级的重要途径。第二，企业自身的整合。其目的是提高自身的产业竞争力和行业优势。互联网的发展为整合创造了条件，提供了便利。第三，企业通过技术合作，建立联盟实现整合重组。各类企业四处寻求联盟的对象与合适的伙伴，共同合作，共同发展。第四，企业跨国兼并重组与国内重组交叉进行。

2. 传统产业的整合升级和大力发展高新技术产业并举

高新技术代表未来技术和产业的发展方向，是国际经济、技术竞争的制高点。当今世界正在经历一场以高新技术为核心的技术革命，是一次巨大的生产力变革，它将促进生产力以前所未有的速度向前发展。传统产业通过采用高新技术调整产品结构和生产营销管理，大力开发新产品，使传统产业升级，增加了企业竞争力。计算机的发展和应用使企业实现了生产

管理自动化，电子商务的广泛采用为企业引发一场管理上的革命。美国政府把高新技术产业作为提高经济增长率、增强综合国力的重要手段。研发活动的巨额投入和成果的广泛应用使美国企业具有较强的竞争力。埃克森石油公司由于其在石化方面的大量科研成果，使石油精炼效率要比其他公司高出16%，该公司的盈利水平连续数十年高居同业榜首，市场份额一直保持在60%以上。

3. 制造业的整合与金融、信息等领域的整合重组交替进行，愈演愈烈

当今西方发达国家不仅在传统的制造业方面，服务行业特别是金融、通信等领域的兼并重组也异常活跃。为减少竞争对手，扩大经营规模，进一步加强国际竞争能力，各国银行业的兼并与合并异常火爆。从宏观因素来看，随着金融全球化的发展，金融自由化程度日益加深，大多数国家对国际金融业发展的限制逐渐减少，大都采取推动银行兼并重组的宏观改革，为银行兼并重组提供了较为宽松的宏观环境。从微观因素来看，首先，兼并重组可增强资本实力。银行规模与客户信任度以及市场占有率呈正比例变化，规模大小影响银行是否获得竞争优势。其次，兼并重组可节省资源和优化资源配置，降低经营成本，增加利润，兼并重组在精简机构、人员和降低经营成本方面也有显著效果。最后，兼并重组是银行向全能银行发展的需要。兼并重组不同业务类型的金融机构或非银行金融机构业务使银行业务向综合化发展，向客户提供不同的金融产品和全面的金融服务，走全能银行的道路就成为银行能够在激烈的竞争中立于不败之地的最佳选择。同时，网络经济的迅猛发展，客观上要求企业整合重组，用高新技术改造传统产业，充分利用互联网技术改善企业的组织和产品结构。信息产业的快速发展也为企业整合重组提供了条件和便利。电信业成为兼并重组最频繁、发展最快的行业。

4. 突破地域和行业限制，实现跨区域、跨行业的整合重组

着眼于企业未来发展战略目标和提高企业竞争力，各国大型企业发展的目标不仅局限于本地区本行业，跨国兼并重组、跨行业兼并重组已成趋势。世界经济一体化的发展态势使得美国企业从全球市场的角度调整自身

发展战略，对企业的经营、产品、资本结构整合重组，使企业在全球市场中占有更多的份额，在全球竞争中立于不败之地。跨国兼并重组大多集中在竞争性行业，主要分布在金融、电信、汽车、保险等行业。它们均属于资本密集型、技术密集型行业，并且在全球范围内竞争异常激烈。通过跨国兼并重组，这些行业更加集中在少数巨型跨国公司手中，使行业垄断程度大大提高。同时，巨型跨国公司纷纷进行合并收购，期望获得新的思想、新的产品或更大的市场份额。另外，跨国公司在跨国兼并重组时往往将核心业务进行合并、重组，而将非核心业务剥离出去，以便提高核心竞争力。跨国兼并重组已成为国际直接投资持续增长的重要动力，成为国际直接投资的一大主流。据《2012 世界投资报告》，随着 2011 年国外分支机构的经济活动扩张，国外分支机构雇用约 6 900 万员工，销售收入达 28 万亿美元，增加产值为 7 万亿美元①。对 100 家最大的跨国公司进行的年度调查数据显示，国际生产总体呈上升趋势，公司海外销售收入与雇员人数的增长速度明显高于国内。中国与西方发达国家企业海外兼并的差别如表 5－1 所示。

表 5－1　　中国与西方发达国家企业海外兼并重组的比较

项目	市场经济发达国家	中国
动机	寻求生存与发展而展开的战略行为	双重兼并重组动机：一方面是为国家发展战略考虑，另一方面是实现企业全球化发展战略
主体	大部分为私有企业，尤其是那些众多持股人所有的所谓“公共公司”	大部分为国有或国有控股企业
形式	兼并居多，收购较少	收购居多，兼并寥寥
支付方式	支付方式灵活多样	普遍采用现金收购的方式
中介	很多是巨额兼并重组	兼并重组动用金额相对较小
规模	以“强强联合”方式居多	大多数表现为“蛇吞象”、“弱肉强食”
结果衡量标准	把获得稳定的投资回报作为衡量兼并重组成功与否的标准	把完成兼并重组交易作为衡量兼并重组成功与否的标准
所处经济背景	兼并重组活动大多发生在经济高速增长时期	大规模的海外兼并重组活动常常发生在各国经济危机后，与经济增长周期无明显相关

① 詹晓宁、葛顺奇：《2012 年世界投资报告：迈向新一代全球投资政策》，载《第一财经报》2012 年 7 月 9 日。

5.2 企业兼并重组的国际案例分析

5.2.1 美国企业兼并重组的国际案例

美国通用电器公司是通过资产重组成功实现企业战略转移的典型。通用电气在20世纪80年代业务面已经扩展到了航空航天、医疗器械、工程塑料、家用电器、照相器材、原子能、金融等10个产业10万余种产品。由于产品结构庞杂，组织臃肿，丧失了灵活敏感的反应机制，其75%以上的产品遭到来自国际市场的巨大竞争压力，不少产品的市场被日本和欧洲企业占领。为了企业生存，他们做出“集中力量夺取具有成长潜力市场的领先地位”的战略决策，要求通用公司所经营的每一种产品都必须在世界市场上达到第一、第二的地位，将企业的全部资源集中于至关重要的产业业务方面。为此，该公司关闭了不少无发展前途的生产线，两年内就出售了150家子公司和分公司，涉及金额49亿美元，然后用出售转让的项目资金兼并重组了300多家高新技术企业和服务业企业，逐步走上了以高新技术产业为主营业务的发展道路。近年来，通用电气公司的营业收入每年递增约100亿美元，税后利润每年递增约10亿美元，总资产每年递增约500亿美元，在全球500强中的地位稳步提升。据《财富》杂志公布的1999年全球企业500强排行榜，通用电气公司以年营业收入1 116.3亿美元位居第九，而按税后利润和市场价值计算，通用电气公司居全球500强之首①。

以生产“万宝路”香烟而著名的菲利普·莫里斯公司，从20世纪60年代起就意识到香烟市场将会逐步萎缩，所以有意识地将从香烟生产上获得的利润进行转移，兼并重组了一系列食品企业。该公司于1969年购买了“米勒”啤酒品牌，1987年购买了“麦氏”咖啡品牌，1988年购买了“卡夫”品牌，这些购牌活动都是伴随企业兼并重组而实现的。

① http://www.people.com.cn/GB/channel3/23/20000809/179569.html.

其基本的战略目标就是要在20世纪末，将公司转变为以食品为主的公司，而不是一个附带生产食品的烟草公司。如今，该公司堪称世界最大的烟草、食品制造商，而香烟的收入只占公司总收入的20%。美国《金融世界》研究的282个最有影响力的品牌中，该公司就占有10个，成功地实现了战略转移。

上述典型案例表明，随着企业竞争的日益激烈，出于战略转移而发生的企业兼并越来越多。如美国经济已从工业经济向信息经济、服务经济和智能经济过渡，未来美国有可能将汽车、石油、电子、纺织、服装、农产品和食品加工逐步转让，而集中投资高科技通信和信息产业，以及包括资本经营在内的金融、保险、法律、资产管理等咨询服务业，以此保持美国的竞争能力和综合实力。我国的产业结构与发达国家的产业结构相比还存在着相当的差距，他们要舍弃和卖出的可能正是我国所需要的，他们的夕阳产业或许在我国可能是朝阳产业。当前我们的石油企业应当抓住他们战略转移和产业升级的机会，合理地引进我们所需要的资金和技术装备，推进资产重组，调整和优化产业结构。

5.2.2 法国企业兼并重组的国际案例

1973年，法国知名的啤酒、矿泉水和婴儿食品的制造商BSN与达能合并，形成法国最大的食品集团，20世纪80年代达能集团出售了玻璃业务，集中发展食品，通过一系列的收购、合资与合作，达能打入欧洲其他国家的市场。近10年达能的经营重点转向全球化，进入亚洲、拉美等市场。2000年12月，达能公司先后宣布收购上海梅林、海虹股份所持有的上海梅林正广和饮用水有限公司50%的股份及正广和网上购物公司10%的股份。两次收购涉及金额将近1.8亿元，使达能在国内瓶装水、桶装水市场上成为当之无愧的老大。几乎又是在同时，达能集团又以现金参股上海光明乳业股份有限公司，持有光明乳业5%股权。达能还正在与光明乳业洽谈，将其在广州、上海的酸奶公司和在上海的鲜奶公司交给光明乳业经营，光明乳业可以无偿使用达能的品牌。截止到目前，法国达能公司已在我国控股或参股的企业达到了10家，包括赫赫有名的娃哈哈和乐百氏。

2013 年中国乳制品生产企业——蒙牛乳业宣布，与法国食品企业达能于内地组建低温产品业务订立合资框架协议，蒙牛及达能将分别注入 10 家和 2 家子公司以成立合资控股公司，完成后分别持有合资公司 80% 和 20% 的股权。

事实上，达能集团在世界各国的策略几乎是一致的，以兼并收购等资本运营方式迅速进入该国领先的饮品企业，迅速占领市场，并保留原有品牌。从实力来讲，达能目前已经成为世界第五大食品公司、第一大乳品公司，而 30 多年前它还没有跨入食品行业。达能集团 70% 的营业额来自当地的领导品牌。达能全球化的一个策略就是与当地领导性的品牌进行兼并重组、合资或合作，实现达能品牌的本土化销售，并从对当地领导品牌的战略投资中获利。

5.2.3 日本企业兼并重组的国际案例

21 世纪初期，在日本十大商业银行中有 8 家先后宣布在 2000 年左右实现合并。这些银行合并后，日本金融界基本上形成了四大集团：第一集团是由第一劝业、富士、兴业银行联合组成的“嘉禾金融集团”，总资产高达 141 万亿日元，是世界最大银行；第二集团为住友樱花金融集团，总资产为 98.74 万亿日元，位居日本第二、世界第三；第三集团为东京三菱银行集团；第四集团为东洋、东海与三和这三家银行组成的新联盟，总资产达 7 800 亿美元，位居日本第四、世界第五位。此外，日本最大的财产保险公司东京海上、排名第六位的日动火灾和第五大寿险公司朝日人寿保险公司宣布在 2003 年实现联合经营，届时其总资产将达 19 万亿日元。而由石川岛播磨重工业、川崎重工业和三井造船公司计划组成的造船公司将超过三菱重工业公司，成为日本最大的造船公司。日本造纸行业第二大企业日本造纸公司和第四大企业大昭和造纸公司也决定于 2001 年 4 月成立共同控股公司，逐步走向统一。这些案例都表明，行业内的横向兼并和强强联合已取代以往合并浪潮中“大鱼吃小鱼”的方式而成为世纪初期企业合并的主流。近年来在 WTO 的推动下，国与国之间的贸易壁垒逐步瓦解，交通运输和信息技术的发展使世界市场竞争加剧，全球性的跨国公司之间的强强联合已成为大势所趋。而从日本国内来看，日本市场经济的封闭性所促成的日本外贸的长期顺差已引起了越来越多的国家特别是美国的不满，并被许多经济学家批评为其陷入经济萧条而迟迟不能自拔的主要原因之一。日本的“银行资本主义”已明显大大落后。有鉴于此，日本政府近几年来开始了大规模的旨在放松规制、促进自由竞争和顺应全球化的改革。这些改革为国外跨国企业进入日本市场打开了方便之门，从而进一步加剧了市场竞争。在世纪之末遭受重创的日本企业要想在国内外竞争中生存下去，就必须走强强联合的道路。

日本企业在21世纪初兼并重组的许多经验说明，尽管企业之间的兼并重组带来了失业率的上升等一些负面影响，但从总体上来讲，其正面效应还是主要的。集团之间相互控股体系因系列内成员的跨系列合并而逐渐瓦解，有助于促进竞争，激发市场活力；外资的注入给日本企业的经营理念带来了新的冲击；法人持股的逐渐弱化有利于日本经济由银行资本主义向股权资本主义转变，更适合于新经济的发展。中国正处在企业改革的关键阶段，在国内经济增长放缓，国外企业随着中国入世大举进军国内市场的情况下，国内企业的兼并重组浪潮将不可避免。借鉴日本的经验，如利用市场力量通过完善法律环境来实现政府目标，妥善处理企业重组带来的失业等，将对我国企业的兼并重组产生良好的促进作用。

5.2.4 国际种业企业的兼并重组案例

20世纪六七十年代以来，种业兼并重组浪潮席卷全球，跨国种业集团公司通过一系列兼并收购进行整合重组，促进种业内外资本渗透和流动，依托先进技术不断扩大影响力。世界种业呈现出集中化、多元化、国际化的趋势，小公司大量退出，大公司数量减少，产业集中度明显提高。截至2011年，全球种业市场收入超过1亿美元的企业共18家，其中前4家企业销售收入占全球市场份额的30%①。全球种业兼并重组必然是大势所趋，

① http：//bg. panlv. net/report/3C730C3a6f6d3bed. html.

主要基于：（1）在种业领域，品种是核心竞争力。种子资源的不可获得性、品种研发的长耗时、高技术含量决定了兼并重组方式是有资金实力的企业迅速切入细分种业领域的最有效途径；（2）“1+1>2”的产业协同效应驱动。种业与作物其他相关行业之间具有一定的协同效应；种业兼并重组能够促进大企业进行产业链的整合，形成“1+1>2”的整合效应。例如：“种子+农药”模式；“种子+化肥”模式；“种子+大农资”模式。（3）国际巨头成功兼并重组范例借鉴。孟山都、杜邦、先正达三大公司均通过兼并收购逐步提高市场份额，成为全球种业当之无愧的三巨头。传统农化行业进军种子行业主要方式是“借鸡生蛋”，通过兼并重组种业公司完成横向扩张。杜邦公司通过与先锋种业合并成功转型；陶氏化学通过与其他种业公司共同创建 DowElanco 公司，再进行全资收购后更名为陶氏益农，来开拓种子处理业务；先正达公司 2000 年成立，2004 年通过收购 3 家全球种业巨头来拓宽相关业务。从历史上看，国际种业巨头的做大做强均离不开兼并重组。截至 2012 年，孟山都、杜邦、先正达三家公司实现销售收入合计达 207 亿美元，占全球市场份额的 26.5%，其兼并重组策略的成功为全球种业企业的战略选择提供了良好的范式。20 世纪 90 年代，以农业化学和食品为主业的孟山都（Monsanto）公司，斥资近百亿美元收购了以培育玉米、大豆种子为主业的迪卡（Dekalb）公司和霍登（Holden）公司，重组岱字棉公司、嘉吉（Cargill）公司和阿斯尧（Asgrow）公司。2000 年 3 月，孟山都以 300 亿美元与法玛西亚和厄普约翰公司合并，组建了世界最大的法玛西亚高科技产业集团。孟山都通过兼并收购重组不断扩大规模，逐渐成长为全球最大的种子公司。以生物化学为主业的杜邦（Dupont）公司于 1999 年完成了对先锋（Pioneer）国际良种公司的兼并，迅速跻身全球种业公司前列。瑞士的吉巴（Ciba）化工公司与山度士（Sandoz）公司合并后，先后收购了美国 NK 公司、罗克斯公司、汉城种苗公司，创造了诺华（Novartis）种业。1999 年，诺华将其农业技术部门与阿斯特拉捷尼康（AstraZeneca）农约公司联手，创建了先正达（Syngenta）农业有限公司，成为世界第三大种业大亨。近年来，国际种业企业的主要兼并重组事件如表 5-2 所示。

表 5-2　　2007~2011 年国际著名种业公司主要兼并重组事件汇总

公司	年份	被收购公司
孟山都	2007	完成对 Delta&Pineland 公司收购
孟山都	2007	旗下的美国种业公司兼并重组 Rea Hybrids
孟山都	2007	成立国际种业集团（ISG）
孟山都	2007	ISG 收购 Poloni Semences（法国）和 Western Seed（荷兰）
孟山都	2007	ASI 收购 Hubner Seeds 公司和 Lewis Hybrids 公司
孟山都	2007	巴西玉米种子公司 Agroeste Sementes
孟山都	2007	蔬菜种业公司 De Ruiter Seeds
孟山都	2008	巴西公司 Aly Participaceos
孟山都	2008	危地马拉种业公司 Semillas Cristiani Burkard
孟山都	2009	美国小麦种质处理公司 WestBred LLC
孟山都	2009	巴西棉花种业公司 MDM Sementes de Algodoa 49% 股权
孟山都	2011	美国基因技术公司 Divergence
陶氏益农	2007	巴西玉米种业公司 Agromen Tecnologia Ltd
陶氏益农	2007	澳大利亚公司 Maize Technologies（包括它的玉米业务）
陶氏益农	2007	荷兰公司 Duo Maize
陶氏益农	2007	一家美国以向日葵、高粱、玉米为主的种业公司，Triumph Seeds
陶氏益农	2008	美国公司 Dairyland Seed Co. 和 Bio-Plant research Ltd.
陶氏益农	2008	巴西玉米种业公司 Coodetec
陶氏益农	2008	美国种业公司 Brodbeck Seed
陶氏益农	2008	美国 Renze Hybrids 公司
陶氏益农	2008	德国玉米杂交技术公司，Suedwestsaat GbR
陶氏益农	2009	伊利诺伊玉米种业公司 Pfister Hybrids 的大部分资产
陶氏益农	2009	加拿大玉米、大豆、稻谷种业公司 Hyland seeds
陶氏益农	2010	科罗拉多种业公司 Grand Valley Hybrids 的大部分资产
陶氏益农	2011	安大略 Thompsons Limited 公司设备
陶氏益农	2011	收购 Sansgaard Seed Farms 的相关品牌
陶氏益农	2011	Northwest Plant Breeding 种业公司资产
陶氏益农	2011	澳大利亚小麦育种公司 HRZ Wheats 的未公开股权

续表

公司	年份	被收购公司
拜耳	2007	旗下公司 Nunhems 收购 Unilever 的土豆种子业务
		旗下公司 Numhems 收购韩国蔬菜种业公司 SeedEx
		孟山都旗下公司 Stoneville Pedigreed Seed
		旗下公司 Numhems 收购生菜种业公司 Paragon Seed
		旗下公司 Numhems 收购 Teboza 公司芦笋育种业务
	2009	Athenix 集团
	2010	乌克兰育种企业 Sort and Eurosort 的育种相关业务
	2011	美国种业公司 Hornbeck Seed
		研究机构 SoyTech Seeds
		德国种业公司 Raps GbR 的油菜籽业务
先正达	2007	以色列蔬菜种业公司 Zeraim Gedera Ltd.
		欧洲花卉行业龙头 Fischer 集团
		中国玉米种业公司三北种业 49% 股权
	2008	鲜花种子公司 Goldsmith Seeds 和 Resource Seeds
		美国种业公司 SPS
		美国种业公司 Yoder Brothers 的部分业务
	2009	孟山都全球向日葵种子业务
		Synergene 和 Pybas Vegetable Seed 公司
	2010	Maribo Seed 公司的甜菜业务
		GreenLeaf Genetics 公司
杜邦先锋	2009	Nandi 种业公司的棉花种子与种质业务
	20011	Doebler's PA Hybrids 公司

资料来源：http://www.xjsyw.com/news/show.php? itemid=23122.

孟山都公司和陶氏益农公司仍然是近几年全球种子行业兼并收购的风云企业，拜耳与先正达公司后来居上。各公司对于种子服务类公司的兼并案例逐渐增加，可以看出未来种业公司对于全产业链拓展的诉求。以孟山都、杜邦先锋、先正达、陶氏益农等为代表的几大公司，几乎垄断了除亚洲外的全球大部分市场。孟山都公司是全球种业当之无愧的霸主，它凭借在转基因技术方面的巨大优势，控制下游农药市场，其产品研发线可以看作未来全球农药市场的“风向标”。杜邦先锋公司是全球最大的杂交玉米种子企业，在杂交育种方面具有较强的技术优势，通过与登海种业组建合资公司，在中国占有10%的市场份额。近年来公司开始大规模涉足转基因种业领域，并利用自身的农化产品优势开发耐磺酰脲类除草剂作物。先正达公司凭借其在农化领域的优势，成功进军种子行业，创造出不俗的成绩，公司种子与农化两个板块的业务毛利率都在50%以上，具有相当强的竞争优势。拜耳作物科学公司凭借旗下艾格福公司（AgvEvo）在转基因种子方面的优势，试图复制孟山都的成功模式——凭借其在全球草铵膦生产的龙头地位，快速推广其耐草铵膦转基因作物。

5.2.5 国际大型企业兼并重组的经验和启示

1. 政府在企业兼并收购中应发挥引导作用

当前我国在进行企业兼并和发展企业集团过程中，存在的突出问题是行政干预过多，急于求成，名不副实。从发达国家企业兼并的特点看，都是通过资本市场完成交易的，我国也应遵循市场经济的客观规律，以资本为纽带，通过市场推进企业兼并和资产重组，优化经济结构。政府应加强市场管理，健全市场规则，清除市场障碍，打破地区封锁和部门垄断，尽快建成统一开放、竞争有序的市场体系，主要运用经济手段和法律手段，引导企业进行结构调整。大型国有企业要加快建立现代企业制度步伐，完备企业的功能，进行股份制改造；要进行科学的产业战略选择，搞好规划；要实施大集团发展战略，规模重组；鼓励企业走出国门参与全球性重组。

2. 大力发展高新技术产业，把企业培育成技术创新的主体

以信息革命为核心的高科技竞争是当今世界各国综合国力竞争的实质和焦点。美国政府高度重视高新技术产业，设计蓝图，制订规划，并在组织立法和具体实施等方面提供保证：投巨资建设“信息高速公路”；在资金和政策上大力支持高新技术园区，发挥科技园的孵化器作用，一大批高新技术企业应运而生；重视高新技术的研究和应用，企业成为技术创新的

主体。借鉴美国的经验，我们应加快高新技术产业发展步伐，把科教兴国战略落到实处。加强基础和应用科学研究，发展高、精、尖技术，促进科技成果转化。特别要大力发展和普及推广信息技术，企业应推广电子商务，降低成本，提高效率。要扶持发展高新技术园区建设，孵化高新技术企业管理要规范，服务要到位。国有企业要加大科技的投入，使企业真正成为科技创新的主体。

3. 培养一批具有新知识、高素质的人才

西方国家企业在用人方面，一是能力的培养，二是注重职位的晋升。在用人方面，做到人尽其才，采取激励和鞭策的政策，并对员工劳动成果给予鉴定和认可，包括给予适当的补偿或奖励。在留人方面重视个人的物质待遇，坚持个人报酬一定要与他的表现及对公司的贡献成正比。同时设计一个完整的事业发展阶梯，使他在公司有实现个人价值的机会。借鉴各国企业的经验，我们要真正切实地做到开发人力资源，人尽其能，这是企业发展的必要条件。

4. 尽快建立健全社会保障制度，为企业改革发展提供保证

建立社会主义市场经济体制，必须实现政企分开、政资分开，建立办事高效、运转协调、行为规范的行政管理体系。调整和减少专业经济管理部门，培育和发展社会中介组织。充分发挥行业协会、会计师事务所、律师事务所、资产评估机构、产权交易所、证券公司、咨询公司等中介组织的作用。加快社会保障体系建设，扩大养老、失业、医疗等社会保险的覆盖范围，采取多种渠道，积极筹措资金，切实解决在企业整合重组中出现的职工下岗分流问题，促进社会稳定。

5.2.6 我国企业兼并重组的目标和重点

1. 完善法律制度，为企业集团兼并重组创造良好的宏观环境

在我国企业集团发展和进行兼并重组的过程中，国家积极制定和落实配套政策，从授权经营、拨改贷、补充流动资金等方面给予扶植，推动了企业集团的收购兼并和资产重组；通过制定企业集团发展战略，进一步指导企业集团的兼并重组过程。在国家宏观政策的指引下，一批企业集团进行了战略性重组。但在实践中，一方面，由于在企业集团兼并重组过程中存在通过行政手段进行资产划拨等不规范行为，缺乏有效的法律保护；另一方面，我国现行法律法规的内容还不细且弹性较大，有些内容已为实践所突破，有的法律（如反垄断法等）尚为空白，在法律执行过程中还存在地方保护主义色彩，等等。为此，政府还需要进一步为企业集团的兼并重组提供经济立法和建设更为完备的法律制度体系，创造更为高效、公平和稳定的宏观环境。

2. 通过兼并重组，实现规模经济效益

综观世界范围内的经济发展，自 19 世纪末至今已经出现了五次大的兼并重组浪潮，规模效应理论也随之产生并得到广泛的运用。在我国企业集团的发展过程中，为了使企业集团实现生产规模效应和经营规模效应，整合相关资源，国家也鼓励并积极参与了企业集团的兼并重组过程，相应组建了一批大型企业集团，实现了规模经济效益。但是，在实践过程中也存在着政府取代企业的主体地位，按照政府的意志和愿望，进行简单的行政捏合，在自己的圈内拼凑企业集团的现象。“拉郎配”、“捆绑夫妻”、“空壳重组”的政府行为是其最为典型的表现。然而，在没有充分考虑如何优化资源、安置人员和加强管理的基础上的企业兼并重组，不仅没有给企业集团带来规模经济效益，反而拖累了盈利企业集团的发展，最终使一些规模大的企业集团陷入经营困境，造成规模不经济。

3. 加强监督管理，提高经营效率

企业集团的兼并重组体现了一种市场自发的以绩优管理控制模式取代低效率的管理模式，当企业特别是国有企业无法解决自身问题时，以兼并重组为特色的接管就成为解决代理问题的最后选择。通过兼并重组，使外部管理者取代现有管理者，同时可以加强对企业管理者的监督和约束。当然，这里所谓的监督管理还包含对国有资产的监管，防止“假重

组，真逃债”而造成国有资产流失的含义。为此，在企业集团具体的兼并重组过程中，各级政府不能为图省事只强调鼓励而忽视监督管理，不能满足于搭个架子，挂个牌子，片面求多求大，甚至以流失国有资产为代价换取政绩。

4. 协调企业集团跨国兼并重组，实施“走出去”战略

当前经济全球化的重要表现之一就是跨国兼并重组，它是企业集团超越国界的兼并重组行为。未来的跨国兼并重组与合作将呈现多样化和广泛性的特点，而我国企业集团要想得到长足发展、保持国际市场竞争地位，直至做强做大，必须要走联合、重组的道路，在国际上寻求合作与突破，实现双赢甚至多赢，这也是我国经济全球化的必经之路。为了积极稳妥地实施“走出去”战略，近几年来我国政府积极扶持和鼓励国内企业集团走出国门，开展跨国直接投资或跨国兼并重组。但从跨国兼并重组实施的情况来看，虽然有成功的案例，却也有碰壁的情况发生。除了许多跨国兼并重组受到西方发达国家政府的强烈干预外，最重要的原因是政府协调不到位，时常出现两家企业集团在国外竞相兼并重组的局面。为此，要加强企业集团对境外投资的协调和监管。

5.3 我国农业产业化龙头企业兼并重组的现状

5.3.1 我国农业龙头企业兼并重组的趋势

近年来，在国家政策的积极支持下，农业产业化龙头企业兼并重组的规模迅速增加。根据中国企业兼并重组研究中心数据，2012 年度，各项涉及农业的重要兼并重组案例交易总额达 54 亿元。其中，涉农兼并重组交易金额在 1 亿元以上的案例达到 18 宗[①]。近年来农业领域的企业兼并重组主

① 中华人民共和国工业和信息化部：《2012 年农业产业化龙头企业兼并重组总体情况分析》，http://www.miit.gov.cn/。

要有以下几个特点：

1. 涉农行业产业链上下游相互融合渗透加强

农业企业向下游行业渗透的范围加大，包括食品业、造纸业、交易市场、物流、生物科技、化纤、旅游等。结合企业资源优势向产业链的两头延伸，实现相关多元化，如新希望通过进入乳业和零售业，向上游、下游资源延伸，扩大了企业的生存与发展空间。

2. 企业向自然人收购农业企业股份或农业资产的案例较多

如中农资源收购袁国保等 16 个自然人所持有的湖北种子集团 52.045% 股权，涉及交易金额 1.5 亿元；新五丰收购李焕炎和周银香持有湖南长株生猪交易市场有限公司 55% 股权，涉及交易金额达 3 000 万元①。

3. 海外兼并重组规模较大

外资兼并重组成为外资进入我国农业的重要方式。加入 WTO 以来，随着我国对外资企业控股比例限制的逐步取消和投资领域的进一步开放，外资进入我国农业的速度不断加快，特别是外资兼并重组能以较少的资本迅速进入甚至控制目标市场，正成为外资直接进入我国农业的重要方式。

4. 农业龙头企业成为外资兼并重组的重点目标

外资兼并重组的目标企业锁定在行业地位突出、具有良好经济效益、治理结构优良的上市公司。跨国公司兼并重组农业类上市公司以酿酒、乳业、蔬菜和肉类加工企业居多。高盛收购的双汇集团是我国最大的农业产业化龙头企业，可口可乐收购的汇源是我国最大的果汁企业，受摩根·士丹利、鼎晖投资和英联投资青睐的蒙牛，也是近年来中国成长速度最快的民营企业。

---

① 中华人民共和国工业和信息化部：《2012 年农业产业化龙头企业兼并重组总体情况分析》，http://www.miit.gov.cn/。

5.3.2 我国农业龙头企业兼并重组的案例

1. 种业企业兼并重组案例

步入21世纪以来，特别是伴随着2000年《种子法》出台，国内种业市场的大门打开后，我国种业已经发生了深刻的“革命”，行业每天都在“洗礼”，企业每天都在“洗牌”。例如安徽荃银高科种业股份有限公司，该公司注册资本金3 000万元，是以经营杂交水稻、油菜、棉花、各类瓜菜等农作物种子为主导产品，集农作物种子科研、生产、加工、国内外营销等业务于一体的高科技种业企业，拥有全国农作物种子经营许可证和农作物种子进出口经营资质。公司于2010年5月26日在创业板上市，系我国首家登陆创业板的种业公司。公司扩张方式之一是采用横向兼并模式，公司上市后，通过收购或设立方式，拥有控股四川竹丰种业有限公司、安徽荃银欣隆种业有限公司、陕西荃银登峰种业有限公司、安徽华安种业有限公司、安徽省皖农种业有限公司等，进一步占领市场优势，提升企业核心竞争力。

我国种业在国际分工格局中正逐渐被纳入低端产业及制造环节，充当了“世界打工仔”的角色，这种位置将严重影响我国资本和劳动投资—收入比重；而另一方面，我国对世贸组织的承诺意味着中国市场对世界开放，这将把我国种业企业推到跨国公司垄断威胁下的不平等竞争当中。因此，有必要鼓励企业的强强联合，集中优势资源，大力发展民族种业，服务农业和国民经济的发展。2011年4月18日，国务院发布了《关于加快推进现代农作物种业发展的意见》，拟大幅提高市场准入门槛，支持大型企业通过兼并重组、参股等方式进入农作物种业，鼓励大型优势种子企业整合农作物种业资源，其核心内容是推动种子企业兼并重组。

2. 饲料行业企业兼并重组案例

农业部发布的《饲料工业发展“十二五”规划》中指出，促进饲料企业整合将成为“十二五”期间主要任务，鼓励企业兼并重组，增强饲料企业抗风险能力。养殖业景气度高企，饲料业也因此成为受益者，预计未来一段时期饲料行业仍将呈现高景气状态，业绩或将大幅提升。饲料企业整合是大势所向，规模小、产能低的饲料加工企业将逐步被淘汰，规模大、产能高、效益好的饲料加工企业将逐步发展壮大。

新希望集团是一个经营实业的综合性企业集团，连续三年入选中国企业500强。目前新希望集团资产规模超过100亿元，年销售收入220亿元，拥有国内外170多家各类型的企业，从业员工3.5万人[①]，业务领域涉及饲料、乳业、肉食品加工、化工、金融与投资、房地产等。集团从创业初期的单一饲料产业，逐步向上、下游延伸，成为集农、工、贸、科一体化发展的大型农牧业民营集团企业。形成“饲料—养殖—屠宰加工—熟食肉制品”的产业链模式。从2005年开始，新希望集团加大了其农牧业行业战略整合步伐。如2005年与山东六和集团合并，实现了强强联合，同年，新希望集团与山东六和集团合计饲料产量达600万吨，居中国饲料行业第一位；与山东六和联盟后，山东成为中国最大的家禽养殖基地，带动了新希望的饲料销售，使得新希望一年间全国的市场份额从约4%提高到6%[②]；2006年，新希望收购北京千喜鹤集团，从而打通了猪产业链，实现了从养殖到餐桌的一条龙服务。除了在农牧业方面做出战略整合外，在化工行业新希望也开始进行调整，如2006年，新希望将新龙和华融两家化工公司剥离出股份有限公司，从而将股份有限公司打造成真正意义上的农牧业企业。

3. 农药行业企业兼并重组案例

改革开放以来，我国农药行业取得了巨大的进步，已跃居成为全球最大的农药生产国，可生产300余种原药、千余种制剂，农药（折百）产量由1983年的33万吨上升至2011年的264.87万吨[③]。为促进农药行业产业升级，2011年中国农药工业协会出台了《“十二五”农药工业发展专项规

---

① 中国贸促会：新希望集团“走出去”个案分析，http://www.360doc.com/content。

② 樊建锋、田志龙：《转型时期中国企业的战略演变及其动因分析——以新希望集团为例》，载《软科学》2010年第7期。

③ http://www.shenmou.com/fenxishi/201305118975.html.

划》（以下简称《规划》）。《规划》提出通过兼并、重组、股份制改造等方式组建大型农药企业集团，推动形成具有特色的大规模、多品种的农药生产企业集团，培育2～3个销售额超过100亿元、具有国际竞争力的大型企业集团。

农药制剂企业中不乏先行者，如中国制剂领域的龙头上市企业诺普信，2009年，诺普信的兼并重组扩张战略稳步推进。年内公司先后参控股山东兆丰年、青岛星牌、常德邦达、东莞施普旺、中港泰富等农药制剂和植物营养肥品牌体系。进入2010年，诺普信的兼并重组扩张战略进一步提速。1月27日，公司公告拟投资4 500万元，参股济南绿邦化工；并投资2 235万元增持青岛星牌股权至51%。3月4日，公司公告拟投入自有资金4 449万元，全资收购福建新农正大生物工程有限公司。12月27日，诺普信农化股份有限公司以自有资金10 539.97万元受让中国原药前十强常隆农化35%的股权①。在高度分散的中国农药市场，作为行业龙头和上市公司，诺普信利用行业经验和资金优势，对农药细分市场的优势或特色企业进行兼并重组整合，成为公司巩固竞争优势和抢占市场份额的重要途径和理想选择。伴随着企业兼并重组扩张的提速，诺普信已经通过自创或兼并重组方式快速整合了多家企业。实现了从生产、分销、服务、品牌、人力及三证资源的有效整合。诺普信在产品结构和区域覆盖上获得了更多的有益补充，公司的综合竞争力得到进一步加强。

4. 乳业行业企业兼并重组案例

中国是世界第三大奶源国，但奶业发展依然处于起步阶段，国内市场2/3的奶制品需求依赖进口。国家统计局数据显示，2011年中国牛奶产量为3 656万吨，以当年人口计算，中国人均占奶为27公斤，约为世界平均水平的1/4。2009年，工信部与国家发改委制定了《乳制品工业产业政策》，鼓励国内乳品企业通过资产重组、兼并收购、强强联合等方式，整合加工资源，提升产业水平。2012年初，国家发改委与工信部发布《食品工业“十二五”发展规划》，提出到2015年达到原料乳产量5 000万吨、

---

① 兴业证券：《普诺信：行驶在良性成长的道路上》，http：//money.163.com/。

“十二五”期间增长33.4%的目标。《规划》中规定，加快乳制品工业结构调整，积极引导企业通过跨地区兼并、重组，淘汰落后生产能力，培育技术先进、具有国际竞争力的大型企业集团，目标是通过兼并、重组，培育形成一批年销售收入超过20亿元的骨干企业。

蒙牛乳业1999年成立，在短短9年的发展历程中，由中国乳业第1 116位上升为中国数一数二的领头羊。从无市场、无工厂、无奶源、无品牌的不知名企业，发展成为在全国拥有20多个生产基地，拥有液态奶、冰淇淋、奶品、奶粉、奶酪五大系列200多个品项的乳品集团。发展至现在，蒙牛乳业已成为中国乳品行业内发展最快、最具潜力的大型企业集团，在中国乃至东南亚市场上都有着广泛的品牌影响力。1999年，“内蒙古蒙牛乳业股份有限公司”成立，公司最初的启动资金仅仅有900万元，通过整合8家濒临破产的奶企，成功盘活7.8亿元资产，当年实现销售收入3 730万元。2002年，摩根斯坦利、鼎晖投资、英联投资等全球知名的投资机构共同向蒙牛注资2 600万美元。投资商看好的是蒙牛良好的发展态势，而蒙牛看重的是投资商的国际化背景。这些国际金融资本的注入，使公司的股权结构更合理，管理更加规范。2009年国内最大食品业央企中粮集团，联合厚朴基金入股蒙牛20%，中粮成为蒙牛大股东。当时国内的几大乳业巨头伊利、光明、三元等都是国资背景，一向以民营企业“体制灵活”自居的蒙牛在“三聚氰胺”和“OMP”事件之后，面临的压力不言而喻。在引入中粮集团以后，除了资金面更为充裕外，蒙牛“单打独斗”的局面就将大为改观。2010年蒙牛投资4.692亿元持有君乐宝乳业51%股权，成为君乐宝的最大股东。此次合作成为中国乳业近两年来影响最大的一次合作，双方可以在产品研发、生产技术、品质管控等方面优势互补，实现整合发展。2012年起，从国外乳业巨头到上游养殖企业，再到奶粉生产企业，蒙牛与国内外乳制品企业频频传出“收购”消息，其产业重组步伐明显加快，2013年6月，蒙牛以近114亿港元溢价9.4%全购雅士利股权，拉开了国内乳品企业强强联合的序幕，未来国内乳企资源整合动作也会更加频繁，这也预示着中国乳业联合、重组、兼并收购“浪潮”的来临。

5. 粮油企业跨国兼并重组案例

2014年2月28日，中国农业龙头企业的翘楚——中粮集团宣布与总

部位于荷兰的全球农业产品及大宗商品贸易集团 Nidera 签署协议，收购其51%的股权，成立持股比例为 51∶49 的合资公司。据悉，中粮和 Nidera 在 2013 年即开始洽谈，当时中粮只计划以 2.5 亿美元购买 Nidera 少数股权，但最终决定控股包括债务在内、估值约为 40 亿美元的 Nidera。中粮目前尚未透露此项交易的具体金额，外界猜测收购金额将超过 10 亿美元。收购 Nidera 仅仅一个多月，中粮再度出手，4 月 2 日，携手厚朴基金收购了总部位于香港、在新加坡上市的来宝集团旗下来宝农业 51% 的股权，交易估值超过 30 亿美元。根据协议，此次中粮集团首期或将支付 15 亿美元，全现金交易，对价为 2014 年来宝农业账面净资产的 1.15 倍①。而厚朴基金牵头的财团将作为少数股东与中粮共同持有来宝农业股权。中粮集团总计投资约 28 亿美元用于达成上述两起兼并重组，创下了中国粮油行业有史以来海外兼并重组之最。至此中粮集团全球拓展农业产业链的战略开始掀起一股新的高潮。

Nidera 集团于 1920 年在荷兰鹿特丹建立，迄今已经发展成为全球知名的国际农产品及贸易企业，年销售额超过 170 亿美元，总贸易量超过 5 200 万吨。Nidera 以大豆、小麦和玉米为主要经营品种，拥有先进的种质资源库，向农民提供种子、化肥和农药等服务，主营谷物、油脂油料、农业投入产品以及生物能源产品。截至 2013 年 12 月底，Nidera 下属拥有 62 家子公司，遍布 18 个主要进出口国家，从事当地分销和国际贸易业务，产品售往全球超过 60 个国家和地区②。

来宝农业是过去 15 年全球成长最快的粮食企业，从通过收购全球谷物贸易公司 Andre & Co 亚洲业务起家，已经逐步建立起具有纵向一体化、完整产业链的商业模式和覆盖阿根廷、巴西、乌拉圭、巴拉圭、中国、印度尼西亚、南非、乌克兰等 40 多个国家和地区的全球资产网络。过去几年，来宝农业通过集中新建和收购，在以南美、黑海为代表的粮源产地和以亚洲为代表的终端市场均布有油脂压榨厂和精炼厂，全球粮油加工能力有较强基础。来宝农业的大豆、糖、咖啡等产品在南美和全球市场有一定份

①② 毕淑娟：《中浪海外并购提速布局全球产业链》，载《中国联合商报》，2014 年 5 月 12 日。

额。控股完成后，中粮董事长宁高宁将担任来宝农业的董事长，来宝集团创始人和董事长 Richard Elman 将担任来宝农业副董事长。来宝集团首席执行官 Yusuf Alireza 将担任过渡首席执行官并将领导现有的来宝农业管理团队。

中粮兼并重组上述两家知名海外农业企业，旨在搭建中粮海外采购平台，将上述企业掌控的农产品来源及交易资产直接对接中粮旗下企业的下游加工及分销网络，助推中粮全产业链战略。中粮与 Nidera 将建立资源、市场、信息等共享机制，并在种子业务等领域开展合作。对此，中粮集团董事长宁高宁表示，入股 Nidera 是中粮向海外粮油收储、物流和加工设施的适度延伸，将有力推进中粮产业链的全球布局。通过两家公司的有效协同，在全球最大的粮食原产地和拥有全球最大粮食需求增量的亚洲新兴市场建立起稳定的粮食走廊，形成国际化经营网络，可以“买全球，卖全球”。中粮集团官方称：厚朴基金牵头的投资集团将作为少数股东和中粮按照混合所有制的形式共同持有来宝农业 51% 的股权。其中，中粮占比 2/3，厚朴基金等财务投资人占比 1/3。对于兼并重组来宝农业，中粮集团董事长宁高宁表示，“来宝农业的供应链系统及粮源掌控能力与中粮在中国的物流、加工、分销网络相对接，以及中粮作为战略投资者所带来的贸易需求增量，将产生协同效应，创造出巨大的价值。”2012 年，中国的粮食产量实现九连增，同时粮食进口也在波动中创新高。2012 年中国进口的粮油食品接近 1 亿吨，占国内消费量的近 13%。如果由国内生产，至少需要 6 亿亩耕地。不到 10 年时间，中国从农产品净出口国变成全球最大的农产品进口国。作为中国领先的粮油食品企业，中粮通过遍及全球的网络和国内仓储物流节点的布局构建起中国最大的粮食物流网络，并在中国最主要的农产品产区和销区因地制宜地建立起各类加工工厂，销售网点深入中国的城市乡村。上述收购行为有助于增强中粮集团的农产品原产能力，进而在一定程度上成为构筑中国粮食安全战略的一个重要环节，上述兼并重组将能够把其他第三方贸易商清出供应链中利润丰厚的采购与物流环节。考虑到中国几乎是所有谷物、油籽和食用油的最大进口国之一，上述兼并重组可能对农产品贸易领域的传统“四大”巨头的核心业务构成严重威胁。(Archer Daniels Midland ADM. N、邦吉（Bunge）BG. N、嘉吉（Cargill）

CARG. UL 和路易达孚（Louis Dreyfus）LOUDR. UL，这四家巨头被统称为“ABCD”）。

随着中国最近10年成为农产品的重要贸易国、消费国和进口国，业内就愈发感觉，中国势必有所行动，在谷物与油籽市场建立更加直接的生产与加工能力。中国的主要农产品贸易机构——中粮集团最近几年扩大了业务范围与能力，以适应多种农产品进口量急剧增长的情况。中粮接连收购荷兰粮食贸易商 Nidera 的多数股以及新加坡来宝集团（Noble）的农产品业务，贸易商开始关注这一新动向未来将如何影响全球农产品贸易。Nidera 在欧洲和南美粮食贸易方面的业务基础深厚，来宝则在美洲、亚洲、中东和非洲拥有大量的港口和物流设施。中粮此举的意图很明确，就是要通过多元化的全球网络采购粮食产品。考虑到中国对粮食和饲料需求的规模，采取这样大手笔的方式解决农产品来源问题就不令人意外了，因为这降低了对任何一个供应国家或地区的依赖度。不过，中国农产品进口渠道的多元化，对于近年来严重依赖中国对粮食和油籽稳定需求的公司来说可能是坏消息。

毫无疑问，中粮入股 Nidera，收购来宝农业，是与中粮“打造具有国际水准的全产业链粮油食品企业”战略目标一致的，是中粮向全球布局迈出的重要一步。中粮海外兼并重组提速增量，为此，海外媒体惊呼，中粮开始向全球四大粮商宣战了。事实上，中粮海外兼并重组是国家战略的背书。中国因国内可耕种资源不足而对进口过于依赖，中国会推动企业更多地“出海”，来在世界范围通过国际贸易保证其粮食安全问题。国家最新粮食战略提出了“适度进口”，国资委也据此对中粮提出了具体的指导。作为中国最大的粮油企业，中粮本就肩负着为中国开展粮食进出口贸易的任务，是跨国粮商进军中国市场的桥梁。中粮集团总裁于旭波曾指出“Nidera 在巴西、阿根廷和中欧地区拥有强大的粮食采购能力平台和全球贸易网络，可全面延伸中粮在全球的贸易网络，获得新的发展机会。”收购 Nidera，将有助于中粮布局全球产业链，是其真正成为国际化企业的重要步骤。Nidera 能够拓展中粮的进口源，保证稳定的农业资源供应。衍生效应即让中国在全球粮食市场上获得更大的定价权。中粮也迫切需要取得国际上的话语权，才能提升对全球四大粮商的竞争力。中粮这次的收购目标在于能够借助国际知名农业企业的供应链网络，打开原本难以进入的南美市场，直接在巴西、阿根廷等南美国家进行农产品采购，并且通过这些企业来开展全球范围内的农业贸易，这才是这次收购中最核心的意义。如此，既能在全球广泛布局，又不会因为市场的广阔而失去控制力，能够保证产区和销区之间不脱节，根据市场需求实现粮食资源的迅速匹配，从而获得不菲的利润。

5.3.3 我国农业产业化龙头企业兼并重组的特点分析

1. 政策依赖性强

农业企业的发展离不开政府的支持，尽管我国农业企业已经有近百家成功地融资上市，但农业产业的先天不足必然需要政府给予一定的优惠政策。例如所得税减免、补贴收入等优惠政策，企业对其有相当的依赖。在国有股占大部分的股份公司里进行兼并重组就自然具有浓郁的政策性背景。在农业产业化发展的初期，政府扮演相当重要的角色。任何一个明智的政府都会努力实现本国经济的持续增长，保持效率和公平。换句话说，没有政府的促进，就不可能有任何产业进步，农业产业化经营也一样，兼并重组是发展企业的战略选择，政府也自然在其中起重要作用。

2. 目标公司的选择偏重区域性

农业产业特点决定了农业企业在采取兼并重组行动前需要考虑自身的资源开发能力与目标企业地域特性的匹配。农业的资源开发能力包括农业自然资源（如土地、水域、动、植物品种等）、社会经济资源（如资本、信贷、交通运输、政策环境等）和农业劳动力资源（又称人力资源）的综合开发能力等。对于大规模的全国性企业来说，区域内兼并重组行为的主要目的是跨区域投资、兼并重组后的整合；对于中小型地方性农业企业来说，大多是依托当地特殊的农产品资源，从事特色农产品加工或销售，还没有形成战略性的跨区域兼并重组的能力，其区域内兼并重组的目标主要是快速打造完整的产业链条。无论是大型农业企业还是中小型农业企业，

区域内兼并重组行为的主要目标是以原料供应为核心的纵向兼并重组，同时关注扩大产能、降低成本、渠道建设等重要问题。

3. 兼并重组后整合内涵丰富

农业产业化龙头企业大多采取“公司+农户”的形式，兼并重组后兼并方除了要对被兼并方的资产、管理模式、人力资源、企业文化进行整合外，还要与当地农户建立良好的利益共同体（见图5－1）。

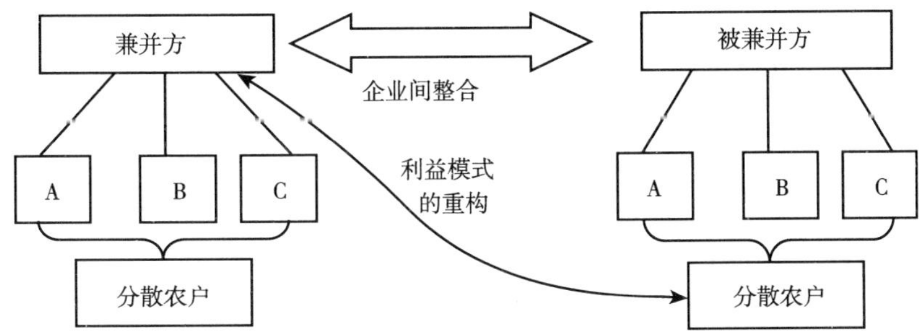

图5－1　企业与农户利益模式的重构

第6章

农业产业化龙头企业兼并重组存在的现实问题

——分产业案例分析*

农业产业化龙头企业是新形势下推动我国农业产业化经营和现代农业快速发展的重要主体，以龙头企业为主的产业化经营组织快速发展，优化了农业生产经营组织形式，已经成为农业生产和农产品市场供应的主要来源。在我国农业发展正面临从传统农业向现代农业转型跨越、农业生产经营由传统小农生产向社会化大生产转变的关键时期，支持龙头企业通过兼并、重组、收购、控股等组建大型企业集团是在对当前农业发展形势进行准确判断前提下做出的重要战略决策，对于拓展产业链条、扩大辐射带动能力、提升产业化经营水平意义重大。

国务院及相关部委已经出台了《关于促进企业兼并重组的意见》、《关于加快推进重点行业企业兼并重组的指导意见》和《关于支持农业产业化龙头企业发展的意见》等相关政策，力图通过一系列指导性政策倾斜，培育扶持一批大型龙头企业，全面提升农业产业化经营水平。

上述制度方面的创新一定程度上为推动农业产业化和规模化经营奠定了良好的制度基础，但由于上述政策多为原则性的宏观导向，现实中企业在涉及兼并重组具体事务时往往面临诸多政策性障碍，如果不尽快解决这些问题，龙头企业兼并重组的进程将受到极大制约。调研发现，在企业层面，农业龙头企业似乎对于兼并重组顾虑重重。一方面是政府兴致高涨，

---

* 本部分案例所引用数据如无特殊说明，均来自被调研对象。

另一方面却是企业反响冷淡，这种“冷”“热”并存的尴尬现实凸显出了农业产业化龙头企业兼并重组进程中的困境。

对此，课题组于2013年5~7月分别对广东省四会市、广东温氏食品集团股份有限公司、北京汇源饮料食品集团有限公司、中华棉花集团有限公司、中国供销农产品批发市场控股有限公司进行了相关调研，目的在于了解不同地区、不同产业、不同所有制的农业龙头企业在兼并重组中面临的各种制约和障碍，为下一步提出政策调整的思路和具体措施奠定基础。

6.1 农产品加工国家重点龙头企业兼并重组面临的问题及启示——以汇源集团为例

中国农业发展的主要方向是通过农业科学技术、农业经营主体和经营体制机制的创新来实现农业现代化，在这一过程中，农业产业化龙头企业承载着重要的功能，它能积聚资金、技术、人才、市场等生产要素，推动农业专业化、标准化、规模化、集约化生产，是实现农业现代化发展的关键因素。因此，鼓励农业龙头企业通过兼并、重组、收购、控股等方式，组建大型企业集团，打造现代农业发展的航空母舰，这一举措意义重大。为此，国家出台了《关于支持农业产业化龙头企业发展的意见》等一系列扶持政策，主要目标就是要培育壮大龙头企业，尤其是具有较强带动作用的农产品深加工企业。

6.1.1 汇源集团生产经营基本情况简介

汇源集团成立于1992年，是主营果汁及果汁饮料的现代化大型企业集团，目前已在全国建立了130多个经营实体，链接了1 000多万亩优质果蔬茶粮等种植基地，建立了基本遍布全国的销售网络，构建了一个横跨东西、纵贯南北的全国性农业产业化经营体系。集团以果汁产业为主体，包括汇源果汁、汇源果业、汇源农业。从北京汇源集团分拆成立的中国汇源果汁集团有限公司（简称果汁公司），于2007年2月在香港联交所主板上市，目前经营形势喜人，果汁公司的销售额和毛利稳步增加，已经成为汇源集团最重要的盈利来源，果汁产业已经成为集团举足轻重的产业板块。以下是汇源果汁公司的基本情况（见表6－1、图6－1）。

表6－1　2007～2012年汇源果汁公司发展基本情况

年份	销售额（百万元）	毛利（百万元）	上交所得税（百万元）	果蔬汁销售量（吨）	附属公司数（家）	员工人数（人）
2007	2 656.3	949.2	37.4	—	—	9 722
2008	2 819.7	908.9	29.9	833 000	29	4 935
2009	2 832.6	1 020.6	31.1	841 374	38	17 111
2010	3 708.0	1 362.0	33.6	1 059 715	40	11 433
2011	3 825.6	964.3	45.4	—	41	10 397
2012	3 980.8	1 115.2	14.6	—	43	9 048

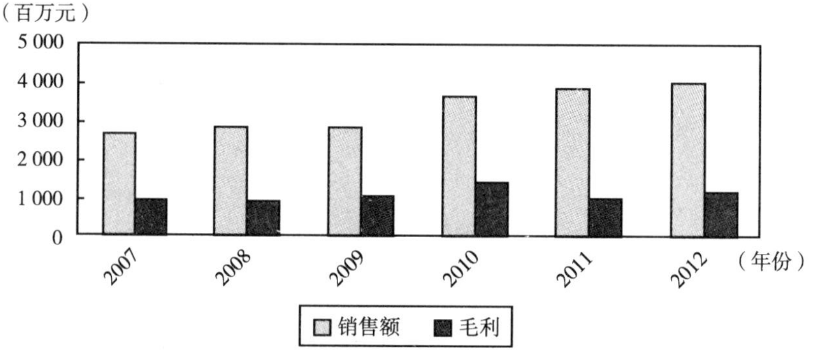

图6－1　2007～2012年汇源果汁销售额及毛利情况

汇源果汁产业拥有200多条世界先进的水果加工、饮料灌装等生产线。原浆生产的水果冷破碎、浓缩果汁生产的超微过滤、饮料灌装的UHT超高温瞬时灭菌和无菌冷灌装等项工艺技术，均处于世界领先地位。健全和实施了一系列质量、安全、环境管理体系，通过了ISO9001、HACCP、ISO22000、OHSAS18000、ISO14001体系认证，通过了美国FDA、GMA、英国BRC、欧盟SGF、犹太KOSHER认证。集团现拥有冰糖葫芦汁、加汽冰糖雪梨汁、100%果汁浓缩果汁、果浆系列、C她V他果肉系列、果鲜美系列、全有系列、沙棘系列、儿童系列、低果系列、含乳饮料系列等多

种产品系列，集团根据果汁浓度将果汁产品分为百分百果汁、中浓度果蔬汁及果汁饮料三大类，浓缩果浆、浓缩果汁和部分果汁饮品出口五大洲的30多个国家和地区，纯果汁和中浓度果汁饮料的市场份额一直处于全国领先地位。据尼尔森于2012年进行的中国零售研究，以销量计算，集团在百分百果汁的市场占有率为54.2%，中浓度果蔬汁的市场占有率为44.1%（见表6－2）。

表6－2　　汇源果汁系列所属各产品的销售比重　　单位：%

年度	中浓度果汁	果汁饮料	百分百果汁	其他
2006	41.1	34.1	19.5	5.3
2007	42.2	29.4	22.4	6.0
2008	43.1	30.2	20.6	6.1
2009	45.0	27.3	22.6	5.1
2010	39.6	28.4	23.6	8.4
2011	34.1	27.2	24.5	14.2
2012	26.4	21.4	27.8	24.4

汇源集团以“营养大众、惠及三农”为企业使命，每年可为果农加工水果上百万吨，累计研发生产销售了600多种健康饮品和食品，倡导并引领了健康消费的生活新时尚，带动了种植业、加工业和饮料食品业的快速发展，自2007年以来先后通过各种兼并重组的方式在山东乐陵、江西南丰、广西桂林、安徽桐城等地建厂布局，积极建设生产基地，已经形成了网络状生产经营格局。

集团成立以来发展迅速，先后荣获中国驰名商标、中国名牌产品、农业产业化国家重点龙头企业、全国农产品加工业示范企业等殊荣，集团凭借其广泛的生产基地网络和绝对的市场优势成为全国农产品尤其是果蔬产品加工的行业翘楚。

6.1.2　汇源集团兼并重组中面临的问题

1. 国内企业在规模、品牌方面没有优势，兼并重组后无法形成合力

国内果汁加工企业很多是从当初的街道工厂发展起来的，管理制度滞后，机器设备老化，加工生产规模较小，品牌知名度不高。譬如对山东一个酒厂的收购，该工厂拥有一个在当地较为出名的品牌“又一村”，但是品牌的区域性特征明显，相关加工生产线产能有限，无法在原有基础上进行工艺流程、设备和生产线的更新，只能投入大量资金完全重新建设。

2. 兼并重组对象多为原有的国有企业，资产不良、历史遗留问题突出

作为一家具有较强社会责任、声誉良好的大型农产品深加工企业，汇源在兼并重组过程中经常出于扶持地方经济的考虑而兼并一些国有企业，这在一定程度上解决了地方经济社会发展中面临的很多矛盾，但却使企业背上了沉重的经济包袱。如对山东肥城的华农、河北顺平的奥盛和北京双汇方便面厂的收购，就是在地方积极推动下，为了解决这些工厂的历史遗留问题，盘活资产设备，企业在兼并重组后投入了大量的资金招聘培训工人、改造升级设备和工艺、新上污水处理项目等。

3. 地方保护现象时有发生

在地方政府的大力招商引资下，同时也为了进一步拓展集团的原料基地，拉近与消费者的距离，减少运输成本，集团连续在山东乐陵、吉林舒兰、辽宁锦州、江西南丰、山西右玉、广西桂林、安徽桐城、黑龙江齐齐哈尔和湖南怀化等地建厂布局。但很多地方的政府部门仍然无法转观念，政府只重视招商而不重视营造良好的企业发展氛围，传统的地方保护意识较深、服务意识和责任意识薄弱。个别地方招商引资是为了政绩和面子，去了以后设置重重障碍，当初对于企业的一些优惠政策和服务承诺无法兑现，企业在当地的发展无法得到有效的保护。集团曾在北方某县建了一个工厂，生产出的相关产品在当地销售较好，但市场上假冒仿造现象非常严重，集团调查发现，全县竟然有23家饮料生产小企业在假冒汇源的商标进行非法生产销售，这严重损害了集团的声誉。当地工商管理部门对此也进行过一些检查和处罚，但没有进行大力整治。由于制假造假的行为引起了国家相关部门的关注，最后在国家工商总局和国家质检总局的统一部署行动下，该县猖獗的假冒行为才得到了根本性遏制。

4. 企业发展的社会环境有待优化

国内一些新兴产业的龙头企业承担了双重责任，一方面要全力以赴做好企业的生产经营，另一方面还要培育市场引导消费者树立健康、合理的消费观念。汇源集团也面临着这种问题，它一方面要在国外跨国巨头的多重挤压下努力寻找发展契机，另一方面还要进行消费理念的推广，通过各种渠道引导消费者，告知国人应该进行合理的果蔬汁消费来提升体质水平。在这种艰难发展过程中，企业所处的社会环境不佳，社会舆论环境不好，影响了企业兼并重组规模化发展的进程。在社会舆论环境方面，汇源经常要花费巨额资金和大量精力来进行危机公关。如2008年出现的汇源果汁质量危机，长期以来，汇源集团在生产经营中非常注重产品质量安全，各个环节均严格按高标准来管理，集团始终坚持“质量是我们生存的命脉，安全是我们永恒的追求”的宗旨。在原料收购和生产环节，汇源严格依照“不让一个烂果子进厂”的标准，进行水果入厂筛选，入厂后的水果，每一个都还要经过“验收、一级洗果、二级洗果、喷淋、灭菌”等十八道工艺流程，其中单筛选水果的程序就有7道。但即使是在如此严格的操作规范下，还有个别媒体在未经认真调查和核实下，根据一些片面的反应和主管臆测就向外大肆宣传汇源果汁质量无保障，有很多烂果子被加工成果汁，虽然经过汇源的调查，发现上述报道严重失实并采取了积极应对措施，但这些不负责任的报道对汇源集团产生了极其恶劣的影响。

5. 地方政府在搭建“企业+农户+基地+合作社”合作平台方面积极性欠缺

从现代农业发展的趋势而言，建立“企业+农户+基地+合作社”合作模式有助于保障各主体的利益并有效防范农业产业化风险，也能在一定程度上提升食品监管绩效。但一些地方政府在搭建合作平台方面有自己的顾虑，个别地方认为如果推动农户、合作社与农产品加工企业建立合作关系或推进订单农业，一旦出现某些问题容易导致群体性事件影响稳定，“企业+农户+基地+合作社”对于一些地方政府而言成了名副其实的“鸡肋”，食之无味，弃之不舍。地方政府一直希望由汇源集团出面跟农户或合作社一起来建基地而自己置身事外，更希望基地建设中苗木购买、种粮替代补贴等都由企业出资补偿，但企业也不敢贸然投入，因为一些订单农业契约签署后，一旦市场行情较好，农民不愿把农产品按协议销售给企业，地方政府此时都不愿参与协调，最终受损失的往往是企业。

6.1.3 关于农产品加工企业兼并重组的几点认识

1. 兼并重组不是目的，它只是做大做强企业的手段之一

企业发展的长远目标是通过各种方式做大做强从而获得稳定、可观的利润来源。必须明确的是，兼并重组仅仅是推动企业快速发展的途径之一，因此，并不是所有企业的发展壮大过程都要通过兼并重组，也不意味着兼并重组是放之四海而皆准的企业发展的法宝。企业应谨慎分析主客观条件，认真考虑发展的趋势、战略和所处的发展阶段，只有在适当阶段具备相应条件时才可实施兼并重组战略。

2. 兼并重组有利于农产品加工企业形成完整的产业链

单一从事农产品加工的企业所面对的市场风险更大，缺乏足够的原料供应基地和销售网络，农产品加工企业会时刻受到各种市场因素的冲击。通过兼并重组将农产品加工企业的产业链条向上游的原料基地和下游的销售网络拓展，将极大提升企业应对市场风险的能力。

3. 兼并重组后的企业文化融合是关键

不同企业有不同的文化，而这种文化是贯穿到企业生产经营中的各个方面，企业文化一旦形成是很难在短期内改变的。被兼并企业和兼并方之间往往有一个磨合适应期，这种工作中的融合程度在一定程度上受到了原有企业文化的影响，生产经营风格、生产性质、生产规模、管理模式方面差异程度较大的企业往往在兼并重组后产生明显的“排异”反应。因此首先应综合评估一下企业之间文化融合的程度，然后才能对是否兼并重组做

进一步思考。

4. 兼并重组过程中地方政府应积极发挥作用

农产品加工企业的发展对于地方农业而言具有非常重要的意义。一方面加工企业能够通过技术、示范和标准化要求来带动当地传统农业的转型升级；另一方面加工企业能突破传统农业生产的时效性和季节性限制，使得生产出的农产品不会再因为延时而腐败变质。因此，地方政府应该更为积极主动地推动农产品加工企业的发展，在税收优惠、土地流转、协调农户与合作社、贷款、交通运输、冷链库存等方面积极发挥作用。

6.2 大型农业产业化龙头企业兼并重组的成效与问题——以中华棉花集团有限公司为例

我国农业要推进战略性结构调整，实现由传统农业向现代农业的转变，提高我国农业竞争力，实现全面建设农村小康社会的宏伟目标，如果没有大型农业综合企业作为支撑，是根本无法实现的。近年来，以龙头企业为主的产业化经营组织快速发展，优化了农业生产经营组织形式，已经成为农业生产和农产品市场供应的重要主体。推动农业产业化龙头企业兼并重组，是加快农业发展方式转变和农业产业结构调整的基本要求之一。目前我国大多数农业龙头企业的组织结构不尽合理，产业集中度不高，企业小而分散，社会化、专业化水平较低，缺乏能引领行业健康发展的大企业。为了推动农业产业化龙头企业通过兼并重组、收购、控股等方式，组建大型企业集团，培育壮大区域主导产业，增强区域经济发展实力，2012 年由 12 部门联合发布的《关于加快推进重点行业企业兼并重组的指导意见》首次针对农业产业化龙头企业提出，要支持农业产业化龙头企业通过兼并重组、收购、控股等方式，组建大型企业集团。因此，了解目前农业产业化龙头企业兼并重组过程中遇到的困难和瓶颈具有重要现实意义。

6.2.1 中棉集团基本情况

中棉集团公司是中华全国供销合作总社重点骨干企业，棉花行业首家国家级农业产业化龙头企业，享有棉花进口国营贸易经营权。自1993年成立以来，主要承担着国家储备棉、出疆棉、进口棉的调运、保管和竞卖销售等国家政策性业务。2001年以来，中棉集团公司适应国家棉花流通体制改革的要求，面向国内外市场，大力拓展各类棉花经营业务，经营范围涉及棉花收购、加工、仓储、现货、期货、电子撮合、国际贸易等多个相关领域，分别在我国棉花主产区和主销区建立了10个全资子公司、3个分公司、10个棉花加工厂和一个棉花专业合作社，并在集团内部建立了棉花配送和检验体系，与全国80多家10万锭以上大型纺织企业建立了良好的贸易合作关系，构建和拓展了产、加、销一体化的棉花产业化链条，稳步建立了较为完善的市场营销网络和物流配送基础设施。同时，通过进出口贸易与世界各国主要棉商建立了稳定的合作关系，成为棉花进出口贸易的一支主力军。

目前，中棉集团主要经营指标处于同行业领先水平，在国内外棉花行业具有很强的品牌和市场影响力，已发展成为集棉花收购、加工、销售为一体、多种经营业态并举的市场化大型棉花流通企业集团，经营规模已跨入全球同行业前列，棉花年经营量达百万吨以上。

2012年，集团公司全年销售棉花100.77万吨，其中，进口棉51.07万吨、国产棉49.54万吨，实现销售收入175.84亿元，分别比上年增长61%和30%；全年报表汇总实现利润17 300万元，其中净利润14 800万元，比上年增长28.5%；企业所有者权益7.97亿元，比上年增加1.09亿元；净资产收益率为19.9%。

6.2.2 中棉集团经营模式

近年来，中棉集团坚持面向国际、国内两个市场，大力推进棉花资源基地建设、物流配送体系建设、市场营销网络建设和国际化发展步伐，切

实提高中棉集团资源掌控能力、物流配送能力和市场营销能力，进一步增强市场竞争力，提高管理现代化水平，努力打造集资源基地、收购加工、物流配送、市场销售、品牌创建、特色纺织为一体的中棉集团全产业链发展模式。2010年1月，中棉集团制定实施了《关于中棉集团加快改革发展的总体方案——中棉集团五年发展规划》，明确提出了“产业化”发展的战略和“打造全产业链”发展模式的思路。

1. 产业化经营

中棉集团在新疆、山东、河北等棉花主产区，积极推进棉花资源基地建设，大力推进“棉花加工厂+棉花专业合作社+农户”的产业化经营模式，实现棉农增收、企业增利。这种模式可解决棉农分散种植，缺乏技术服务指导的问题。从服务入手，以资金为纽带，兴建棉花专业合作社。对棉农在生产上给予种子、农药、化肥、资金等支持。建立棉花合作社，鼓励棉农入股，与棉农结成利益共同体，为棉农植棉扫除障碍。目前已在新疆等地组建棉花合作社5家，建立棉花高产示范基地5处，面积达到5万亩。

在棉花加工厂环节，集团下设子公司、分公司及控股公司14个，新疆团队、中棉青岛、中棉南通、中棉廊坊、中棉河北和中棉河南共分布19个轧花厂，年加工能力超过5.6万吨，其中新疆轧花厂加工能力接近3.6万吨，玛纳斯、新和、阿瓦提、榆树沟等轧花厂还参与领办了棉花专业合作社，具有一定的合作社运营经验。

在棉花专业合作社环节，集团已在新疆等地成立棉花专业合作社5家。合作社在成立后，认真审核社员资格，用合格社员的棉田做示范基地，由社员统一选择品种、统一种植，在种植生产过程中由合作社聘请专家进行技术指导与培训，并对气象与病虫害等信息进行宣传。采取与育种单位合作的方式，由育种单位做棉花种植技术服务工作，棉花采摘后由新和公司负责收购加工，逐步实现品种的提升与统一，棉花品质得到了提高。

在棉农环节，集团参与领办的棉花专业合作社在选择棉农时，通常选择植棉大户，计划把植棉大户的土地作为示范田，按照统一种植、统一管理的要求科学种植，适时组织棉农到示范田参观学习，由示范棉农作为讲解员，让棉农切实体会到科学种植的好处，以吸引更多的棉农加入合作社。

2. 一体化经营

2012 年 2 月，集团公司出台了《关于完善一体化经营体制，进一步提升规模经营能力的实施方案》，主要目的，一是通过成立集团业务部和贸易一部，充实、加强公司本部经营力量，进一步明确公司经营团队的业务分工和职责定位，逐步探讨建立起公司集团统一市场采购、统一运营管理、统一客户分销的“一体化”运作平台，加大了一体化经营力度，为集团公司推进“集团化、专业化”的大经营体制改革完善提供基础；二是面对经营困难的形势，争取通过集中集团优势资源、集中骨干力量，确保公司本部经营规模的扩大和盈利的基本稳定，保障公司全年的整体经营。从年度经营效果看，以集团业务部为一体的经营团队全年经营总量达到 94 万吨，对集团公司的利润贡献率达到 103%，同时积累了按照“集团化、专业化”推进集团公司经营体制改革的经验，达到了预期目的。

6.2.3 中棉集团兼并重组成效

中棉集团本着“促进优势互补、资源共享、多方共赢”的要求，积极推进企业兼并重组。

1. 与大型企业的兼并重组

中棉集团在国内主销市场积极推进与大型纺织企业的经营合作与资本联合，实现棉花种植、加工与纺织需求的对接。依托各自的优势，不断深化合作领域，扩展合作空间，在棉花产业基地建设、填补区域市场空白、提高市场份额、拓展经营品种等方面实现互利共赢。目前，与国内 32 家大型纺织企业建立了战略合作关系，实现棉花流通与纺织需要的融合对接。

从经营层面，构筑双方长期、稳定的合作机制，实现棉花购销、市场信息、资金服务、人员交流等方面的对接，目前 40% 以上的棉花资源定向与战略伙伴对接，实现销售。从资本层面，中棉集团陆续引进了华孚控

股、广东忠华、河南新野、许昌裕丰参与中棉集团营销网络重组建设，分别对中棉上海公司、广东公司、河南公司进行战略重组。

2. 与系统内企业的兼并重组

中棉集团发挥在供销社系统内部的优势地位，积极推动系统内棉花企业经营合作与资本联合，充分利用供销社内部优势资源，实现系统内资源整合。与系统内企业在经营互补、信息沟通等方面保持着长期稳定的合作关系，实现了优势互补，共同发展。在经营层面，中棉集团始终与系统内棉花企业保持长期稳定的购销关系，国内棉花资源中，除中棉集团自身收购加工的一手资源外，社会资源的80%是通过供销社企业购进的。在联合层面，中棉集团近年来推进的项目建设几乎都是与供销社企业合作的。2011 年，中棉集团与陕西省棉花集团有限公司签署了双方合资成立中棉集团陕西棉花有限公司战略合作协议，与广东忠华棉纺织实业有限公司签署了双方合资重组中棉集团广东棉花有限公司战略合作协议；与河南新野纺织股份有限公司、许昌裕丰纺织有限公司共同签署了三方合资重组中棉集团河南棉花有限公司战略合作协议。与山东省供销社联合重组山东省棉麻公司的合作也在洽谈当中。

3. 实施低成本扩张战略，收购兼并企业

棉花资源基地是中棉集团提高国内棉花资源掌控能力的重要基础。目前在新疆、黄淮流域和长江流域三大主产棉区，通过自建、收购、承包租赁、合作经营等形式掌控棉花收购加工企业 60 多家，一手棉花资源掌控量达到 20 万吨。由于新疆昌吉州供销社所属棉麻公司及其三个棉花加工厂经营不善，导致企业面临破产的边缘，中棉集团资金充裕，但是如果自建棉花加工厂成本较高，而且目前我国棉花加工能力相对过剩，国家一般不予批复建立棉花加工厂。中棉集团经与新疆昌吉州供销社充分协商，2011 年中棉集团以 4 300 万元的价格出资收购了新疆昌吉州供销社所属棉麻公司及其三个棉花加工厂，并实现了当年收购、当年经营创历史最好水平，收购加工皮棉 10 000 吨，实现利润 1 000 多万元。

2011 年与陕西省社合作整合陕西省棉麻公司棉花板块业务，合资成立了中棉陕西公司（中棉集团出资 1 600 万元，陕西省棉麻公司出资 400 万元）。陕西省棉麻公司生产能力较强，但是物流体系和市场营销方面较差，导致经营困难，而中棉集团的物流体系和市场营销网络较强，双方优势互补，可以以较低的成本建立合资公司。目前，中棉陕西公司已经顺利运营。

4. 实施“走出去”发展战略

根据我国棉花市场产不足需的客观实际，积极实施“走出去”战略，致力于国外“一手资源”的掌控力度。通过几年的努力，目前中棉集团已与美国、澳大利亚、巴西、印度、乌兹别克斯坦等主产国本国棉花企业建立了直购渠道。实施“走出去”发展战略过程中，重点推进与大型棉农合作社的合作。美国主要是平原、斯坦博和卡尔，这三家是美国排名前三的棉农合作社；澳大利亚主要是 Namoi 棉农合作社，棉花资源占澳洲总量的 40%；巴西主要是有 150 家棉农组织背景的 Libero 公司。尽管中棉每年只有 3 万 ~5 万吨的棉花进口配额，但中棉集团能够按照既定的战略，利用有限的配额，以小搏大，滚动操作，不仅取得了良好的经济效益，而且大大提升了中棉在国际市场的影响力和话语权。近几年，进口棉经营量和利润贡献率大幅提高，2008 年之前，进口量只有 10 万吨左右，2011 年达到 25 万吨，进口棉经营利润约占总利润的 70%。

在投资合作层面，从 2012 年 4 月开始探讨与澳大利亚 NAMOI 合资事项，10 月 8 日完成最终非要约性报盘，由于双方在合资公司股权比例及 NAMOI 资产价格的评估上分歧较大，此项合资未能达成一致。虽然没有实现走出去的第一步，但通过半年多的对外合资工作，还是取得了宝贵的经验。

6.2.4 企业在兼并重组中遇到的问题及建议

1. 地方政府的地方保护主义，导致兼并重组困难

企业兼并重组对资源优化配置、行业的重组与集中度的提高都是极大

的利好，但部分地方政府在执行时存在地方保护主义，导致重组面临各种障碍。农业产业化涉及面广，与国民经济的关联度大，带动性强。同时，其又是劳动密集型产业，能够直接或间接为地方提供众多的就业机会，对地方 GDP 的贡献率高。不少地方政府给予农业产业化龙头企业极大支持，希望通过其发展，带动农业产值、税收和就业的增长。如果其区域内的农业产业化龙头企业被兼并重组，势必会导致产权或所有权发生变化，进而影响当地政府的财政收入。

在这种情况下，即便农业产业化龙头企业陷入困境，地方政府也不乐意看到其被兼并重组，而是试图通过督促银行提供贷款等所谓“雪中送炭”的方法为其“输血”。利用行政手段来“保全”企业，虽然可以暂时止住地方利益的流失，但会使企业形成“后台”依赖，从而缺乏技术创新、开拓市场、培育品牌的动力，最终也摆脱不了被淘汰的命运。本应是市场主导的兼并重组活动，行政干预或多或少唱起了主角，严重干扰了兼并重组活动的正常开展。

2012 年中棉集团准备收购山东棉麻公司下属一个子公司——滕州公司，滕州公司资产有 20 亿元，由于经营不善，几乎不运转，处于破产边缘。中棉集团看好其资产优势，与企业协商兼并重组，出资购买企业，成为其控股公司，地方政府愿意让中棉集团控股，但是，条件是中棉集团只能派一个董事长进入企业，其他各个方面包括人事、生产经营等决策还由滕州公司负责，加之滕州公司资产负债率偏高，历史遗留问题较多，人员包袱比较重，解决起来比较困难，增加了收购方的企业运营成本和风险，导致兼并重组受阻。

地方政府必须尽快改变传统思维和狭隘的既得利益思想，鼓励兼并重组，放弃本位主义，收起地方保护伞，尽快转变职能，把不该管的事情交给市场，加快转型升级的步伐。

2. 企业兼并重组时资产评估价值太高，导致兼并重组成本较高

由于国家规定国有企业资产不能减值，确保增值，因此，企业兼并重组时资产评估增值虚高，导致兼并重组成本较高。比如，中棉集团收购的新疆昌吉州供销社所属棉麻公司及其三个棉花加工厂，院里的所有杨树也

算资产，兼并重组时评估的每棵杨树都有 1 万元，最终导致了企业付出较高的成本进行收购，无形之中增加了兼并重组企业的困难。

企业要依法进行资产评估。资产评估不单单是资产评估机构的事情，企业是否配合，将直接关系到资产评估的质量。因此，作为国有资产占有单位要积极配合，认真做好资产清查和产权界定等一系列资产评估工作。为了保证评估工作的质量，资产占有单位及委托方必须明确纳入资产评估范围的资产及负债；认真进行资产清查，填报资产清单；并提供相应的产权证明。评估机构必须到现场进行认真核实，并在此基础上对涉及的全部资产（包括长期投资、土地使用权、商标使用权、专利使用权、专用使用权、专有技术、特许经营权、商誉及其他无形资产、资源性资产等各类资产）和相关负债进行评估。国有资产占有单位对所提供的各类原始资料的真实性和可靠性承担完全责任。

3. 企业兼并重组时税负较重，种类较多，导致兼并重组成本较高

在企业兼并重组时，被兼并企业资产一般都是评估增值的，被兼并企业资产评估增值的部分要交企业所得税（25%），由于被评估的资产的使用价值没有变，但是要交企业所得税，无形之中增加了被兼并企业的负担，被兼并企业一般通过提高收购价格的方式来转嫁这部分负担，最终导致收购企业兼并重组成本增加。农业企业兼并重组较多的是通过资产兼并重组实现。但是资产兼并重组涉及税负种类较多，包括企业所得税、营业税、增值税、土地增值税、契税、城市维护建设税和教育费附加等多项其他税费，这部分在企业兼并重组成本中占较大比例，导致兼并重组税负较重。

4. 不同的兼并重组方式税收政策有失公平

根据现行的税收政策，企业在兼并重组中采取控股合并的方式时，在计缴所得税资产增值部分要进行双重征税，而吸收合并与新设合并在计缴所得税的同时已对被合并企业的相关资产计税成本进行了调整，不存在双重征税问题，对企业在兼并重组中不同的方式采取不同的税收政策有失公平，客观上加重了一些公司的兼并重组成本，制约了公司兼并重组行为。

国家税务总局应尽快出台《企业重组与清算的所得税处理办法》，明确公司合并的所得税处理方式：一是明确控股合并属于企业重组行为，参照企业会计准则的相关规定，以合并方取得被合并企业50%以上的控股权为标准界定控股合并，鼓励公司兼并重组；二是明确控股合并享受与吸收合并、新设合并同等的税收待遇。明确控股合并的情况下，股权转让方已按规定在交易发生时确认股权转让所得或损失的，被合并企业相关资产应当按照交易价格与股权转让比例重新确定计税基础，以避免兼并重组过程中的双重征税，或利用股权转让损失恶意避税。

6.3 区域性视角下农业产业化龙头企业兼并重组面临的现实困境
——以广东省四会市为例

现代农业的推进需要产业化、规模化、集约化的支撑，而众所周知的是，独立、分散的小规模经营是无法满足现代农业发展需求的，因此，通过产业化龙头企业来整合区域农业产业链、进一步联结农户与市场、最终引领区域农业的现代化发展是一条可行之路。推动农业产业化龙头企业通过兼并重组来做大做强，建造区域性的农业产业化“航母”意义重大。

6.3.1 四会市经济社会发展情况概述

四会市地处广东省中部偏西，珠江三角洲西北边缘，肇庆市东大门，西、北、绥三江下游，位于东经112°25′25″~112°52′35″、北纬23°11′40″~23°41′42″。东面与佛山市三水区交界，南面与鼎湖区相连，西北面与广宁县接壤，东北面与清远市新县毗邻。全市土地总面积1 163平方公里，其中农用土地面积155.13万亩，现有耕地面积32.23万亩。

四会市距广州市68公里，距肇庆市42公里，水路距香港地区123海里。2012年，全市实现农村经济总收入90.44亿元，同比增长8.8%，农民人均纯收入 12 135 元，同比增长 16%。该市农业生产发展态势良好，粮食生产保持稳定增长，蔬菜、花卉产业快速发展，水产养殖品种不断优化，连续 6 年获得中央下拨的生猪调出大县奖励，2012 年 2 月被评为“广东省生猪生产先进县”。目前该市主要围绕花卉苗木、水产养殖和畜牧业发展现代高效农业，成效显著。全市花卉苗木总面积已发展到近 10 万亩，四会市石狗镇广佛等珠三角核心区重要的兰花产业聚集区，全镇有兰花企业 20 多家，兰花种植面积 2 000 多亩，兰花产业实现年产值 1 亿多元，产品主要销往韩国、日本、台湾地区等地；水产养殖总面积 10 万亩，水产品总产量 9. 19 万吨，水产品总产值 11. 02 亿元；生猪饲养量达 207. 51 万头，其中存栏量 74. 54 万头，出栏量 132. 97 万头，成立畜禽养殖专业合作社 5 个，其中国家级养猪专业合作社示范社 1 个，肇庆市养猪专业合作社示范社 2 个，共发展合作社养殖户 600 多户。

6. 3. 2 四会市农业产业化龙头企业兼并重组面临的问题

随着农业产业化步伐不断加快，四会市农业龙头企业也开始尝试通过各种形式进行兼并、重组，以扩大规模和提升产业化水平，但由于存在某些障碍性因素，这一进程相对较慢，成效并不显著。

1. 土地流转问题

调研中发现，一些企业在兼并重组之前首先考虑的问题是找到合适的土地作为企业进一步扩大规模之用，但是农民世代以耕种为主，长期以来形成了牢固的惜地观念，“土地是农民的最后社会保障”这一思想在农村根深蒂固，加之近年来推行的种粮补贴等政策，使得农民不愿将自己的土地流转出去。西江花木公司是四会市主要经营花卉苗木的龙头企业，现有育苗基地 5 000 余亩，花卉苗木销售形势喜人，公司正积极探索通过兼并重组当地几个花卉苗木公司，争取在 2 ~ 3 年时间通过“公司 + 农户”的形式将规模扩大至 5 万亩左右，但是由于土地租赁问题，上述计划无法顺利推进，由于农民不愿流转土地导致整片规模化发展的规划实现不了，且

土地租赁成本逐年上升，一些坡地2010年还100元/亩，现在300元/亩以上还无法找到合适的土地。

2. 农业环保问题

绿色、生态、环保已经成为现代农业发展主要趋势，为此国家出台了一系列有关企业环保方面的要求和标准，这在一定程度上加大了企业的成本支出，兼并重组的老企业越多，在环保方面投入的支出就越多。四会市三乐原种猪场主要经营业务为供应优良种猪和良种公猪精液，已经通过各种形式的兼并重组在四会、肇庆、清远、三水等地建立了78个供精点，年产种猪2万头，良种精液超过40万份。但该公司宁愿每天从四会市采用特殊设备和交通工具运送种猪和精液配送到各地，也未在上述地区建立一家原种猪场，其原因就在于新建一个原种猪场在环保设施方面投入的固定支出就达200万元，这还不包括每天必须开支的环保处理费用。

3. 融资难问题

金融改革后，金融机构尤其是商业银行借贷业务的开展往往以高利润和低风险为导向，涉农政策性银行又多是扶大不扶小，助强不助弱，贷款的点少面窄，农业企业由于产业化程度不高，间接融资方式如银行贷款等融资方式的条件比较苛刻，上市、发债等直接融资门槛较高，因此长期以来农业产业化企业普遍存在着融资无门的现实困境。四会市20多个兰花企业在兼并重组扩大规模过程中都存在资金短缺的问题，由于兰花企业多以传统大棚种植为主，没有价值较高的固定资产作为抵押，种植的兰花商品虽然市场销售价格较高但也无法作为抵押物，因此企业很难有效获得金融贷款支持。

4. 租赁土地的经营使用期限问题

四会市农业企业租赁土地用于种植和养殖业的使用期限多在30年左右，一些企业对于租赁到的平地使用期限更是只有短短8年左右，没有长期稳定的土地使用权，租赁者对于土地的经营不敢做长期规划，更不敢做较大的持续投资。由于土地使用权太短，很多养殖企业不敢在圈舍建设方面投入太多，不敢按照现代化、标准化的要求来进行设计，因为一旦建成后这些固定设施是无法有效变现的，如果在下一轮土地竞标中无法获得该地块的使用权，所有投入都无法收回。

5. 涉农政策的实用性问题

我国涉农扶持政策在各个区域都是按照统一标准实施的，由于不同地区的自然条件和农业生产具体情况不同，某些实施标准在北方效果较好，但在南方却不尽如人意，某些扶持机制在平原地区运行良好，但在山地和丘陵地区却困难重重。譬如农机具购置补贴对于北方平原地区农业尤其是粮食生产具有显著的推动作用，但是该政策在西南丘陵地区或地块细碎的地区效果十分有限。西南地区由于人均土地较少，往往采用传统方式进行精耕细作，无需购置一些大型的农业机具，这些地区更需要对一些农业公共设施进行完善，因此中央应允许这些地区将农机具购置补贴等涉农资金整合起来进行大型的农业公共设施和农业社会化服务体系建设。调研中一些企业还表示，要想获得农业购置补贴，必须按照相关规定从补贴目录中列示的品牌中采购，但很多上了目录的农机具销售价格要远远高于市场上的销售价格，即使拿到相关补贴还无法补偿上述差价，企业往往“望补兴叹”，不得不放弃申请农机购置补贴。四会市西江花木公司前些年本打算申请农机购置补贴购买一批大型生产工具，但核算后发现即使不要补贴，从市场上自发购买反倒还能节省20多万元。

6. 兼并重组企业做大后如何做强的问题

由于历史和环境的原因，我国的农业企业大多是由农业大户发展起来的，普遍面临着规模偏小、与农户联结松散、资金短缺、科技含量低、缺乏有力的政策支持等困境。兼并重组后，农业产业化龙头企业的规模进一步扩大，但这仅仅解决了做“大”的问题，产业化也好、兼并重组也好，最终的目标是要做“强”。调研中发现，兼并重组并未给这些农业龙头企业带来显著的经济和社会效益，产业链条没有完善，与合作社和农户的利益连接机制没有理顺，因此发展的品牌效应、产业化效应、规模效应、辐射效应和带动效应不太明显。

6.3.3 推进区域性农业产业化龙头企业兼并重组的政策创新方向

1. 加大兼并重组专项资金投入

地方政府应积极设立重点企业兼并重组专项资金，对于一些发展潜力大、辐射范围广、带动能力强的企业采取信贷补助、贷款贴息等方式，支持其兼并重组。整合各种涉农资金，在同等条件下重点支持龙头企业兼并重组及兼并重组后的企业技术改造和产业化发展。

2. 加大兼并重组的金融支持力度

鼓励商业银行及政策性银行在合法合规、风险可控的情况下审慎灵活地开展兼并重组贷款业务。积极探索农业企业抵押贷款的金融创新形式和金融产品，充分利用金融平台募集企业兼并重组资金，鼓励金融企业以控股、参股等形式直接参与农业企业兼并重组业务。大力支持符合条件的农业产业化龙头企业通过上市和发行股票、债券等方式筹集兼并重组资金。

3. 完善相关土地政策

坚持并稳定土地承包经营体制，在符合相关法规前提下适当延长土地租赁期限，切实保障土地租赁企业在租赁期内对于土地的经营使用权，避免出现随意侵害租赁方权利和随意变更租赁合同的行为。兼并重组涉及的划拨土地符合划拨用地条件的，经县级以上人民政府批准可继续以划拨方式使用；不符合划拨用地条件的，依法实行有偿使用。

4. 调整优化涉农政策体系

根据实际情况和地区差异调整优化涉农政策，坚决贯彻落实有关农业产业化龙头企业兼并重组相关优化政策。避免政策实施的“一刀切”，积极探索多样化的政策实施机制，同时要杜绝政策实施中的寻租、走样现象的发生。

5. 加大对农业产业化龙头企业兼并重组的环保支持力度

继续坚持严格的农业环保标准，设立专项环保资金支持兼并重组企业进行环保设施建设和环保技术更新，加大对重点农业企业环保补贴力度，创新补贴形式，强化补贴效果。

6. 建立健全政府引导和协调机制

强化政府的调控和服务职能，积极引导龙头企业延伸产业链条，努力为企业、合作社和农户之间搭建有效的合作平台，引导建立完善的企业为主导的多主体利益联结和共享机制，最大化地发挥农业产业化龙头企业作为龙头的示范、辐射、带动和引领作用。

6.4 畜牧养殖龙头企业兼并重组中的制度性障碍 ——以广东温氏集团为例

我国已经进入“四化”同步协调发展的关键时期，在“四化”发展中农业的现代化呈现出了显著的“短板”劣势，而通过农业产业化来推动我国农业经营方式和体制机制的创新，从而带动农业朝着专业化、标准化、规模化、集约化和市场化发展已成为必然之举。在这一过程中，农业产业化龙头企业承担了非常重要的作用，支持龙头企业发展，对于提高农业组织化程度、加快农业发展方式转型升级、带动农民增收致富意义显著。为此，国务院出台了《关于支持农业产业化龙头企业发展的意见》，通过一系列指导性政策倾斜培育扶持一批大型龙头企业，全面提升农业产业化经营水平。这在一定程度上为推动农业产业化和规模化经营奠定了良好的制度基础，但由于上述政策多为原则性的宏观导向，现实中企业在涉及兼并重组具体事务时往往面临诸多政策性障碍，如果不尽快解决这些问题，龙头企业兼并重组的进程将受到极大制约。

6.4.1 温氏集团农业产业化基本情况概述

广东温氏食品集团股份有限公司成立于1983年，公司位于广东省云浮市新兴县，始创之初由温北英等8人出资8 000元创办了勒竹畜牧联营公司。经过30年的发展，该公司历经探索、扩张和跨越三个阶段，现已发展成一家以养鸡业、养猪业为主导、兼营食品加工的多元化、跨行业、跨地区的现代大型畜牧企业集团，集团实行以“公司+农户+客户”为基本经营模式的产业链一体化经营战略，建立了“以养鸡、养猪为主业，以养牛养鸭为辅，以育种、饲料、食品加工、农牧设备、粮食贸易、有机肥为配套”的产业链条。

温氏集团在推进农业产业化经营、发展现代农业、带动农户共同发展方面进行了积极的探索和实践，逐渐形成了“全员股份合作”产权制度、以现代科技和信息化为手段，产业链全程管理的现代经营方式、建立农户和公司紧密利益共同体、注重一体化产业带动、构建完善的农业产业体系等一系列成功经验，这些有效经验被外界誉为“温氏模式”。集团目前已在全国23个省（市、自治区）建成近160家一体化公司。2012年，集团全年上市肉鸡8.65亿只，肉猪813.9万头，肉鸭1 437万只，生产饲料739.5万吨，销售收入335亿元，公司现为农业产业化国家重点龙头企业，并雄踞广东省农业龙头企业之首（见表6-3）。

表6-3 温氏集团产业化经营基本情况

年份	分公司数（家）	上市肉鸡（亿只）	上市肉猪（万头）	上市肉鸭（万只）	饲料产量（万吨）	食品加工销售收入（亿元）	销售收入（亿元）	合作的农户数（万个）	合作农户获利额（亿元）	上缴税金（亿元）
2008	97	6.28	250.71	1 080.63	367.42	8.23	156.47	4.06	13.38	1.68
2009	110	6.77	345.45	1 219.12	443.07	7.69	167.23	4.43	14.79	1.27
2010	119	7.24	505.06	1 143.95	513.46	8.55	219.42	4.75	20.40	1.19
2011	122	7.77	663.56	1 190.89	607.58	10.30	309.93	5.21	30.58	2.10
2012	160	8.65	813.89	1 437.22	739.52	10.53	335.07	5.59	36.56	3.74

6.4.2 温氏集团近年来在兼并重组方面的具体尝试及成效

（1）积极稳妥地推进了大华农公司改制。在2007年底完成大华农公司资产重组的基础上，指导大华农公司形成了完整的产品链，建立了完整、独立的企业运营系统。理顺了大华农公司改制总体思路、股权设置原则，明确入股大华农公司的股东资格及条件、入股价格、入股方式等具体事宜。通过了公司规范化运行的基本管理制度，完成了大华农公司的工商注册登记。通过设立化药直销店模式，解决大华农公司的关联交易问题，促使大华农公司逐步符合上市公司的规定。大华农公司通过重组改制，完善了公司治理机构，也为温氏集团的规范管理探索了一条新路。

（2）2009年将太仓公司拆分为江苏和浙江两家二级分公司。将乳业公司更名为肇庆分公司，促使其向管理型公司转型。调整育种公司管理架构，拆分成四个二级半公司，实行分专业、分品种育种，推行育种管理的专业化。

（3）合并郁南公司及广西分公司养猪业务，成立桂粤养猪公司，促进集团养猪业的专业化发展。调整饲料采购中心的内部管理架构，成立大连温氏粮食公司。积极推进原料购销模式创新，大力拓宽大宗原料采购渠道，降低采购成本。成立东北公司筹建办，重新布局东北原料采购基地。撤销华北公司的二级单位建制，退出原吉林公司、禹州公司的合作股权，优化了集团资产和区域布局。

（4）养鸡业成立华南、华东、华中区域协调委员会，建立区域协调管理机制，定期召开专题会议，专项研究区域销售协调，进而延伸到品种定位与布局、种苗计划与外卖、品牌建设与推广等方面的协调，减少了不合理的跨区销售行为，缩小了跨区域以及区域内各公司的售价差距，实现了区域销售的有序管理，延长了产品的高价区间。

（5）充分发挥饲料采购中心专业化团队采购的优势，积极实施紧密合作型战略采购，合理把握采购节奏，全面发挥大连港口采购与收储功能，采购价格较全年市场平均价格便宜50元/吨。氨基酸实行集中采购后全年

节约成本5 000万元。探讨成立华东饲料原料分销中心、成立了江苏南通办事处，在华东地区推行大宗原料集中采购模式，促进了区域化、专业化采购，逐步推进集团化与区域化集中采购的有机结合；积极探索建立华中区、西南区域原料分销中心，利用产地原料优势资源，继续推行大宗原料联合采购和区域配送机制。

（6）分离出稔村分公司的养猪业务，成立开阳养猪分公司，推进养猪业务专业化发展。分离西南分公司云贵、川渝地区业务，成立了云贵分公司；合并江苏分公司、湖北分公司在京津地区的养殖业务，成立了京津分公司，推进集团在云贵、京津唐地区养殖业务的扩张。

（7）成立百合公司和投资公司，启动了房地产及投资管理业务，拓宽了集团业务范围；成立东北公司，推进集团在东北区域原料采购业务的开展。退出集团在广州的设备生产业务，调整、优化新兴设备公司组织架构，降低了企业管理成本，提高了产品的市场竞争力。

6.4.3 畜牧养殖龙头企业在兼并重组中面临的突出问题

1. 企业分立重组时涉税成本太高，导致兼并重组成本较高

在农业企业重组时，一些税种本可按规定减免，但某些地方税务局并未执行或执行中预设一些苛刻的前置条件。在进行公司分拆分立时需要对相关资产进行分配，而按现行规定必须事先对土地等资产进行重新评估，在当前土地资源紧缺、地价增值的大背景下，评估会使该土地的价值远远超出当初公司购地时的价格，从而导致分立后的公司会上交更多的土地增值税。譬如该公司一块土地2000年购地价格是2 000万元，如果公司分立成A、B两个公司，经过资产评估该片土地的价格已经上涨至2亿元，则分拆后获得这块土地的子公司必须按照2亿元来完税，如果按照3%的增值税上缴，则分拆后公司的实物资产并未增加，但却要多上缴600万元增值税。为理顺经营业务，温氏集团本计划对肇庆分公司按其主营的两大业务分拆为养鸡和养牛分公司，因为上述政策性制

约，分立计划不得不放弃。

2. 环保标准逐渐严格，国家相应补贴较低，在环保投入方面的边际成本较高

随着可持续发展战略和生态环保意识的不断深入，国家对于企业生产经营的环保要求逐渐严格，相关环保标准和规定不断提升，这对于农业企业尤其是以畜禽养殖为主的企业而言，用于环保方面的投入较多，而国家相应补贴往往杯水车薪。对于温氏集团而言，每新设或兼并一个企业都要进行大量的畜禽粪便处理等环保方面的建设，初步估计一个养牛分公司要投入的前期环保费用高达500万元。

3. 现有税制不利于畜牧养殖龙头企业向深加工领域发展

按照国家相关规定，对于直接种养、销售农产品的可以享受税收免征优惠，对于初加工的农产品可以减免部分税收，但在深加工方面却很少有相关税收优惠政策。

4. 地方政府的限制措施不利于龙头企业构建完整的产业链条

由于中国现行的财税体制是“分税制”和转移支付制度相结合，在企业兼并重组中，常常出现税源的再次分配，部分地方担心被重组后的企业将不再为地方财政做出贡献。在实践中，地方税务部门的工作导向不是推动农业企业产业化发展，而是如何千方百计扩大税源。当涉及跨区域跨行业兼并重组时，上述问题更为突出。以温氏集团为例，饲料原料如玉米的收购是一项大宗业务，为减少成本，温氏集团建立了原料采供中心并成立了原料采购子公司B，如果B公司同时自己也有畜禽养殖业务，那么将采购的玉米等原料直接用于自己的养殖饲料用途是无需缴税的，但若B公司将采购的玉米等原料出售给集团下辖的饲料加工企业A时，则会受到税务部分的核查。

如果玉米的市场销售价格是2 300元/吨，由A公司采购价格可能为2 250元/吨，若由集团通过B公司统一采购则价格会更便宜，为2 220元/吨，从节约成本的角度来看，最好的选择是由原料公司B采购后以稍微高

于采购价格2 220元/吨出售给集团内部饲料公司A，但在现行的税收监管时，却不允许这样操作，而是给B公司核定一个利润，譬如核定每销售一吨原料给A公司可获得100元利润，这就使得A公司的成本上涨了100元/吨。温氏集团每年玉米采购量大约在450万吨左右，如此一来，公司每年该项交易额达到4.5亿元，这让集团应纳增值税税额的基数大大增加，若按1%的增值税税率则要缴税450万元，这极大增加了企业的经营负担。

5. 畜牧养殖企业产业化链条无法直接面向终端消费市场，产业化运行遭遇地方行政管制和市场保护的制约

以生猪销售为例，按照相关规定，生猪在终端消费市场是遵循销地定点屠宰规定，即A地养殖企业要想在B地市场销售鲜猪肉的话，要么自己在B地建立一个生猪屠宰企业，要么委托B地某具备资质的屠宰企业进行屠宰，前一方式要耗费大量新建成本，后一种方式则在猪肉流通环节中增加了一道利润分成，最终会使鲜猪肉成本上升。而且在部分地区，鲜猪肉销售市场长期为某些实力雄厚的大型经销商或批发商把持，养殖企业一般很难直接进入终端市场面向消费者。

6.5 大型农产品流通企业兼并重组面临的问题及建议
——以中国供销农产品批发市场控股有限公司为例

我国农业要推进战略性结构调整，实现由传统农业向现代农业的转变，提高我国农业竞争力，以及实现全面建设农村小康社会的宏伟目标，如果没有大型农业综合企业作为支撑，是根本无法实现的。近年来，以龙头企业为主的产业化经营组织快速发展，优化了农业生产经营组织形式，已经成为农业生产和农产品市场供应的重要主体。推动农业产业化龙头企业兼并重组，是加快农业发展方式转变和农业产业结构调整的基本要求之一。目前我国大多数农业龙头企业的组织结构不尽合理，产业集中度不高，企业小而分散，社会化、专业化水平较低，缺乏能引领行业健康发展的大企业。

为了推动农业产业化龙头企业通过兼并重组、收购、控股等方式，组建大型企业集团，培育壮大区域主导产业，增强区域经济发展实力，2012年，由12部门联合发布的《关于加快推进重点行业企业兼并重组的指导意见》首次针对农业产业化龙头企业提出，要支持农业产业化龙头企业通过兼并重组、收购、控股等方式，组建大型企业集团。为了了解目前农业产业化龙头企业兼并重组过程中遇到的困难和瓶颈，为国家有关部门出台支持龙头企业兼并重组的优惠政策提供政策建议，我们对中国供销农产品批发市场控股有限公司（以下简称“中国农批”）进行了调研。

6.5.1 中国供销农产品批发市场控股有限公司基本情况

20世纪90年代以来，供销合作社淡出了人们的视线。2012年，供销合作社全系统农产品购进额达到5 181.9亿元，利润261.4亿元，再创历史新高。供销合作社全系统棉花收购量占全社会的50%；农资销售量占全社会的70%；全系统日用消费品零售额达到7 400亿元，其中，在农村社会消费品零售总额中的比重达到10.7%，比5年前翻了一番。供销合作社在农村市场上大面积萎缩后，现在重新走向恢复和振兴。

中国供销农产品批发市场控股有限公司于2009年9月注册成立，是中华全国供销合作总社为有效服务“三农”、搞活农产品流通、适应社会主义新农村建设而成立的独资企业，是农产品流通领域的国家级龙头企业。公司以农产品批发市场建设、整合、升级改造为重点，坚持网络化、集团化、多元化发展方向，实施实体配送和电子商务的“一体两翼”战略。目前公司有出资企业近二十家，业务涉及批发市场建设和经营、农产品生产加工、进出口贸易、电子商务、投融资等。

从构筑全国农产品流通网络出发，公司加大了在七大经济圈、“两纵两横”沿线项目的考察力度，目前正在考察、评估、谈判的优质项目有二十余个。公司先后在江苏、湖北、安徽、四川、河北、浙江、宁夏、甘肃、黑龙江、新疆、北京、福建等十余个省（市、区）布局。在农产品市场建设领域有江苏镇江、湖北仙桃、安徽宣城、南陵、四川内江、宁夏海

原、甘肃玉门、浙江仙居、庆元、福建龙岩、三明、甘肃平凉、河南西峡、吉林扶余等项目，多个项目同时上马，建设如火如荼。2011 年 12 月，北京市政府正式将公司列为北京东南农产品物流中心建设筹备组成员，这将进一步提升公司服务首都、服务“三农”的能力。

公司致力于构建全国性网络布局，推动标杆性市场建设，达到“建一个市场、带一批产业、兴一方经济、富一方百姓”的目的，逐步将公司打造为全国性农产品流通的信息发布中心、价格形成中心、质量检测中心、网上交易中心，成为人才汇集、经营稳定、管理先进的国有大型集团公司。

6.5.2 中国供销农产品批发市场控股有限公司兼并重组优势

1. 系统优势

供销社系统内部农产品批发市场系统优势。供销系统组织机构遍布全国大部分城乡地区，控股或参股 2 250 余家农产品批发市场和农贸市场，并且领办了 5 万多家农民专业合作社，掌控巨量农副产品资源，为构建全国性农副产品流通网络提供了良好基础性资源，也为中国农批实施行业整合、兼并重组与重组提供了丰富的市场资源。

2. 政策优势

公司作为大型国有中央企业，立足于中国供销合作社的平台，具有强大的谈判和议价能力，在具体实施兼并重组过程中，能够享受地方政府最大程度的招商引资优惠，税收减免优惠等各种政策优势。

3. 品牌优势

品牌是公司的核心优势，通过品牌获取资源、资本和收益，形成良性循环。公司正着力打造“中国供销农产品批发市场”品牌，国字当头、供销系统、优质产品三位一体，凸显核心竞争力。

4. 专业化优势

公司专注于农产品批发市场建设，紧紧围绕农产品流通进行深耕细作，公司已经有了一批在农产品市场建设、融资、运营管理等方面具有丰富经验的专业化人才，拥有专业化团队和专业化的优势。

6.5.3 中国供销农产品批发市场控股有限公司兼并重组模式

随着“十二五”经济发展方式的转变，公司全面立足于服务“三农”，发挥央企的优势，积极利用地方政府招商引资的积极性，抓住产业转型的机遇，获取有增值潜力的土地资源及项目资源，实现企业的兼并重组。截至2012年底，中国农批已在国内14个省市兼并重组批发市场22个，作为公司在重要节点城市打造的标杆性市场进行高起点、高水平、高标准建设。公司批发市场全国性战略布局的产业发展格局逐渐形成。

1. 绝对控股的“核心层”批发市场

在公司现有批发市场布点的基础上，通过收购、合并和新建等方式，在集散地和主销区，培育集农产品基地建设、精深加工、冷链物流、交易配送为一体，年交易额在20亿元以上的、跨区域重点大型农产品批发市场。这些批发市场基本上实现公司绝对控股，股份比例在51%以上，属公司的“核心层”批发市场，覆盖全国80%以上的区域性物流节点城市。

2. 相对控股的“紧密层”批发市场

发展布局合理、功能完备、运行高效，年交易额5亿~20亿元规模之间的、优势产地、销地农产品批发骨干市场。这些批发市场基本上实现公司相对控股，中国农批作为第一大股东，相对控制项目公司董事会或者拥有一票否决权。属公司的“紧密层”批发市场。

3. 不绝对控股的“松散层”批发市场

通过贴牌或者联合现有成熟批发市场进行升级改造、兼并重组的方式，在产区围绕当地农业产业结构调整，以县为重点，以中等城市为辐射圈，发展带动地方特色产业发展的专业市场，改造一批优势产地、销地农产品批发市场。中国农批公司不绝对控股这些批发市场，但需使用公司品牌标识，输出中国农批市场运营管理体制、机制和制度模式，进行品质化网络运营管理，交易信息必须纳入公司农产品交易信息数据库统一汇总。

在2012~2020年的产业扩张发展时期内，通过20家左右“核心层”绝对控股批发市场网络（标杆性市场、综合性，功能齐全），60家左右“紧密层”相对控股批发市场网络，120家左右“松散层”联合、整编、改造、升级、兼并重组成熟批发市场，初步建立覆盖全国的农产品批发市场网络，所控市场交易规模达到2 000亿元以上，占据整个流通行业的20%左右。通过“网络化经营”，打造中国农产品流通行业的“国家队”，打造国家级农业产业化龙头企业，实现公司的历史使命、战略定位和价值目标。

6.5.4 中国供销农产品批发市场控股有限公司兼并重组问题及建议

1. 兼并重组过程中自有基金缺乏

中国农批经过多年的发展，已经积累了丰富的资本和运营经验，有对外开拓新市场的冲动和实力，利用资本市场融资，正在积极进行兼并重组，打造全国网络，但是由于农产品批发市场属于投入大、见效慢、投资回收期长、投资收益率低的项目，而对于农业批发市场项目，也没有专业性的贷款支持，因此，资金紧张成为农业批发市场兼并重组的“瓶颈”。政府应设立农业批发市场产业基金，或者专项贷款，支持其兼并重组的顺利展开。

2. 没有实现对被兼并企业的有效管理

在公司兼并重组过程中，一般采取的是中国农批与当地企业的合作，虽然属公司绝对控股的“核心层”批发市场占到80%以上，但是实际上，在管理方面，控股控不了人员。由于个别地方政府引领地方市场整合，当地企业与政府有着千丝万缕的联系，许多项目还是当地政府具有实际控制能力。地方政府必须尽快放下传统的思维和狭隘的既得利益，鼓励兼并重组必须放弃本位主义，尽快转变职能，把不该管的事情交给市场，加快转型升级的步伐。

3. 创新兼并重组模式，引入政府投资

由于农业批发市场具有一定的公益性特点，即农业批发市场在保障市场供应、稳定农产品价格、把关农产品质量等三方面具有公益性，政府应出台税收、金融等优惠政策支持这些公益职能的实现。在公司兼并重组过程中，可以借鉴西班牙的模式，即“公司 + 政府”的模式，政府出资51%，企业出资49%。企业在兼并重组过程中，可以采用“中国农批 + 当地政府 + 当地企业”模式，实现农业批发市场的公益性功能。即对于公益性市场，以中央和地方政府投资为主导，适当引入社会资本，建设具有现代企业制度的公营农产品批发市场。

第7章

农业产业化龙头企业兼并重组的政策环境分析

农业产业化龙头企业兼并重组是从整体上提升我国农业生产经营资源整合和农业企业综合竞争力，推动我国农业快速发展和农业发展方式有效转型的重要途径。当前我国农业产业发展迎来新常态，农业增速进入新区间，企业亟待转型升级，深化改革成为人心所向。推动农业龙头企业兼并重组一方面是整合力量，增强对于农业、农民的带动辐射力，增强对于农业发展方式转型的推动力；另一方面是进一步延伸产业链，培育和发展新的增长点，提升产业附加值。近年来，国家对于农业产业化龙头企业兼并重组比较重视，与农业企业兼并重组的一些产业化政策不断完善，国家也先后出台了《关于支持农业产业化龙头企业发展的意见》、《关于支持农业产业化龙头企业发展重点工作部门分工的通知》、《关于进一步优化企业兼并重组市场环境的意见》等文件，2013 年以来农业部等部委也在积极细化相关政策措施，支持龙头企业通过兼并、重组、收购、控股等组建大型企业集团，支持龙头企业建设原料基地，节能减排，培育品牌。农业部也计划用 3 ~ 5 年时间，培育 100 家年销售收入超过 100 亿元的重点行业领军企业，重点做大做强龙头企业。客观地说，当前宽松的政策环境非常适合推进农业产业化龙头企业的兼并重组，但现实是企业兼并重组面临的难题迟迟没有解决，包括资金、信贷、审批问题，跨行业、跨地区、跨所有制兼并重组难，服务体系不健全、体制机制不完善等还需进一步解决。

7.1 我国农业产业化龙头企业兼并重组政策出台的历史背景

农业产业化经营制度被视为继农村家庭承包经营之后的第二次制度革命，其结果诞生了农业产业化一体组织，即在我国被称为“龙头企业”的新型组织。产生这种组织的最初内在力量，来自家庭承包责任制度提高了生产力和社会分工的水平，而与此相应的生产组织农户又无法承担与市场经济相应的自然风险和交易成本，使自己处于有利的市场地位。农业产业化龙头企业这种产业化经营体制的优越性，在于它是“以市场为导向，通过将农业生产的产前、产中、产后环节整合为一个完整的产业系统，实现种养加、产供销、贸工农、农科教一体化经营，从而提高农业的增值能力和比较效益，形成自我积累、自我约束、自为协调的发展机制”①。用制度经济学的观点来看，是“一种能够给有关主体带来制度净收益的新兴交易方式”②，即能够使市场各方受益，尤其能解决“小农户”与“大市场”之间的矛盾。这种理论依据奠定了农业产业化政策以农民利益为出发点的基本思路。然而，20 世纪 90 年代中期以后，农业产业化经营面临着非常尴尬的两个难题。一方面，曾经通过“剪刀差”从农业获得大量资源从而实现了快速发展的工业在进入发展快车道后并未如人们最初所想的那样“反哺”农业和农民。农业发展停滞，农民收入增长缓慢，农民增收问题上升为农业和农村发展的首要问题。独立分散的农户无法连接起来，他们不了解市场动向，不了解新技术，销售的初级产品价值低，竞争力弱，农业成了风险较大的行业，农产品价格下降，微观农业生产组织化程度低、经营规模狭小，国家对农业的支持不够，农民负担问题没有得到最终解决，农民外出就业机会不足，等等，这就需要有一种机制或某种形式的组织来连接农户，延伸农业产业

①② 阮文彪、杨名远：《关于农业产业化若干理论问题的思考》，载《当代财经》1998 年第 5 期。

链，提升农业的竞争力，农业产业化龙头企业作为一种承载了较多期望的产业化经营制度受到空前的重视。继2000年国家八部门公布了151家国家重点龙头企业的名单后，2001年国家九部门做出《对重点龙头企业的认定和运行监测管理暂行办法》规定，对企业的农户带动力程度进行量化考核。其中，第七条规定，国家级龙头企业要“通过建立可靠、稳定的利益联结机制，带动农户的数量一般应达到：东部、中部地区3 000户以上，西部地区1 000户以上；企业从事农产品加工、流通过程中，通过订立合同、入股和合作方式采购的原料或购进的货物占所需原料量或所销售货物量的70%以上。”2001年11月，中央经济工作会议做出了“扶持产业化就是扶持农业，扶持龙头企业就是扶持农民”的论断，以农民利益为出发点的农业产业化政策进一步升温。另一方面，加入WTO前后，国内外市场竞争狼烟四起，作为受到冲击最大的部门，农业在内忧的问题上又产生了日益紧迫的外患压力。农业产业化经营不仅要面对解决农民增收的问题，而且还要面对国际竞争的压力。在这种情形下，政策的注意力开始转移到国内竞争主体的培养，对龙头企业的竞争能力加以考核，对效益、负债与信用、产品竞争力提出量化要求，第五条要求“企业的总资产报酬率应高于同期银行贷款利率”，第六条要求“企业资产负债率一般应低于60%，企业银行信用等级在A级以上”；第八条要求“在同行业中企业的产品质量、产品科技含量、新产品开发能力居领先水平，主营产品符合国家产业政策、环保政策和质量管理标准体系，产销率达93%以上”。农业产业化龙头企业的竞争力问题成为政策目标后来居上的焦点。同时，随着农民收入增长缓慢和市场环境日益严峻，国内贫富悬殊的矛盾越来越突出，农民的温饱问题发展成一个关系国家安定的政治问题。在这种背景下，作为农业产业化经营政策的一种形式，农业产业化龙头企业承担了较多本应由政府承担的公益责任，政府过高地期望龙头企业通过带动市场，解决农产品销路，帮助部分农民就业，实现农民的销售收入；通过新技术提高农民的整体素质；通过龙头企业的辐射力，发起建设小城镇，参与办学校、医院等等农村社区服务体系建设，等等。上述两个方面的困境导致了我们需要农业产业化龙头企业采取更加积极的姿态联结市场和农户，但为了达到上述公益目的，也需要政府出台一系列优惠措施和政策，如减税放利、加大财政投入力度等方式，为农业产业化龙头企业提供充分的支持，如此才能使企业在追逐利润和增值的同时更好地承担起相应的社会责任。

7.2 我国农业产业化龙头企业兼并重组政策环境的总体特征

大力扶持农业产业化龙头企业以推动农业产业化进程是近年来我国农业经营体制机制创新的重点，是构建新型农业经营体系的突破口和切入点，是现代农业的发展方向。近年来，国家非常重视农业产业化龙头企业发展政策环境的优化，各部委一方面出台了扶持农业产业化龙头企业发展的一系列政策，另一方面加大了对农业产业化龙头企业的财税和金融倾斜力度，我国农业产业化龙头企业发展进入了快车道。

7.2.1 确立农业产业化龙头企业在发展现代农业中的战略地位

农业产业化是以市场为导向，以家庭经营为基础，依靠龙头企业的带动，将农产品生产、加工、销售有机结合，实现一体化经营的生产经营组织方式。自20世纪80年代中后期产生以来，迅速发展，显示出旺盛的生命力和广泛的适应性。实践表明，这种组织方式符合我国农业发展的客观实际，很好地使小规模农户经营与国内外大市场有效对接起来，有利于提高农业经济效益，扩大农业经营规模，提高农业组织化程度，促进农民就业致富增收。而龙头企业是发展农业产业化的关键。在党中央、国务院的高度重视下，农业产业化和龙头企业快速发展。目前，全国农业产业化组织达到28万个，带动农户1.1亿户，农户年户均增收2 400多元；龙头企业11万家，销售收入突破5.7万亿元，提供的农产品及加工制品占农产品市场供应量的1/3，占主要城市“菜篮子”产品

供给的2/3以上[①]。近几年以来，龙头企业在促进农业发展、带动农民增收、保障农产品供给、维护市场稳定方面的作用越来越突出，效果越来越明显。当前，我国已进入工业化、城镇化深入发展中同步推进农业现代化的关键阶段，努力补齐农业现代化发展短板的任务更加艰巨，迫切需要进一步发挥龙头企业的重要作用。同时，龙头企业发展也面临不少困难和问题，主要是：国际金融危机影响尚未消除，世界经济复苏乏力，龙头企业开拓国际市场面临新的挑战；国内要素成本明显上涨，企业生产经营压力加大；龙头企业普遍规模较小、实力较弱，创新能力和市场竞争能力不足；融资难、负担重等问题依然突出。面对这些新形势和新问题，需要采取更加直接、更加有力、更加有效的政策措施，扶持壮大龙头企业。

我国政府高度认识到了做大做强农业产业化龙头企业对于推动农业产业化进程的重要意义，认识到农业产业化是现代农业发展的方向，龙头企业是构建现代农业产业体系的重要载体和推进农业产业化经营的关键。因此，各级政府出台的有关扶持农业产业化龙头企业的政策都强调"扶持农业产业化就是扶持农业、扶持龙头企业就是扶持农民"，要求把发展农业产业化作为农业农村工作中一件全局性、方向性的大事来抓。各级政策逐渐确立了"坚持为农民服务的方向，以加快转变经济发展方式为主线，以科技进步为先导，以市场需求为坐标，加强标准化生产基地建设，大力发展农产品加工，创新流通方式，不断拓展产业链条，推动龙头企业集群集聚，完善扶持政策，强化指导服务，增强龙头企业辐射带动能力，全面提高农业产业化经营水平"的工作思路。同时要求坚持家庭承包经营制度，充分尊重农民的土地承包经营权，健全土地承包经营权流转市场，引导发展适度规模经营；坚持遵循市场经济规律，充分发挥市场配置资源的基础性作用，尊重企业与农户的市场主体地位和经营决策权，不搞行政干预；坚持因地制宜，实行分类指导，探索适合不同地区的农业产业化发展途径；坚持机制创新，大力发展龙头企业联结农民专业合作社、带动农户的组织模式，与农户建立紧密型利益联结机制。各级各类扶持政策的最终目

① 农业部2012年3月26日召开的贯彻《关于支持农业产业化龙头企业发展的意见》新闻发布会。

标是培育壮大龙头企业，打造一批自主创新能力强、加工水平高、处于行业领先地位的大型龙头企业；引导龙头企业向优势产区集中，形成一批相互配套、功能互补、联系紧密的龙头企业集群；推进农业生产经营专业化、标准化、规模化、集约化，建设一批与龙头企业有效对接的生产基地；强化农产品质量安全管理，培育一批产品竞争力强、市场占有率高、影响范围广的知名品牌；加强产业链建设，构建一批科技水平高、生产加工能力强、上中下游相互承接的优势产业体系；强化龙头企业社会责任，提升辐射带动能力和区域经济发展实力。

7.2.2 农业产业化龙头企业兼并重组的政策环境更为优化宽松

我国农业龙头企业大约 11 万多家，其中国家认定的农业产业化国家重点龙头企业为 1 253 家。然而，我国农业龙头企业数量虽然众多，有影响力的大品牌却不多见。数据显示，深交所现有的 1 537 家上市公司中，农林牧渔企业只有 31 家，而且这些企业与国外农业龙头企业相比，实力很弱。目前我国农产品加工程度不足 50%，而发达国家高达 80%。在深交所上市的 8 家种子公司在研发上的投入总共只有 2 亿元，而国外大企业往往在 10 亿美元以上。[①] 事实上，由于历史和环境的原因，我国的农业企业大多是由农业大户发展起来的，普遍面临着规模偏小、与农户联结松散、资金短缺、科技含量低、缺乏有力的政策支持等困境。农业产业化龙头企业的形成和发展需要雄厚的资金实力和较高的技术研发能力。一个农业好品牌的形成，需要形成生产、流通、加工、营销的产业链，而要形成农业品牌的影响力，就需要企业通过兼并、重组、收购、控股等方式，推动跨区域、跨行业、跨所有制的资源整合，组建大型企业集团，使龙头企业发挥辐射带动作用。近年来，以龙头企业为主的产业化经营组织快速发展，优化了农业生产经营组织形式，已经成为农业生产和农产品市场供应的重要主体。国家相关部门先后出台了《关于加快推进重点行业企业兼并重组的

① 罗莎：《兼并重组：打造龙头企业“航母”》，载《中国财经报》2013 年 1 月 28 日。

指导意见》、《关于支持农业产业化龙头企业发展的意见》、《关于支持农业产业化龙头企业发展重点工作部门分工的通知》、《关于进一步优化企业兼并重组市场环境的意见》等文件，针对农业产业化龙头企业提出，要支持农业产业化龙头企业通过兼并重组、收购、控股等方式，组建大型企业集团，同时税务、金融、财政、证监会、全国供销总社等部门也出台了相关具体措施和实施细则。

7.2.3 农业产业化龙头企业兼并重组的扶持力度不断加大

近年来，国家从财政、金融、税收等方面加大了对于农业产业化龙头企业的扶持力度。一是通过加大财政支持力度，增强龙头企业自身发展能力。农业综合开发资金向龙头企业重点倾斜。2012 年，中央财政安排资金 30.95 亿元直接用于扶持龙头企业的产业化经营项目，对 3 826 个产业化龙头企业给予了支持，安排“菜篮子”产品生产扶持资金 15 亿元[①]。自 2009 年起，中央财政将农产品加工项目列为中小企业发展专项资金的支持重点之一。二是强化金融支持力度，向龙头企业提供金融服务。2007 年以来，中央财政实施了农业保险保费补贴政策，对投保的龙头企业提供一定比例的保费补贴，引导支持龙头企业参加农业保险，鼓励有条件的龙头企业资助订单农户投保农业保险，以促进农业产业化发展。2007 年至 2012 年 9 月末，中央财政累计拨付农业保险保费补贴资金 360 亿元[②]。中央财政还积极鼓励中国出口信用保险公司在风险可控的前提下，为农产品出口提供风险保障。鼓励融资性担保机构积极为龙头企业提供担保服务。专门印发了《关于地方财政部门积极做好融资性担保业务相关管理工作的意见》，引导和鼓励地方对融资性担保公司给予风险补偿。三是增强税收优惠支持力度，优化龙头企业税收环境。中央财政积极通过减免所得税、免征营业税、免征增值税等多项税收政策直接支持农业科技创新、农业结构调整和农业产业化经营等。符合税法规定的农业产业化龙头企业，均可享受相关

①② 财政部：《多渠道扶持农业产业化龙头企业发展壮大》，载《农民日报》2012 年 12 月 3 日。

优惠政策。通过减免农村金融业税收间接促进农业产业化龙头企业发展。积极落实重大技术装备进口税收优惠政策。此外，通过规范收费减轻农业产业化龙头企业负担。

7.3 我国农业产业化龙头企业兼并重组政策存在的问题

农业产业化龙头企业植根于农业，发展于农村，贴近于农民，与“三农”存在着天然的“血缘关系”、地缘关系和利益关系，龙头企业的发展决定着农业产业化经营水平，进而影响着我国农业农村经济发展质量和效益，已成为推动“三农”发展的重要力量。因此，加大力度进一步促进龙头企业做大做强，对于提升农业产业化水平、提高农业组织化程度、加快转变农业发展方式、促进现代农业建设和农民就业增收具有重大意义。但由于我国沿袭了计划经济时代的农业生产经营政策，缺乏与现代农业生产经营体系相匹配的完整的农业产业化配套政策体系，因此现有的某些政策在一定程度上反而成了影响农业产业化龙头企业兼并重组和做大做强的制度性“门槛”。

7.3.1 土地政策的障碍

1. 产权制度的障碍

自实施家庭承包责任制以来，模糊性就是我国土地产权的一个重要特征。根据相关法律的规定，我国农村土地产权由集体所有权、农民承包权和使用权构成。但是在实践中，各权利的边界不清楚、范围不完善。首先，土地所有权的主体极其抽象，集体所有权中，集体只是一个抽象的概念，所有权的模糊则导致了土地所有权的缺位。其次，承包权和土地经营权还很不完善，由于农民个体无土地所有权，加之我国法律对农民土地经营使用权没有详细的规定，政府或村委经常侵犯农户经营使用权，这就导

致了一方面农户对土地的流转权不明确或在主张权利时缺乏足够保障，另一方面承包者对于流入的土地经营起来也没有安全感，不敢进行长期持久的投入，这种双重的负面作用直接影响了土地的流转，阻碍了农业产业化龙头企业兼并重组进程的有效推进。

2. 土地流转政策的障碍

土地流转是农业产业化龙头企业扩大生产经营规模的基础性条件，而完善的流转政策保障又是土地流转顺利实现的前提条件。目前我国缺乏完善的土地流转制度，既有的土地流转制度也缺乏可操作性。在我国农村，土地流转大多都是口头约定，其随意性比较大，没有书面的流转协议，也没有相关部门的公证，很容易产生各种矛盾，即便是签订的协议，也是随意无序的，对土地流转的双方权益规定不够清晰，有的条款缺少法律效力，有的甚至与现行法律相违背，这些都不利于我国农村土地健康、合理、有效地流转。而一些农业企业的基本建设用地指标则更为紧缺，企业发展用地的稀缺程度甚至远远高于资金和技术。我们在苏南某地的一个现代农业园区调研时，发现当地多个企业由于当初建设规划的限制已经没有土地可以扩展，而当地管委会目前全力以赴积极争取的不是资金、项目，而是如何多拿到一些可供企业扩大规模而使用的土地。当地龙头企业用地主要用于建设农产品生产基地和建设生产厂房，企业所需非农业建设用地的满足率为45%，在非农用地来源中国有土地转让占70%，农用地征用占12%，自有土地占18%；农业建设用地的满足率为55%。龙头企业在进行农业产业化开发时往往需要较大面积土地，一次性交纳各种费用，负担较重，在取得土地使用权时手续烦琐。

7.3.2 保障制度的障碍

1. 户籍政策的障碍

我国的户籍制度是和土地制度紧密联系在一起的一项行政管理制度。现行的户籍制度附着了许多经济社会和福利保障权利，使得原本仅作为一项常规管理制度的户籍政策演化成了区别人们身份等级的导向标，并且户口登记条例以法律形式严格控制农民向城市的流动，严重阻碍了城乡之间人口的流动，导致大量农村剩余劳动力被禁锢在土地之上，形成了城乡二元的格局。同时由于户籍政策内含了一系列相关的经济社会政策，使户籍承担了过多的公共服务职能，造成农民在就业、住房、医疗、子女教育等方面与市民存在巨大的差异，导致农民无法真正融入城市，无法摆脱将土地作为其基本生活保障的宿命，因此农民对土地流转存有后顾之忧，从而不愿将土地承包权轻易转让出去。

2. 社会保障政策的障碍

长期以来，城镇地区具备比较完善的社会保障体系，农民与城镇居民相比，在社会保障待遇方面存在巨大差异，农村社会保障始终处于我国社会保障体系的边缘。农村社会保障起步晚、层次低、项目不全、社会化程度不高、保障水平不高等问题，决定了土地不得不承担较为沉重的社会福利保障功能。对于那些已经实现非农就业的农民，他们仍被排除在现行社会保障体系之外，土地自然也就成了他们面临就业不稳定时最后的保障线。因此，很多农民即使进城务工，也不愿意放弃自家的承包地，宁愿土地荒芜也不愿流转出来，从而形成大量的兼业农民。这种状况导致农民土地承包经营权的流转相对困难。

7.3.3 财税政策的障碍

农业产业化龙头企业兼并重组不仅仅是扩大规模，更重要的是朝着集约化、市场化、标准化的目标发展，单纯靠传统的企业自有资金很难实现上述目标，因而需要金融政策的大力支持。一方面，当前我国对农业的财政支持力度还相当有限，财政支出中用于农业方面的投入比例一直在10%以下，而发达国家大多在10%以上，对于拥有全球最多农业人口的大国，这是远远不够的。由于金融信贷政策滞后，一些龙头企业没有有效的抵押物，而长期租赁的土地又无法作为企业资产折现抵押，金融企业无法保证资产的安全性，因此龙头企业很难获得足够的信贷支持；同时，在整个兼

并重组过程中，经营主体既要承担农业生产的自然风险，又要面临市场波动风险，单靠企业的自有力量很难应对这些层出不穷的风险。另一方面，有限的融资渠道是制约企业兼并重组的重要因素。目前，我国金融和资本市场对兼并重组的支持还不够充分，融资难、融资成本高、融资手段相对单一等问题还有待进一步解决。这体现在两个方面：一是兼并重组贷款期限较短、使用条件较严，兼并重组贷款支持力度有限；二是兼并重组的支付方式和融资渠道还比较单一，兼并重组融资中直接融资比重较低，资本市场支持兼并重组的作用还没有充分发挥。调研中发现，一般的粮棉油糖等大宗农产品的收购可以通过国家政策银行获得相应贷款，而其他的一些特色农产品、生鲜农产品的收购由于季节性强、对于收购保险储运的时间要求更高，从事相关产品深加工的企业在收购初级农产品时更需要大量的流动资金短期拆解，而由于缺乏有效的政策支持，国家没有设立专门的收购基金，因而一些企业包括一些大型的农产品加工企业都感觉在农产品收购季节的资金相当吃紧，只能用有限的资金去收购等级较高的初级产品，而那些中低等级的农产品则只能让农户或生产基地自行上市销售。这在一定程度上加大了农业生产中农户和基地的风险。虽然相关农业保险可以助其有效规避上述风险，但目前我国政策性农业保险缺失，而且保险额度相当有限，这就有可能使得规模化经营主体在各种风险来临时遭受严重损失。调研中发现，资金紧张是企业共同的“软肋”，农业产业化龙头企业多数起步晚，缺乏积累，加之原料收购期需要一次性投放大量资金，其矛盾更显突出。农业产业化龙头企业获得的贷款以短期为主，采用不动产抵押和其他企业担保的方式取得，贷款主要用于收购农产品、固定资产投资和技术引进与开发。企业认为银行拒贷的主要原因是受贷款规模和审批权限限制，大部分企业感到贷款审批时间长、手续烦琐，他们把贷款难的首要原因归结为“国家扶持政策不到位”。

我国农业产业化龙头企业兼并重组中承担着较重的税收负担，也增加了企业兼并重组的成本。税收作为企业兼并重组成本的一项重要内容，在一定程度上会影响企业兼并重组决策，过重的税收负担甚至会阻断某些企业兼并重组行为。目前，我国企业兼并重组过程中涉及企业所得税、土地增值税、增值税、营业税等多个税种，税收负担较重。具体来讲，兼并重组企业所得税政策有待完善，企业享受所得税特殊性税务处理的条件比较严格，土地增值税尚缺乏统一规范的政策，增值税、营业税优惠政策在执行过程中尚有偏差。

7.3.4 农业科技教育政策的障碍

农业产业化的一个重要目的就是推进我国农业现代化进程。众所周知，现代农业是集约化、一体化、标准化和信息化的农业，它强调对多种生产要素的综合管理，需要现代信息技术和生物技术的支持，而传统的精耕细作的小农生产方式已经无法适应这种要求。现代农业的核心是生产要素集中后的综合管理，要求从业者有更高的农业生产技术、更高的管理水平，需要大批拥有专业技术和更高素质的职业农民。然而，我国农民科技素质普遍较低，加之还没有出台培养职业农民的扶持政策，懂技术、会经营、善管理的现代职业农民队伍始终无法建立。同时，由于缺乏完善的农业科技创新体系，我国高水平原创性的农业成果较少，因为没有构建科学合理的农业技术推广和转化应用体系，使得农业科技转化率也很低（见表7-1)。据统计，目前我国农业科技成果转化率平均在50%左右，在畜牧业和水产业更是低于40%。

表7-1　农业各行业应用技术研究成果转化率

行业	成　果 总项数 （项）	基础研究 成果 （项）	应用技术 研究成果 （项）	综合性 研究成果 （项）	已转化的农业应用 技术研究成果数量 （项）	农业科技成果 转化率 （%）
种植业	16 316	898	15 330	88	9 002	58.72
畜牧业	3 890	255	3 602	39	1 353	37.56
水产业	1 491	39	1 433	19	565	39.43
跨行业	663	23	428	212	129	30.14
总计	22 366	1 215	20 793	358	11 163	53.69

资料来源：张雨：《农业科技成果转化运行机制研究》，中国农业科学院博士学位论文，2005年。

7.3.5 跨地区、跨所有制企业兼并重组的机制障碍

目前我国跨地区、跨所有制企业兼并重组面临着很多困难，原因是非常复杂的。关于跨地区兼并重组，主要是跨地区兼并重组利益分享机制尚不完善，部分地方考虑 GDP、税收、就业等因素，不愿本地企业被外地企业兼并。关于跨所有制兼并重组，由于国有企业改革不到位、考核评价体系不完善，产权跨所有制流动存在障碍，后期整合会面临职工身份转换、土地使用、资产整合、债务处置等诸多问题，导致企业跨所有制兼并重组动力不足。这些问题很多涉及深层次的体制机制，需要通过深化改革创新来加以解决。

7.3.6 政策的可行性障碍

国家虽然已经出台诸多促进农业产业化发展、扶持龙头企业的政策，但在认定了各级农业产业化重点龙头企业后，还没有形成针对重点龙头企业的明确、系统的优惠政策，重点龙头企业的优势地位尚未被确立加强。在国家出台了针对国家级重点龙头企业的优惠政策后，企业的呼声更为强烈，其中“暂免企业所得税”的政策对企业极具吸引力，一些大企业被免除的税金是以千万元计的，企业从中得到的实惠惊人，而中西部地区能够享受这种优惠待遇的重点龙头企业数量相对较少，省市级的龙头企业则更难从各级政府获得有实效的优惠扶持政策。2014 年 7 月，证监会修订《上市公司重大资产重组管理办法》和《上市公司收购管理办法》并向社会征求意见，毫无疑问，这两个办法的修订将有利于充分发挥资本市场在企业兼并重组过程中的主渠道作用。一方面可以放松管制、简化审批，大幅取消上市公司重大购买、出售、置换资产行为审批，取消要约收购事前审批；另一方面可以充分发挥市场的主体性作用，如上市公司发行股份定价可以在董事会决议公告日前 20 个交易日、60 个交易日或 120 个交易日的公司股票交易均价中任选其一，允许打九折，并引入可以根据股票市价重大变化调整发行价的机制；同时可以明确分道制审核制度、加强事中事后监管，政策支持的产业可以走快速通道。然而，农业产业化龙头企业兼并重组浪潮是否真的马上就会到来，还存在一定的疑问，因为涉及的部委较多，需要统筹安排、协同推进各个部门乃至各个地方都有待拿出具体的政策措施。例如，证监会此前提出的串联式审核改并联式审核，没有其他部门的配合根本难以推进。兼并重组活动除了涉及上市公司，更多的是非上市公司，后者的审批又该如何简化？早在 2010 年，国务院文件就提出“要认真清理废止各种不利于企业兼并重组和妨碍公平竞争的规定”，具体落实的情况又怎么样？[①] 对于这些问题还没有进一步细化落实。

7.4 我国农业产业化龙头企业兼并重组政策环境的优化

近年来，我国农业生产经营方式发生了很大变化，农业发展呈现出越来越明显的集约化、专业化、组织化、社会化特征，专业大户、家庭农场、农民专业合作社、农业产业化龙头企业等新型经营主体正逐步成为引领现代农业的主导力量，现代农业的产业链条也正在加快向产前、产后延伸，农业规模经营的形式多样、比重上升。但是，生产力和生产关系的协调发展需要制度创新来实现，现阶段我国一些政策的缺失和不完善已成为制约农业产业化龙头企业发展和农业现代化快速推进的主要障碍。这些问题影响了企业兼并重组的顺利进行，必须采取有效措施加以解决，因此需要政府切实转变观念，从根本上进行制度创新，从源头上进行顶层设计，积极为农业产业化龙头企业兼并重组创造良好的制度环境。应深入贯彻落实党的十八大和十八届二中、三中全会精神，认真落实党中央和国务院的决策部署，积极为企业兼并重组营造良好的市场环境，充分发挥企业在兼并重组中的主体作用，消除体制机制障碍，优化政策环境，完善服务和管理，有效发挥兼并重组促进产业结构调整的积极作用。

① 《优化并购重组环境需多方合力推进》，载《中国证券报》2014 年 7 月 12 日。

7.4.1 正确处理好企业、市场与政府的关系

在优化农业产业化龙头企业兼并重组的政策环境时，需要从新形势下把握好企业、市场与政府的关系：一是充分尊重企业主体地位。各项政策应有效调动企业积极性，由企业自主决策、自愿参与兼并重组，坚持市场化运作，避免违背企业意愿的“拉郎配”。要坚持企业主体、市场导向。企业兼并重组讲到底是企业行为，必须充分发挥企业在兼并重组中的主体作用，才能使市场在资源配置中起决定性作用。要遵循市场经济规则，坚持市场化运作，尊重企业的自主决策，规范行政行为，避免违背企业意愿的行政命令。同时，要加快政府职能转变，健全服务体系，消除阻碍企业兼并重组的障碍，营造良好的市场环境，激发企业兼并重组的动力。

二是充分发挥市场机制作用。应发挥市场在资源配置中的决定性作用，加快建立公平开放透明的市场规则，消除企业兼并重组的体制机制障碍，完善统一开放、竞争有序的市场体系。一方面，应充分发挥市场机制作用。深化要素配置市场化改革，进一步完善多层次资本市场体系，加快建立现代企业产权制度，要打破市场分割和地区封锁，不得滥用行政权力排除和限制竞争，防止垄断行为，规范市场竞争秩序，加强市场监管。另一方面，要激发市场主体活力。放宽民营资本市场准入，加快垄断行业改革，向民营资本开放非明确禁止进入的行业和领域。深化国有企业改革，推进国有企业产权多元化，完善公司治理结构，建立现代企业制度，完善企业负责人任免、评价和激励机制。

三是积极改善政府的管理和服务。应取消限制企业兼并重组和增加企业兼并重组负担的不合理规定，解决企业兼并重组面临的突出问题，引导和激励各种所有制企业自主、自愿参与兼并重组。“经济体制改革是全面深化改革的重点，核心问题是处理好政府和市场的关系，使市场在资源配置中起决定性作用和更好发挥政府作用。”

首先应系统梳理企业兼并重组涉及的审批事项，缩小审批范围，对市场机制能有效调节的事项，取消相关审批。要取消上市公司收购报告书审核，上市公司重大资产购买、出售、置换行为审批构成借壳上市的除外，要约收购义务豁免审批的部分情形等审批事项。其次应简化审批程序，优化企业兼并重组相关审批流程，推行并联式审批，避免互为前置条件，优化国内企业境外收购的事前信息报告确认程序，加快办理相关生产许可、工商登记、资产权属证明变更手续等。

7.4.2 进一步深化农业产业化龙头企业用地制度的改革

一方面，坚持完善家庭承包经营制度，根据客观条件和实际情况制定完善的产权政策，明确界定农村土地的集体所有权、农民的承包权、使用权及其归属和权限范围。在充分保障农民享有土地承包经营权的基础上，实现土地合理、有序、有偿流转，坚决防止侵害农民权益的土地流转事件发生。同时应明确农民在土地流转中的主体地位，制定完善的与土地流转有关的期限、流程、合同签订、租金等具有可操作性的政策体系，确保土地流转依法有序进行。尽快建立土地流转的存档备案和纠纷协调机制，坚定地维护农民合法权益，依法解决合作中的矛盾。另一方面，政府土地储备机构有偿收回企业因兼并重组而退出的土地，按规定支付给企业的土地补偿费可以用于企业安置职工、偿还债务等支出。农业产业化龙头企业兼并重组置换土地可以协议出让或租赁方式安排工业用地，加快办理企业兼并重组土地转让、变更手续等政策。

7.4.3 保障政策优化

保障政策主要涉及那些从传统农业生产中转移出的农民如何获得持续发展生计和能力等问题，就我国目前的现实来看，需要在户籍政策、社会保障政策和就业政策方面进行创新。首先要改革现有户籍政策，逐步消除由现有城乡二元的户籍政策而产生的种种社会、经济不平等现象。改革现有就业政策，消除长期以来由于城乡二元户籍政策而产生的存在于城市人与农村人、城市工与农民工这种人为制造的身份歧视，逐步建立起公平竞争、自由流动的统一劳动力大市场。其次，要推动农村社会保障制度的改

革，积极构建完善的养老、医疗、教育等社会保障体系，积极稳妥地逐步消除政策性歧视，要弱化和消除土地对农民的社会保障功能。一方面应完善农村现有的社会保障机制，逐步提高农村社会保障水平；另一方面要积极探索对于进城务工农民的社会保障机制，对于达到某种技术水平、做出某种贡献的外来务工人员可让其享受与城镇居民同等的社保福利。逐步消除对进城农民及其子女在教育、医疗、就业、养老、社会福利等方面的政策限制和歧视，消除他们对土地流转的后顾之忧，这样才能有助于大量农村劳动力从传统农业生产中转移出来，减少他们对于土地的过多依赖，使得转业农民尽快进入新产业融入新环境，这将极大地促进农村土地流转。再次，要尽快建立自由流转、统一、公平的城乡劳动力市场，为被兼并重组企业职工再就业和劳动力转移创造良好的环境。消除歧视性的就业制度，制定公平的就业政策，赋予城市和农村劳动力同等的就业机会，维护再就业职工的就业权利，加快制定职工再就业的优惠和培训政策。对于再就业职工要从政策上给予支持，帮助其顺利实现再就业，一是加强对再就业职工培训教育，更新就业观念，培养就业技能，提升就业竞争力；二是对于自主创业的职工给予一定金融、税收方面的扶持；三是对采取有效措施稳定职工队伍的企业给予相应补贴或奖励。

7.4.4 加大财税金融政策对于农业产业化龙头企业兼并重组的扶持力度

农业产业化龙头企业的快速发展离不开财税金融的大力支持，更需要政策性农业保险的辅助。农业是一个社会效益高，经济效益低的产业，它关系到社会稳定和日常农产品的有效供应，在一定程度上，发展农业具有某种公共品的性质，它承担了部分本应由政府完成的公共职能，因此其发展不能完全任由市场化机制来支配，政府应从各个方面对其进行补贴和支持。首先，应制定完善的财政支农政策，加大财政对农业的支持力度，积极探索建立合理高效的财政支农惠农体系，加大对农业基础设施的投入，注重农业综合生产能力的建设，尽快建立财政支农长效机制和稳定增长机制，要明确政府在农业投入方面的职责和优先序，对于那些投资规模大、受益面积广、使用期长、公益性显著的固定资本和基础设施主要应该由政府投资建设，对于那些投资规模小、回收期短、收益有保障、能进行市场化运行的项目应该在政府引导下由各生产经营主体来投资建设，甚至可以引入工商资本进入相关投资领域。其次，要发挥金融机构支农扶农的作用，加强金融支农法制建设，加大政策性金融支农力度，积极制定和完善有助于农业发展的正式金融扶持政策，改变龙头企业贷款无门状况，中央和地方政府要积极探索建立企业贷款担保基金，为龙头企业贷款提供担保，要积极发挥国有大型金融机构对农业的金融支持作用，进一步深化农村信用社改革，对龙头企业给予信贷上的一系列优惠。第三，要逐步建立完整统一的政策性农业保险和商业保险相结合的政策体系，减少农业规模经营的风险。一方面积极建立由政府、金融机构、农户和龙头企业共同参与的农业保险体系，在农业主产区、大型的企业生产基地积极探索农业保险巨灾基金的运行机制，建立和完善农业保险互助合作组织，建议农业部增加渔业互助保险的专项补贴资金，逐步争取将渔业互助保险、农机互助保险纳入中央财政补贴范围，积极探索政府为农业保险"兜底"后购买再保险的制度，发挥政府和市场双重机制在农业保险中的作用，有效分摊农业的自然和市场风险；另一方面，充分发挥现有农业保险体系的作用，大力提升其服务效率和水平，提供更为高效快捷的农业保险服务。第四，引导信贷和资本直接参与农业产业化龙头企业兼并重组。引导商业银行在风险可控的前提下积极稳妥开展兼并重组贷款业务。推动商业银行对兼并重组企业实行综合授信，改善对企业兼并重组的信贷服务。充分发挥资本市场的作用。支持符合条件的企业通过发行股票、短期融资券、中期票据、可转换债券等方式融资。允许符合条件的企业发行优先股、定向发行可转换债券作为兼并重组支付方式。对上市公司发行股份实施兼并事项，取消发行的最低数量限制，不再强制要求做出业绩承诺，由公司自主决策。改革上市公司兼并重组的股份定价机制。非上市公众公司兼并重组，不实施全面要约收购制度，允许实行股份的协商定价。第五，减轻税收负担。完善农业产业化龙头企业兼并重组企业所得税政策，降低收购股权资产占被收购企业全部股权资产的比例限制，扩大所得税特殊性税务处理政策的适用范围，研究完善非货币性资产投资交易时企业所得税相关政策，抓紧研

究完善支持企业改制重组涉及土地增值税的统一政策。同时，针对目前部分地方税务部门把有些符合免征增值税、营业税条件的行为视为销售征税的行为，对相关行为不能视同销售征收增值税、营业税。

7.4.5 极力探索完善的农业科技政策体系

一是加大农业科技创新财政扶持力度，建立多元化农业科技创新投入体系。第一，积极争取国家政策支持，以中央财政支持为主，加大各级科技经费保障力度；第二，发挥政府科技投入的引导作用，形成行政引导、企业为主、全社会力量共同参与的多元化科技投入体系和运行机制，引导金融机构参与农业科技企业研发投入；第三，优化各级财政科技投入结构，创新经费支持方式和投入机制，加大对重点新产品、新品种、流通方式创新、流通网络建设和科技创新人才培养补助力度；第四，探索贷款贴息、创业投资风险补偿等多种投入方式，引导通过贷款担保、知识产权质押等方式，加大对企业技术创新的支持；第五，完善经费使用管理制度，加强检查监督。

二是鼓励社会资金加大农业科技投入，完善农业科技的风险投入和分散机制。实行“科技开发准备金”制度，允许相关研发农业科研单位和农业科技企业按一定比例提取农业科技开发准备金，用于技术开发、技术培训、技术革新和引进研究设施等；对于当年的研发费用，除了准予当年税前加计列支，还可对比上年新增的费用给予一定的税额扣除、农业科技投资税收抵免优惠政策等，广泛吸纳民间资本参与农业技术创新。

三是运用税收优惠鼓励农业科研成果转化。首先，对农业科研成果拥有者转让科研成果给予所得税等方面的优惠。具体地说，是对“四技”即农业技术转让与技术转让有关的技术咨询、技术服务、技术培训收入，不受项目范围的局限，均可免征营业税和企业所得税，对个人转让农业技术取得的收入给予个人所得税优惠。其次，对农业科研成果的购买者给予税收优惠。对购买农业科技成果的费用允许增值税抵扣，对应用购买的农业科研成果取得的收益给予所得税优惠。

四是建立和完善农业自主创新政策执行情况的绩效评价制度。监管税务部门要对相关研发企业享受农业科技创新税收政策的执行情况进行追踪问效。对认真执行农业科技创新税收政策、效果显著的企业要进一步加大税收政策激励；而对政策执行效果差的企业，要取消其继续享受农业科技创新税收政策的资格，并追缴以前年度享受科技创新税收政策而少纳的税款。对于农业科研部门的经费拨款，取消现行“基数加增长”的预算资金分配方式，实行绩效预算制度，实现财政资源在农业科研部门间的合理配置，充分发挥财税政策促进农业科技创新的作用。

五是制定优惠的人才引进和开发政策。对于新进入国家级的农业科技创新平台，应给予配套资金的奖励。积极引进博士、硕士等青年人才，资助其开展创新创业活动，增强农业科技人才后备力量。采取优惠政策或措施，涉农的农业科技企业集团建立原始创新团队、集成创新团队、引进消化吸收创新团队。改革用人机制、实行政策引导、提供创业载体、加强创业指导，打破论资排辈的传统观念，大胆起用中青年拔尖人才，营造有利于创新人才成长的文化环境、工作环境和创新创业的文化氛围。

7.4.6 强化农业社会化服务对于农业产业化龙头企业兼并重组的积极作用

现代意义上的农业产业化无处不是贯穿着农业社会化服务体系的支持。实践中，产前的生产资料规模化供应，产中病虫害统防统治、农业生产技术统一服务，产后的农产品集中销售等都属于典型的农业社会化服务形式，因此，旨在为农业生产活动提供全程服务的农业社会化服务体系对于推进农业产业化龙头企业兼并重组意义显著。首先，必须区分公益性和经营性农业社会化服务组织的不同性质，对于公益性服务机构要保证必要的财政投入，积极创新体制机制，对于经营性服务机构要进行适当的引导和监管，为其开展服务创造良好的市场氛围。其次，因地制宜地支持供销合作社、农民专业合作社、龙头企业等不同主体提供多种形式的服务，积极探索“农田托管”组织、植保合作社、农机合作社等专业化服务机构为龙头，以生产经营中某个或某些环节服务为纽带的农业社会化服务体系，鼓励各种服务机构拓展其服务领域，力争延伸服务链条。第三，大力健全农资流通服务体系，鼓励农资生产企业开展直销、配送、定制、技术服务和农机租赁等多种服务，支持农

资企业与大户、基地等新型经营主体建立长期合作关系，支持农资企业建立分布广泛的代销点和农资配送中心，建立农资供需信息反馈和农资价格监控机制，确保农资经销不会出现大幅价格波动，最大限度地协调好农资生产企业、销售代理商和农户之间的利益关系。第四，完善农产品销售网络，培育扶持合作社、大户、农产品“经纪人”、龙头企业等多类型的农产品销售主体，在政府主导下，引入市场化机制，积极建设农产品销售信息网络平台、农产品集散市场、农产品冷链物流基地。

7.4.7 从体制机制上破解跨地区、跨所有制企业兼并重组难题

一是完善跨地区兼并重组利益分享机制，消除跨地区兼并重组障碍。清理取消市场分割和地区封锁等限制，加强专项监督检查，落实责任追究制度。落实跨地区总分机构企业所得税分配政策，协调解决企业兼并重组跨地区利益分享问题，逐步解决跨地区被兼并企业的统计归属问题。二是放宽民营资本市场准入。向民营资本开放非明确禁止进入的行业和领域。推动企业股份制改造，发展混合所有制经济，支持国有企业母公司通过出让股份、增资扩股、合资合作引入民营资本。加快垄断行业改革，向民营资本开放垄断行业的竞争性业务领域。三是深化国有企业改革。深入推进国有企业产权多元化改革，完善公司治理结构，建立现代企业制度。改革国有企业负责人任免、评价和激励机制，完善国有企业兼并重组考核评价体系。加大国有企业内部资源整合，推动国有资本更多投向关系国家安全和国民经济命脉的重要行业和关键领域。

7.4.8 充分发挥产业政策对农业产业化龙头企业兼并重组的引导作用

一是进一步完善相关行业产业政策，提高节能、环保、安全等标准，规范行业准入，形成倒逼机制，引导龙头企业兼并重组。支持企业通过兼

并重组压缩过剩产能、转型转产，产能严重过剩行业的项目建设须制定产能置换方案，实施等量或减量置换。

二是鼓励优强企业兼并重组。要努力创造有利于企业做优做强的环境，推动优势企业强强联合、实施战略性重组，带动中小企业“专精特新”发展，形成优强企业主导、大中小企业协调发展的产业格局。

三是引导企业开展跨国兼并重组。落实完善企业跨国兼并重组的相关政策，支持和鼓励具备实力的企业开展跨国兼并重组，在全球范围内优化资源配置。规范企业海外兼并重组秩序，加强合作竞争，合理有序利用全球资源。积极指导企业制定境外兼并重组风险应对预案，防范债务风险。

四是加强企业兼并重组后的整合。有数据显示，许多企业兼并重组失败关键在于重组后整合不成功，应积极引导和鼓励企业加强兼并重组后的资金、技术、人才等资源整合，淘汰落后生产能力，实施技术改造和结构调整，加强管理创新，做优做强。

7.4.9 切实加强政府职能转变

一是要推进服务体系建设。进一步完善企业兼并重组公共信息服务平台，拓宽信息交流渠道。增强中介服务机构能力和水平，培育一批业务能力强、服务质量高的中介服务机构，提高关键领域、薄弱环节的服务能力。发挥行业协会在企业兼并重组中的重要作用。二是要建立统计监测制度。构建企业兼并重组统计指标体系，建立和完善统计调查、监测分析和发布制度。发挥行业协会等中介组织作用，整合信息资源，畅通统计信息渠道，为企业提供及时有效的信息服务。三是要规范企业兼并重组行为。严格保护职工、债权人和投资者的合法权益，规范国有资产处置，依法维护金融债权，加强上市公司和非上市公众公司监管，加强外国投资者兼并重组境内企业安全审查等。

第 8 章

农业产业化龙头企业兼并重组中的政府行为分析

农业产业化龙头企业与一般的企业比较而言，其可能发挥的作用对于推动“三农”发展更为显著，其发展过程中的相关行为内含了更多公共产品特性，因此，农业产业化龙头企业通过兼并重组来做大做强不仅仅关系企业的发展，也关系到我国农业发展方式转型和“三农”问题的有效解决。因而，在农业产业化龙头企业兼并重组中政府应该发挥更为积极主动的作用去引导、推动、协调、监管和服务，这不是政府对市场的“越位”，而是政府对市场的补充。为此，需要进一步认识在农业产业化龙头企业兼并重组中的政府行为的方式、特点和政府行为介入的多元效应，进而理清政府应在企业兼并重组过程中的职能定位，以便更有效地推动农业产业化龙头企业的兼并重组。

8.1 政府介入农业产业化龙头企业兼并重组的依据

8.1.1 政府介入农业产业化龙头企业兼并重组的理论依据

毫无疑问，市场机制对于资源配置和优化具有得天独厚的优势，其效果是显而易见的，但“市场不是万能的”，它在积极发挥作用的同时也在展现着消极作用，它没有像经典的西方经济学家描述的那样除了“完美”

还是“完美”，而是常常呈现出“市场失灵”的各种表现。农业产业化进程中的“市场失灵”更易出现，这主要是由于农业产业化进程中市场机制配置资源时存在以下特性：（1）趋利性。资源是趋利的，市场机制的最大功效便是通过利润引导资源的流向，企业在做出生产经营决策时往往只考虑自身的局部利益，一些企业为了获得利润而违背市场公平、公正原则甚至不惜铤而走险触犯法律，这种机制会使那些处于农业产业链条低端的农户承担更多的市场风险。（2）风险转嫁性。农业产业的自然风险和市场风险比其他产业都要高，这主要由农业生产的特性决定。农户是风险的最终承受者，作为初级产品的生产方，如果发生了极端气候、病虫害等所导致的减产、产品质量下降等风险首先是由农户承担，即使那些已经与企业、基地、合作社签订了订单的农户依然无法有效挽回损失，而一旦发生价格波动、恶性竞争、市场饱和等市场风险，即便是直接与市场接触的企业、基地、合作社等主体最先遭遇风险，他们也可以通过压低价格、提高原材料收购标准、制定附加条款等方式将这些风险转嫁到农户身上。（3）资源流向的“高地效应”。农业产业利润率高、风险低，产业链附加值较低，因此很多企业不愿从事农业方面的生产经营，企业出于对利润的追逐，更愿投资利润高、回收期短的行业，因而社会资源常常从效益低下的农业部门向效益相对较高的工业或第三产业转移。市场机制的竞争是各企业追求自身利益最大化，哪个部门获利相对丰厚就会调动自己的资源要素向哪一部门转移，从而造成本就缺乏发展资源的农业部门更加难于获得资源，从而产生资源从农业部门流出容易，而资源流向农业部门很难的资源流向“高地效应”。从根本上看，出现上述问题的主要原因在于对市场及其运行机制的过分依赖。由于市场调配资源出现的各种问题，使得农业领域市场失灵的具体表现形式不同于其他产业，农业领域市场机制配置资源的缺陷具体表现在下列方面：一是农业生产的盲目趋同造成的恶性竞争。由于生产决策的趋利性使然，农业生产经营往往趋同，销量好的农户一拥而上盲目种植、养殖，没有规划和协调，最终导致供大于求或超低价出售。二是外部负效应问题。外部负效应是指某一主体在生产和消费活动的过程中，对其他主体造成的损害。外部负效应实际上是生产和消费过程中的成本外部化，当农业生产采用传统方式或小规模进行时，生产或消费单位为了降

低生产成本，会放任外部负效应的产生与漫延。生产经营者的内在动因是赚钱，为了赚钱养殖企业把废水、废渣不经处理就直接向外排放导致污染，严重影响当地居民的生产生活。三是农业资源非农化现象。社会资本能够便捷地进入农业领域参与农业生产经营，但很容易因为追求经济利益而非农化使用农业资源，譬如一些企业违背规划和用途管制，擅自扩大建设用地规模、乱占滥用耕地，擅自借农地流转之名违规搞非农业建设，在流转农地上建设旅游度假村、高尔夫球场、别墅、农家乐、私人会所等。一些地方在进行所谓的农业结构调整时违规改变耕地用途，占用基本农田挖塘造湖、种植林果、建绿色通道。四是安全可靠的农产品有效供给不足。保证粮食安全和农产品有效供给是重大的民生问题，抓“米袋子”、“菜篮子”是农业生产经营义不容辞的责任。但是农业生产的自发性和趋利性导致了农产品的质量、数量和结构无法有效协调，使得现实中农业生产和食品安全问题重重。五是公共资源的过度使用。一些生产主要依赖于公共资源，如渔民捕鱼、牧民放牧，他们使用的就是以江湖河流这些公共资源为主要对象，这类资源既在技术上难以划分归属，又在使用中不宜明晰归属。正因为这样，由于生产者受市场机制追求最大化利润的驱使，往往会对这些公共资源出现掠夺式使用，而不能给资源以休养生息。有时尽管使用者明白长远利益的保障需要公共资源的合理使用，但因市场机制自身不能提供制度规范，又担心其他使用者的过度使用，出现使用上的盲目竞争。

亚当·斯密等古典经济学家认为，社会资源调节的“无形之手”能如愿地促进社会经济的协调发展，“市场机制能够自动调节供求，使所有物品和劳务的供求都实现瓦尔拉均衡，并且在这种均衡中资源配置也能够实现帕累托最优效率，因此政府没有必要过多地干预资源配置和经济发展过程”，但是市场失灵的残酷现实却无情地驳斥着上述观点。一些学者开始提出应当引入政府宏观调控以弥补市场不足的“国家干预理论”。“二战”后出现的凯恩斯主义便是比较有代表性的国家干预理论，凯恩斯从三大心理规律的作用出发，提出有效需求不足理论，最后论证了必须通过政府宏观调控与市场机制相互作用以消除市场经济中的固有缺陷，指出政府应通过适度的财政政策、货币政策来引导、调控消费和投资以达到市场出清。凯恩斯学派建立起了一套完整的以国家干预主义为原则的宏观经济理论和宏观经济政策，并使得经济干预理论成为现代经济学的主流。国家干预学派从微观和宏观领域对市场缺陷进行了系统分析，并从垄断性、外部不经济性、信息不对称性以及社会分配的非公正性等方面论证了市场失灵的种种原因，在此基础上提出了“政府干预理论”。虽然 20 世纪 70 年代西方经济滞胀导致凯恩斯的主张备受质疑，但从 90 年代以来尤其是 21 世纪西方发达国家普遍出现的经济疲软和实体经济的衰退使得凯恩斯的国家干预理论又重新回归到理论关注的轨道上来。罗森斯坦—罗丹的大推进理论、刘易斯的二元经济结构理论、钱纳里和布鲁诺的二缺口模型等都为政府干预经济提供了可供选择的模式和相当充分的理论依据。而舒尔茨的改造传统农业理论、速水—拉坦的农业技术创新模型等观点则从另一个角度阐释了在现代市场经济体系下制度主义对于农业经济结构的认识已经由传统的“农业生产者—农业企业—农产品市场”的三维结构转化为“农业生产者—农业企业—农产品市场—政府”的四维结构。当然，现代市场经济条件下政府对农业产业化龙头企业兼并重组的干预不是单纯依靠行政手段，更不会直接干预生产经营的具体决策，而是通过产业规划、政策引导、法律规范、财税扶持、金融信贷、行业规制等手段间接影响企业行为，从而在有效维护竞争、促进企业自由发展的同时积极稳妥地推进企业兼并重组。

8.1.2 政府介入农业产业化龙头企业兼并重组的现实依据

农业产业化龙头企业兼并重组是推动我国农业发展方式转型的重要途径，一般而言，农业产业化龙头企业发展较好的地方，现代农业发展的形势就好。大量实践已经表明，仅凭市场自发的机制无法有效推动农业产业化龙头企业兼并重组。

1. 市场机制先天不足是政府介入农业产业化龙头企业兼并重组的前提

理论研究表明，市场缺陷主要表现为以下几个方面：首先，市场竞争的不完全性。“从来没有百分之百的纯粹自行调节的企业制度”，由竞争走向垄断反映市场经济由古典走向现代，但是垄断对市场机制有效作用的限

制是不可忽视的。造成竞争不完全的一个原因是信息不完全，信息不完全造成企业兼并重组产生垄断；竞争不完全的另一个原因是政府保护和政府提供的歧视性政策，国家对不同的所有制实行歧视性政策，对部分地区、部分企业实行某种倾斜政策，这种政策的不公平造成竞争机会不公平，由此弱化市场机制的调节效应。其次，机会主义和搭便车现象。市场调节有效论是建立在“报酬—支出”对等假定基础上的，作为市场参与者的农户、农业企业等生产经营主体，从市场得到的任何效用和收益都要支付报酬，但现实中，市场调节并不那么有效，市场经济体制下，企业和个人存在着机会主义行为。所谓机会主义，按照威廉姆森的定义，是指狡诈的自私自利行为，最为典型的是搭便车行为，即不付报酬获得某种利益或损害了他人利益却没有进行相应补偿的行为，面对“搭便车”行为，市场调节的效果便会出现扭曲。布坎南等人将政治行为、社会行为、心理行为引入经济学，系统研究了不合乎市场规则并影响市场调节效果的各种行为。在农业生产经营领域，此类行为非常普遍，如生产废弃物乱排放、食品质量安全、过度使用农业公共资源等。最后，市场信息不完全。新古典市场经济理论假定市场之所以能达到资源的最优配置是因为在那里信息是完备的，信息经济理论则认为，现实的市场是信息不完全的市场，在信息不对称条件下，只要信息流动没有障碍，任何企业或个人通过损害他人而获利的企图都会被他人察觉而无法实现，或者即使实施了这种机会主义行为，也会在事后受到惩罚，因而信息的流动阻滞会使机会主义的愿望变为现实。在非对称信息条件下，由于监督的困难，或者监督的费用较高，人们往往无法对机会主义行为进行有效的判别，而这反过来又进一步助长了人们的机会主义倾向。

2. 政府介入是对市场和企业的替代方式

对市场的替代包括两个方面：一是调节主体的替代，即企业和政府替代市场；二是调节内容的替代，即以道德和法制替代市场。作为国家代表的政府的行为，是以公共利益和维持国家的政权为依托的，同时作为一种自然垄断化的组织，它客观上也要求政府在使用其权力时，要具有效率，一种公开基础上的效率化运作为其目的，它不应该也不可能按照利润最大化的经济准则运用其拥有的特殊和庞大的经济资源。对政府的权力必须在一定程度上给予限制，必须准确合理地界定企业与政府的关系，这是限制政府权力的重要的支撑点。调节主体的替代主要是指企业代替市场和政府替代市场。将交易成本理论进一步推广，交易成本就是实行一种制度安排的成本，由此便产生比较制度成本问题。市场、企业、政府及其他方面的制度，都有运转成本，以最低的制度成本对企业、政府、市场等方面的制度做出选择。例如，通过企业兼并重组把市场交易活动内部化为一个企业的产权调整，只有在其成本低于收益时才是有效的政府干预，也只有在其收益大于干预成本时才是有效的。在交易成本经济学中，企业是作为对市场的一种制度替代产生的，其根据是企业间的市场关系存在着交易成本，如果把相互间存在投入产出联系的各个企业兼并重组成一个企业，这时就不存在交易成本。根据这个理论，企业兼并重组替代市场是将企业之间外部的市场协调，通过内部化的途径变成企业内部的管理协调。因此推进企业间的联合和纵向一体化是企业制度建设的重要方面，政府替代市场主要限于市场失灵的领域，法制是由政府安排的，这也可以说是政府替代企业。在科斯的交易成本理论框架中，法律制度是克服交易成本的重要途径，交易成本为正时，法律制度是资源有效配置的重要手段。市场经济在一定意义上说是分散化的经济，市场的无序造成的摩擦会付出高昂的交易成本，对分散化经济来说，法律制度就显得更为重要，也正因为如此，市场经济必须是法制经济，只有这样，才可能有市场经济的存在和发展。这种法制建设主要包括：产权界定和调整的法律保障，企业进入市场、退出市场和市场竞争的秩序的建设；企业间合同的签订和执行的法律约束和监督，等等。政府职能的错位、政府权力的滥用都会引起市场秩序的混乱，企业的非规范行为可以在一定程度上由政府的行为不当进行解释。例如，政府超越了所应该拥有的权限，直接介入了企业的微观经营活动，可能造成企业行为机制的扭曲。政府实行的歧视性政策，使不同的企业享受着不同的经济待遇，从而使企业在起点上就存在着明显的不公平，这些政府行为都会造成市场的无秩序，因此政府行为也应受到市场规则的约束。从效率考虑，政府作用的范围和领域应该有有效边界，一旦超出范围，政府干预和市场机制都会带来低效率。政府的失败既可能是由于它们做得太少，

也可能是由于它们做得太多，其重要原因是，政府行为目标与市场行为目标不完全一致，公共利益理论认为，政府追求社会目标，追求社会得益最大化；市场则是为进入市场的行为者提供追求私人利益最大化的平台。也就是说，界定政府职能，明确政府的干预方式和干预范围，划分政府和市场之间的边界，无论是对提高市场调节效率还是提高政府效率都有十分重要的意义。

要完成农业产业化龙头企业兼并重组的工作，政府主导作用的有效发挥至关重要，众多国家的发展过程都表明，在市场经济的整体环境下，政府对农业经济进行干预和管理不但不可或缺，有的时候甚至是促进经济良好运行和农业产业结构优化升级的关键。在农业生产资源重组整合过程中，提高企业进入这个行业的标准，规定一些政策和硬性条件，适度干预是很多国家普遍的办法。农业生产资源不是一种耗之不竭的资源，具有稀有性的特点，这就决定了单纯依靠市场不可能有效制约生产经营者盲目牟取暴利的行为，法律法规、国家政策及政府干预应该予以管理指导，如此，全方位提升我国农业产业的发展水平以推动现代农业的目标才能得以尽快实现。农业产业化龙头企业兼并重组要想获得成功，必须在充分遵循市场规律的同时积极发挥政府的引导作用，这是已经为我国改革开放以来三十多年的农业发展实践所验证的宝贵经验。

8.1.3 政府参与推动农业产业化龙头企业兼并重组的法理依据

从某种角度看，政府参与推动农业产业化龙头企业兼并重组是由其所处的法律地位决定的。所谓的法律地位是指行为主体在法律所规范的社会关系中所处的位置，一般由社会规范、习俗先行限定，由法律最终确认生效。这是法律地位的一般概念，它常用来表示权利和义务的相应程度，也根据具体取得方式不同，分为自动取得法律地位和主动取得法律地位两种。自动取得法律地位是指相关法律主体在与其相应的法律规范的有效范围内自动获得某种法律地位，如公民的受教育权；主动取得法律地位是指相关法律主体参与一定的法律关系的状态为法律所承认而获得的某种法律地位，如开办合伙企业。一个政府在国民经济中处于什么地位、发挥什么作用，首先取决于社会经济制度，其次取决于市场经济模式。社会制度是决定政府法律地位的最根本的要素，资本主义的国家政权以资本主义私有制为经济基础，马克思、恩格斯曾经说过："它不过是管理整个资产阶级的共同事务的委员会罢了"。虽然，资本主义国家政权也具有一定的社会公共管理职能，但是，资本主义国家政权的这种职能也是为了维护资本主义制度的，与资本主义国家政权不同，我国的国家政权以社会主义公有制为基础，代表着工人阶级以及广大劳动群众的意志和利益，政府成为国民经济的领导、组织和管理者，因此政府理所当然地承担着引导、调控、监督经济发展的职责，对于农业经济发展和农业结构转型而言，政府更应发挥积极作用推动传统农业生产方式的转变。除社会制度外，一国的经济体制也是决定政府法律地位的关键。在当代资本主义国家主要有三种不同的市场经济制度：第一种以美国为代表，是以消费者为核心的，也称自由市场经济模式，主张让市场自发调节资源配置，强调政府应少管或不管；第二种是以德国、北欧一些国家为代表的社会市场经济模式，主张在政府调控和市场之间找到一个平衡点，通过两者相互配合从而实现资源的最优配置和供需平衡；第三种模式是政府导向型市场经济模式，其典型代表是日本、韩国、法国等，主张政府应当积极主动发挥调控国民经济的作用，促进市场经济发展。上述三种模式各有特色，前两种并不是否定政府的经济职能，后一种也不是以政府代替企业的角色，虽然三种模式不尽相同，但是都强调市场的基础地位，区别之处是在干预的范围、干预的方式、干预的程度等方面，政府发挥的作用不同。我国目前实行的社会主义市场经济体制，在市场调节与宏观调控相结合方面自成体系，政府在制定并落实好相关政策，为我国的市场经济提供良好的环境方面做出了经济探索。在农业产业化龙头企业兼并重组中，政府也应扮演管理者的角色，政府的法律地位是处于主导地位。

任何一种经济制度的一个最基本的问题都是资源以什么样的方式来配置的问题，也就是如何使资源分配达到最优化。在市场经济中，作为最普遍的分配资源的方式，市场发挥着巨大作用。当代世界各国，几乎都在不同程度上实行了市场经济体制，并试图通过市场这只看不见的手对资源的

配置来推动国民经济的健康发展，实现社会全面、协调、可持续的发展。一方面，资源实现优化配置是市场经济的内在要求，尽可能地提高使用资源的效率是其应有之义；另一方面，市场经济作为一种动力，推动整个社会不断发展，另外，企业能够在市场经济的指引下规划安排各项活动，并且，在竞争中实现企业的优胜劣汰，这是由于市场经济具有的普遍特点，如开放、竞争、平等。所以，实现资源最优分配，市场经济是一种行之有效的途径。但是，在这一过程中，单纯依靠市场机制的种种弊端逐渐暴露，出现了“市场失灵”的情况，在促使资源实现优化配置这一问题上，与其他手段相比，市场体制具有独一无二的优点，但是，其并非所有问题都可以解决，自身还存在诸多不足之处。首先，市场自发调节不可能完全避免生产活动的无序状态；其次，可能造成资源的浪费；再次，重大经济结构需要变化时在一定程度上会遭到市场的阻碍；最后，其还会造成两极分化，使贫富差距拉大。所以，提升宏观调控的力度具有十分重要的意义，可以改善市场自发调节带来的不良影响，保障社会主义市场经济快速平稳良好的发展。从宏观层面上来看，市场失灵破坏了市场机制对于资源的有效配置，盲目流动的资源造成了产业失衡并由此带来了结构失衡，而各类经济结构失衡的直接后果就是一国的经济总量失衡，不仅不能达到国民经济的正常发展，还会阻碍经济的正常发展，造成社会总福利的损失。因此，由政府代表国家先行确立一定的经济与社会发展目标和规划，在经济运行过程中，运用特定的宏观调控手段对市场机制进行适度调整，将最大限度地避免资源浪费和结构失衡，这种调整和规划，就是政府对经济的宏观调控。由于政府在宏观调控过程中有可能会出现“政府失灵”等问题，导致其不能理性地调控经济发展和资源配置，因此，制定宏观调控法，并以此来规范政府的调控行为和各类宏观调控关系是非常有必要的。与此同时，市场失灵同样在微观层面，即市场竞争领域产生了一定的影响。一般来说，市场失灵会导致竞争失效，市场主体的不理性行为也会破坏正常的市场竞争秩序，通过规范市场主体的市场行为，进而实现对整个市场结构和秩序的规制，同样是市场经济赋予政府的责任。

总之，在现代市场经济条件下，要实现资源的配置，其手段无非两种，即市场和宏观调控，这两种手段联系密切，互为补充，都是不可缺少的。首先，对资源配置来说，市场是最基本的手段，也是处在首要位置的手段，在经济运行过程中发挥调节作用的范围和时间非常广泛。其次，政府调节也不能缺少，也是很重要的手段，市场从来就不是完美的，尤其是在社会化大生产和现代市场经济条件下，仅仅依靠市场调节不符合社会、经济发展的需要，在各个国家，政府都在不同程度上扮演着重要角色，发挥着裁判竞争、纠正偏差、弥补缺陷、调节运行和设计发展的作用，可以说，没有政府调节的现代市场经济是不完整的市场经济，因而也是不可能存在的。

8.2 政府介入农业产业化龙头企业兼并重组的动因及行为方式

8.2.1 政府介入农业产业化龙头企业兼并重组的动因

1. 理论动机

在市场经济条件下，市场在资源配置方面起着基础性作用。企业兼并重组作为一种特殊的商品交易行为，市场机制起主导作用。从企业兼并重组的商业行为特点和其促进社会资源的合理流动、提高经济资源的社会效用角度看，政府没有必要对企业兼并重组进行过多的干预，但市场失灵的存在使政府干预成为必要。政府干预企业兼并重组的理论动机是克服市场失灵。市场失灵主要表现在：存在负的外部效应、信息不能充分共享和形成垄断等。

兼并重组有利于经济资源的合理配置，有利于企业的成长壮大，以至于几乎没有一个成功的大企业在其发展过程中不受益于它。这是资本执着于兼并重组的原因。当市场失灵时，如果没有政府的参与，兼并重组不是有损了兼并重组参与方的利益，就是损害社会公众的利益。市场失灵要借助承担社会管理责任的政府加以克服。政府需要承担起调节经济和维持市

场公平竞争的责任，从提高社会效率和公共利益出发，制定各种法律和规章制度平衡兼并重组参与方的利益，约束可能导致垄断的兼并重组行为，利用政府自身在宏观信息方面的优势，引导企业兼并重组行为。

2. 初始动机

政府对企业兼并重组的干预是从反垄断开始的。谋求竞争与垄断之间的平衡是政府干预企业兼并重组的初始动机。第一次企业兼并重组浪潮初期，企业的兼并活动几乎不受政府政策和法律约束。过度的企业兼并重组形成了垄断，削弱了市场竞争的公平性。这与西方国家传统的自由竞争价值观念相悖。这种状况导致了美国第一部反垄断法的诞生，即1890年的《谢尔曼法》。该法案规定，垄断贸易是违法行为，政府必须取缔旨在限制自由贸易的联合式勾结。1914年，国会制定了《克莱顿法》，以后又对该法进行了多次修改，以期不断完善。法规总的精神是禁止不公正的兼并重组交易和任何可能导致垄断的兼并重组行为。反托拉斯《克莱顿法》的颁布，使得带有垄断色彩的横向兼并重组难以进行，资本追逐垄断的成本得以大幅提高。与此同时，美国政府成功地解散了几个大的托拉斯，有力地打击了美国钢铁公司、通用电气公司等垄断公司，这对以垄断为目的的企业兼并重组形成威慑。

3. 普适性动机

在现代社会，政府对企业兼并重组活动的干预不仅存在于欧美等西方市场经济发达国家，更存在于中国等新兴的市场经济体和转型中国家。从实践上看，市场经济高度发达的欧美国家的政府没有对企业兼并重组采取放任态度，作为“有管制的市场经济”国家的代表，韩国政府更是不遗余力地监控、调节和引导着大企业集团的兼并重组行为。我国是“转轨中的市场经济”国家，政府为履行自身的社会责任，相对于“完全市场经济”国家的政府和“有管制的市场经济”国家的政府更多地介入了企业兼并重组活动。不同市场形态的国家政府都在不同程度地介入企业兼并重组的事实表明，在不同市场形态的国家，政府有许多共同职能，存在着干预企业兼并重组的普适性动机，这是与市场经济类型无关的共性动机。在农业产业化龙头企业兼并重组中，这种普适性动机主要表现在：

（1）推动农业发展方式转型，提升农业产业的综合竞争力。政府作为社会管理者，其基本职责是推动经济发展，培植国家优势产业以提升国家经济实力。农业企业兼并重组能够迅速积聚资本，使社会经济资源向优势的农业产业集中，形成具有竞争力的龙头企业集团。企业兼并重组的这种优势，往往会被政府用来与国家产业政策、发展战略相结合，借助农业企业兼并重组实现国家推动农业发展方式转变、延长农业产业链条和提升农业产业综合竞争力等战略目标。随着世界经济一体化进程的加快，经济竞争在全球范围内展开，农业企业能否在竞争中保持优势已不单单是单个企业的事情，也与国家的发展密切相关。与此同时，随着科学技术的迅速发展，如何帮助国内农业企业抢占产业发展的制高点，使本国经济资源迅速向优势农业产业集中，也是各国政府需要认真面对的现实问题。出于提升农业企业综合竞争力的考虑，政府通过推动农业企业兼并重组放宽对兼并重组的限制，借以发展大型企业集团即企业航母，增强农业企业的资金、技术、人才和市场优势，提高产业集中度，保持农业龙头企业技术领先地位。正是出于这些考虑，西方国家原本以反垄断为初始动机的政府干预在发生变化，有放松兼并重组限制的趋向，默许或者支持“巨无霸”型的兼并重组活动已不鲜见。这一趋势在第五次兼并重组浪潮中表现得较为明显。

（2）维持兼并重组中社会公平与效率之间的平衡，保护相关各方的权益。农业产业化龙头企业兼并重组的发生会改变利益关系，改变业已形成的利益格局。为了保护相关各方的权益，政府需要对兼并重组加以干预。政府保护的利益主要集中在兼并重组双方企业相关者利益和国家利益两个方面。企业是一组契约关系的节点，在这个节点上有许多的相关利益方，如股东、员工、债权人、消费者、与企业有合作关系的农户、生产基地、农业合作组织，还可能涉及社区、政府等。一般来说，兼并重组行为发生时，兼并重组方往往处于相对强势地位，而其他各方容易处于弱势地位。在资本市场发达的国家，兼并重组往往通过资本市场完成，兼并重组还涉及资本市场的健康发展和潜在投资者的利益。为了维持兼并重组中社会公平与效率之间的平衡，保护兼并重组相关各方的利益，政府往往会采取干

预措施。特别是在资本市场发达的情况下，政府干预更及时有效。美国学者格莱泽（Glaeser）对政府监管的历史背景以及监管执法与法庭诉讼的差异做了比较分析，证明政府干预更为有效。他进一步的分析则认为，政府干预的有效性是监管型政府崛起的主要原因。

（3）在农业产业化龙头企业跨国兼并重组中，政府还承担着维护国家利益的责任。经济全球化进程的加快推动着农业企业的跨国兼并重组，使跨国兼并重组成为农业企业兼并重组的趋势。据联合国贸易与发展会议（UNCTAD）分析，跨国公司偏好于跨国兼并重组的原因在于，可以获得东道国的战略性资产，如商标、特许经营权、专利、专有技术以及当地的分销渠道；可以绕过一些贸易壁垒，迅速占领当地市场，在争夺国际市场的激烈竞争中抢得先机。对于农业生产经营而言，跨国兼并重组更易跨过相关国家针对农产品贸易设置的重重障碍。由于农业产业化龙头企业跨国兼并重组有可能涉及国家利益和国家农业产业安全，各国政府都不同程度地对类似的跨国兼并重组进行干预。即便是对外资准入限制较少的美国，也对外国公司在美国的兼并重组活动进行不同程度的制约和限制，如军事和国防工业禁止外资进入，而在自然资源开发业、能源和动力等方面则对外资进入设置了较多限制。《埃克森—弗洛里奥修正案》列出了在确定外国跨国公司收购对美国国家安全的影响时，总统（或被指定者）可能会考虑以下因素：①预期国家防务所需要的国内生产；②国内产业满足国家防务需要的力量和能力，其中包括人力资源、产品技术、原料及其他供应品或服务的可能性；③外国公民对国内产业与商业活动的控制已影响到美国保障国家安全所需的力量和能力；④该交易将可能导致军用物品、设备或技术出售给那些支持恐怖主义的国家，或导致导弹技术、化学与生物武器的扩散；⑤该交易会使美国在影响美国国家安全领域中的技术领先地位受到潜在影响。为进一步完善《埃克森—弗洛里奥修正案》，1993 年《国家防务授权法案》又对此做了进一步的补充，它要求在以下情况下进行调查：兼并重组者受到外国政府的控制，或者代表外国政府进行活动；收购“可能导致在美国进行跨州商务活动的个人被控制，这种控制可能影响美国国家安全”。据统计，在 1988～1999 年间，根据《埃克森—弗洛里奥修正案》向美国外国投资委员会递交通知的跨国公司兼并重组案有 1 258 起，其中17起接受了调查。近年来，我国石油系企业在海外的收购活动越来越频繁，收购金额越来越大。这些收购活动都是在我国政府“走出去”的石油战略的指导下进行的。在对俄罗斯、中东和非洲的石油资源收购中，我国政府甚至直接参与谈判和运作。

4. 利他性动机

公共利益理论主张政府介入是对市场失灵的回应。这一理论把政府干预看作是政府对一种公共需要的反应或是一种间接提供公共产品的表现形式，它或明或暗地包含一个前提，即市场是脆弱的，如果放任自流，就会导致不公正或低效率。对于我国的农业企业兼并重组而言，其背后同时隐含了政府期望实现的目标，即有效解决我国“三农”问题，这本应由政府承担的责任却不得不在某些时候只能通过农业企业才能实现，因此政府会采取各种形式通过各种渠道在适当的时候进行适度介入，对于相关农业企业的兼并重组和发展壮大进行引导、调控、监督或扶持。

政府干预是对社会公正和需求所做出的无代价、有效和仁慈的反应，政府干预的目的，是通过提高资源配置效率，增进社会福利，是从公共利益出发而制定的规则（Mitnick，1980）。政府介入农业企业兼并重组的具体表现为：控制进入、提供服务、制定政策、协调引导、布局规划、产业扶持等，并假定在这一过程中政府可以代表公众对市场做出一定理性的计算，使这一干预过程符合帕累托最优原则。随着政府干预范围的扩大，从经济性干预扩大到社会性干预，公共利益理论几乎被用来解释所有的政府干预问题。无论是Utton（1986）、Breyer（1990）、植草益（1992），还是Weidenbaum（1995），都把政府干预看作是对市场失灵的反应。根据公共利益理论，政府应采取干预行动以矫正这些失灵，如在自然垄断情况下，为避免垄断企业限制产出并提高价格而使公众承受垄断价格，政府就应实行价格干预；对于那些在农业产业链条中处于主导地位，能有效带动农业产业发展和农户增收致富的企业，在其进行兼并重组时进行必要的扶持和服务。同样，对于那些企图通过合谋控制对农业产业的进入而造成的人为垄断，政府可采用反托拉斯政策使合谋非法，并促使市场向竞争开放。对于外部性行为所导致的成本，政府可以采用税收形式使外部性内部化，并

促使外部性的产出降低到社会合理水平。

总之，政府介入农业产业化龙头企业兼并重组是从公共利益观点出发，以纠正在市场失灵下发生的资源配置的非效率性和分配的不公正性，充分发挥龙头企业对于农业发展方式转型和解决“三农”问题的目的。换言之，哪里有市场失灵，哪里有公共需求，公共利益理论就主张在哪里实施相应的政府介入，以矫正市场缺陷或最大化地满足公共需求，市场可能失败的论调广泛地被认为是为政治和政府干预作辩护的证据（布坎南，1988），但由于竞争市场的条件很难达到，市场失灵不可避免，因此，按照公共利益理论，政府干预的潜在范围也就几乎是无边界的。尽管人们已经逐步认识到在某些场合，政府干预的成本可能比政府矫正市场缺陷的潜在收益要大得多，但政府干预仍然在广泛地实施，这也是政府介入农业产业化龙头企业兼并重组时虽然会产生“越位”、“拉郎配”等种种质疑，但当前仍发力推动兼并重组战略的重要原因。

8.2.2 政府介入农业产业化龙头企业兼并重组的作用

农业产业化龙头企业兼并重组属于市场行为，应受到市场机制的调节，但是由于市场失灵的存在，为了弥补市场缺陷，政府干预也就成为必然。由于政府能充分利用其基本资源——权力，能理性地选择效用最大化的行动，因此，政府干预农业企业兼并重组是以维护公共利益、有效解决“三农”问题、促进社会福利最大化为目标，这也正是政府干预存在的理由。

众所周知，在我国建立社会主义市场经济体制的过程中，在市场机制尚未健全的情况下，农业产业化龙头企业的兼并重组还离不开政府推动。这是因为，只有政府的介入和推动，才能弥补和纠正市场发达国家同样面临的单纯市场机制存在的内在缺陷问题，即市场失灵问题；才能实现政府推动农业发展方式转型、提升农业产业竞争力、有效解决“三农”问题等目标。另外，在农业企业兼并重组过程中，必然存在着行为不规范，局部利益最大化等现象，严重危害公共利益，只有通过政府的积极干预，才能从国民经济整体利益出发，打破条块分割与地方割据，协调利益关系，追求规模效益，避免过度竞争。与此同时，由于我国目前能与国际跨国公司相抗衡的农业产业化龙头企业并不多，要完全实施“走出去”战略，更需要政府的干预。如果没有政府的推动，按照市场竞争推动的农业产业化龙头企业的自然演进，则需要很长一个过程，这既不能满足中国农业产业发展战略目标的要求，也不能满足参与经济一体化的国际竞争的新外部环境的要求。具体来说，政府介入农业产业化龙头企业有以下几个方面的作用。

1. 克服市场失灵，发挥政府的经济职能

多数学者认为，市场机制是通过市场供需均衡，使资源达到最有效益的方法。按理说，市场机制在企业集团的兼并重组过程中起着主导作用，政府无须过多地进行干预。但是，在现实经济的运作过程中，由于完全市场竞争是不可能存在的，因而也就有了经济学上所说的市场失灵，这在许多情况下被看成是政府干预的正当理由。与兼并重组相关的“市场失灵”，主要包括公共产品的提供、市场经济中的垄断和市场经济的外部性。要克服“市场失灵”，就需要充分发挥政府在市场经济中的经济职能，从提高社会效率和公共利益出发，努力使垄断行业更有竞争性或对垄断者实施管制，对农业龙头企业的兼并重组加以引导。

2. 调整农业产业结构，加快农业产业发展

在农业企业的发展过程中，我国政府一直把培育和发展农业产业化龙头企业作为实现农业结构调整、促进产业结构优化升级的重要手段之一。日本、韩国就是通过对大企业集团兼并重组，在短时间内实现了国家产业发展的战略目标，并实现了经济结构的调整和产业的迅速振兴。当然，在企业的兼并重组中，也要防范政府过度干预而导致的大企业病。

3. 推动大企业集团的组建，增强农业企业的竞争能力

在大企业集团的形成与发展过程中，我国政府出于多种考虑，在不同阶段以不同的方式推动了大企业集团的兼并重组。20 世纪 80 年代初期，为了打破条块分割，改变企业大而全、小而全的格局，促进企业组织结构

合理化，实现生产要素的优化组合和资源的合理配置，形成合理的经济规模，我国政府专门下发了《关于进一步推动横向经济联合若干问题的规定》。进入 90 年代，在 120 家企业集团的试点过程中，政府通过企业集团的兼并重组进一步推动了企业的联合。到了 21 世纪，我国政府开始注重组建的企业集团的质量，强调兼并重组的根本是形成强强联合的大企业集团，并把通过兼并重组形成一批具有自主知识产权、主业突出、核心竞争力强的大企业集团作为未来发展的重要战略目标。近年来，国家先后出台了《国务院关于促进企业兼并重组的意见》、《关于支持农业产业化龙头企业发展的意见》、《关于进一步优化企业兼并重组市场环境的意见》等文件，重点推动农业企业尤其是规模较大、生产经营绩效显著、辐射带动能力较强的龙头企业通过兼并重组做大做强。从国际经验来看，对于企业集团在市场竞争中的形成与发展，无论是发展中国家，还是发达国家，政府扶持都起着催化剂作用。

4. 提高国际竞争能力，参与国际竞争

在我国加入 WTO 之后，在面对经济全球化和一体化进程加快的新形势下，为了实现大型农业企业实施“走出去”的发展战略，更多地参与国际竞争，国家开始着手推动大型农业企业的兼并重组，以便形成在国内外市场上能与国外跨国农业企业相抗衡的具有国际竞争力的农业企业集团。从实践来看，我国政府制定的这一政策已经取得了实效。目前，我国农业龙头企业有 11 万家，其中国家认定的农业产业化国家重点龙头企业为 1 253 家。农业部此前已经出台相关文件，积极支持农业产业化，力争用 3 ~5 年时间，培育 100 家年销售收入超过 100 亿元的重点行业领军企业，重点做大做强龙头企业，以便充分利用两个市场、两种资源，进一步提高我国农业企业的国际竞争力。

8.2.3 政府介入农业产业化龙头企业兼并重组的行为方式及特征

改革开放以来，尤其是进入 21 世纪后，我国更加注重农业发展方式转型和农业经济结构的升级优化，各级政府通过一系列措施助推农业产业化龙头企业兼并重组，推动了一批具有较强竞争力的跨地区、跨行业的农业企业集团的建立，打造了一批农业产业领域的超级“舰队”。由于我国各级各地政府面临的经济发展现状和农业产业发展水平各不相同，政府既要履行社会管理者的职责，又不能干涉市场机制正常发挥作用，这就使得在农业产业化龙头企业兼并重组中的政府行为方式呈现多样化的特点，在实践中，政府主要是通过以下方式和渠道来推动农业企业的兼并重组。

1. 进行资产划拨，强力推进农业产业化龙头企业的兼并重组

为了促进农业企业组织结构的调整，推动农业生产要素的合理流动，更好地发挥农业企业集团的群体优势和综合功能，政府往往以出资人的身份直接划拨资产，辅之以行政命令，推动农业企业集团的兼并重组。特别是在我国国有企业集团的组建与发展初期，这种政府行为表现得尤为突出，带有明显的政府行为痕迹。2007 年，北京市国资委制定了《关于加快推进北京市国有资本调整和国有企业重组的指导意见》，明确强调将以“调改剥退”为手段，加快国有资本调整和国有企业改革重组，推动国有资本向基础设施和支柱产业集中，向产业的关键领域或环节集中，向产业链的两端延伸，努力打造能代表首都形象、主业突出、实力雄厚、具有核心竞争力的大企业大集团。在这种政策背景下，北京市政府于 2009 年积极推动了三元集团、北京华都集团、北京大发畜产公司的重组，重组后的农业巨头——北京首都农业集团（简称“首农集团”）正式挂牌。集团资产总额超过 150 亿元，员工近 4 万人，国有全资及控股企业达 64 家。重组后的首农集团总体目标是，打造在国内同行业中具有龙头地位的都市型现代农业产业集团，实行“实业和资本”双轮驱动的战略，充分利用资本市场。通过此次兼并重组，北京市国资委旗下的主要农业资产全部聚集到了一起。根据重组方案，华都集团资产无偿划拨给三元集团，资产并账、财务并表，保留独立法人地位；大发畜产公司由首农集团托管，财务不并表，资产不并账，保留独立法人地位；三元集团更名并增资注册为首农集团。与华都集团国有独资的身份不同，大发畜产公司旗下有子公司属于中外合资企业，而外资股东有可能行使优先购买权，因此，在具体重组过程

中采取华都集团直接划拨，而大发畜产公司托管的方式。大发畜产公司旗下除6家独资企业外，至少还有4家公司是与泰国正大集团合资建立。三家企业之中，以三元集团规模最大，总资产达100亿元，其核心业务包括以乳业为代表的食品加工业、现代农牧业以及与之配套的物流业等；华都集团、大发畜产则是北京两大禽肉生产龙头企业，其业务以肉鸡养殖、屠宰加工等为主。组建首都农业集团，可以更好地推进农业企业资源的优化配置，提高产业的集中度，发挥规模集聚效应和业务协同效应，进一步提高企业的经济实力和国有资本的运行质量，推动农业企业做大做强，形成合力避免盲目恶性竞争。首农集团的成立将使得集团在畜禽良种繁育、养殖、食品加工、生物制药、物产物流等方面打造更强的竞争优势，形成"从田间到餐桌"的完整产业链条，合并之后的首农集团将在全国同行业中掌握主动权。比如，其中的大发畜产和华都集团原来都从事肉鸡产业，而且都是经营从育种到屠宰加工、熟食生产、饲料生产的完整产业链，同时都是全国畜禽行业中的十强之一，首农集团的成立，使得两家公司由原来的竞争对手变为手足兄弟，重组之后，两家企业年屠宰加工能力将达到1亿只以上，生产各类鸡肉产品将突破20万吨，占北京市场的50%以上；生产的熟食制品也能达到3万吨，占国内同行业同类产品出口总量的30%。

2. 扶植优势企业，积极推动农业产业化龙头企业的兼并重组

为了在农业产业中形成一批大企业集团，积极发挥大企业集团在农业经济中的辐射带动作用，促进跨地区、跨行业的兼并重组，各级政府都在积极推动农业企业集团的兼并重组。目前，全国各类农业产业化龙头企业有11万家，销售收入突破5.7万亿元，从业人员近3 000万人，有效提高了农业产业化水平，促进了现代农业建设。据统计，龙头企业提供的农产品及加工制品占农产品市场供应量的1/3，占主要城市"菜篮子"产品供给量的2/3以上，出口创汇额占全国农产品出口额的80%以上。龙头企业强研发、抓推广，已成为加快农业科技创新与进步的重要载体。据统计，全国有3 000多家农业产业化龙头企业建立了省级以上研发中心，近90%的国家重点龙头企业建立了研发机构，科研成果获得省级以上科技奖励的企业占60%以上①。农业产业化龙头企业建机制、重服务，已成为带动农民就业增收的重要力量。为了推动这些优势农业企业的快速发展，国家采取了一系列政策进行扶持，如国务院于2012年出台的《关于支持农业产业化龙头企业发展的意见》中就确立了农业产业化和龙头企业在发展现代农业中的战略地位。《意见》提出，农业产业化是现代农业发展的方向，龙头企业是构建现代农业产业体系的重要载体，是推进农业产业化经营的关键。文件强调，“扶持农业产业化就是扶持农业，扶持龙头企业就是扶持农民”，要求把发展农业产业化作为我国农业农村工作中全局性、方向性的大事来抓。并提出了应从支持龙头企业生产基地和基础设施建设，扶持龙头企业带动农户和专业合作社发展产地农产品初级加工，扶持龙头企业做大做强，支持龙头企业发展现代物流，支持龙头企业开展质量管理和品牌培育，支持龙头企业强化人才培养，支持龙头企业开展科技创新、支持龙头企业承担重要农产品收储业务、加大金融支持龙头企业力度、支持龙头企业建立风险基金等方面入手，为农业产业化龙头企业兼并重组奠定坚实的基础。

3. 兼并劣势企业，直接推动农业产业化龙头企业的兼并重组

在我国社会主义市场经济改革进程中，一些大型国有企业一直承担着较明显的社会责任，他们被赋予了辐射带动产业链、引导产业发展方向、转变生产方式等功能，对于农业企业而言，这种社会责任更为突出。在这种大的背景下，各级政府积极推进以强带弱、以优扶劣的思路，推动多起农业产业化龙头企业的兼并重组，以解决就业、债务等问题和实现社会稳定。在推动此类兼并重组时，地方政府为了解决企业脱困、就业安置等问题，往往制定诸如土地、税收、资产评估、金融借贷等优惠政策，吸引、鼓励大型农业企业集团对本地的困难企业进行兼并重组，以达到发展当地经济、壮大地方经济实力的目的。河北三鹿集团是一家集体所有制企业，经过多年的发展，三鹿一度成为我国乳品企业的三强，并且是河北最大的企业之一。三鹿集团及下属企业拥有职工近万人，在三鹿整个产业链上就

① 《扶持龙头企业带动农民增收》，载《经济日报》2012年3月27日。

业的人员达到3万人以上。“三聚氰胺事件”发生后，三鹿奶粉在全国遭到追剿。经三鹿集团内部初步估计，召回奶粉的总量超过一万吨，涉及退赔金额约达7亿元以上。而因食用三鹿奶粉致病的患儿所涉医疗费，也需要作为主要责任方的三鹿集团来支付。如此巨大的负担，将直接导致三鹿集团破产。另外，三鹿集团的流动资金已全部用来支付奶粉退赔款，现金流基本断裂。相关银行不仅不予放贷，而且要求收回之前的贷款。正是在这种毫无生机的情况下，对三鹿集团的兼并重组一事走向了前台，为此，政府部门主导了三元集团对三鹿的并购。在相关部门的牵线搭桥下，经过五个多月的积极协商沟通，2009年3月4日，三元集团与三元股份全资子公司河北三元以6.16亿元人民币的价格，成功竞购三鹿破产财产包。这些资产是首批公开拍卖的三鹿破产财产，包括三鹿集团的土地使用权、房屋建筑物、机器设备等可持续经营的有效资产；三鹿集团所持有的新乡市林鹤乳业有限公司98.8%的投资权益。对破产前与原三鹿集团签订劳动合同的员工，三元集团全部聘任。三元集团现通过重新登记和一定的测试来签订劳动合同，同时也通过尽快地发展生产，扩展新的就业渠道，使这些职工得到妥善的安置。对于三元集团来说，三鹿的奶粉生产、研发、销售等方面在全国乳业非常有影响。三元在原来三鹿婴幼儿配方奶粉的基础上，加上新的技术开发，结合北京三元婴幼儿奶粉成功的配方和技术，综合起来，重新制定配方，重新包装，重新作为产品的卖点宣传。此举不仅有效盘活了原三鹿集团的资产和资源，也有助于三元集团的进一步快速发展。

4. 培育大企业集团，促进农业产业化龙头企业的跨国兼并重组

随着经济全球化趋势的增强，农产品国际贸易竞争日益激烈，大型农业企业集团在国际市场上扮演越来越重要的角色，在这种背景下，国家支持大型农业企业积极进行跨国重组，这将有助于发挥我国农业的比较优势，充分用好国际国内两个市场、两种资源，进一步提升我国农业产业的国际竞争力。2012年，在整个市场呈低迷态势、IPO退出受阻的大环境下，农业领域的并购行为却表现十分可嘉，共发生49起并购案例。除农产品及食品加工行业外，2012年农业全行业的并购金额也达到近7.8亿美元，为2010年全年并购金额的2倍有余。并购现象背后，一方面是农业企业希望通过并购实现企业扩张转型的需求；另一方面，农业企业也谋求通过资本运作来探索新的利润增长点。2012年，受美国、欧洲等地区经济形势欠佳、资本价格上涨、股市不振等外部因素的影响，中国企业积极走出去寻求并购。全年共有8笔跨国并购案例，且涉及企业一次性并购了5家企业，有覆盖产业链上下游的趋势。农业企业选择跨国并购，多数是看中被并购方丰富的资源或进行互补性投资，符合并购企业完善上下游产业链的战略选择。例如，发生5笔并购动作的宜华木业，通过并购林业种植及采伐型企业，将其名下合法拥有的林地大幅扩展，并拓展了其产业链长度。通过全程自给自足，降低生产成本，为行业内的竞争提供更多优势。

5. 积极发挥宏观调控职能，引导、协调、监管企业集团的兼并重组

由于我国实行的是国家、省、地、县、乡五级的行政管理体制，地方政府为独立的利益主体，拥有独立的行为目标，农业产业化龙头企业的兼并重组必然涉及不同行政边界利益主体的利益。与此同时，农业产业化龙头企业的兼并重组还涉及各级政府部门利益。因此，国家利益部门化、地方化一直是我国农业产业化龙头企业跨部门、跨地区兼并重组的主要障碍。例如，据国家统计局2005年企业集团统计年报资料显示，地区、部门条块分割是农业产业化龙头企业实施兼并重组的主要障碍。一般来说，各级政府对农业产业化龙头企业的兼并重组持积极态度。各级政府凭借其行政权力，利用其社会管理者的便利，积极介入并协调农业产业化龙头企业兼并重组中的各方利益冲突和各项具体事务，使企业的兼并重组活动得以顺利实施。从世界范围来看，对企业集团的兼并重组行为实行必要的监督管理一直是各国政府的重要职责，尤其在涉及国际间的跨国兼并重组更是如此，有的甚至通过制定法律的形式直接进行干预。我国政府在鼓励、参与农业产业化龙头企业兼并重组的过程中，也非常重视对该行为的监督和管理。具体表现在：一是重视对农业产业化龙头企业兼并重组目标的监管，防止企业集团过分考虑局部利益而损害社会整体利益，特别注重防止国有资产流失。二是重视对农业产业化龙头企业兼并重组内容的监管，防止虚假兼并重组行为。如国企脱困期间对企业进行兼并，则要全部承担被

兼并企业的债务并负责人员安置。三是重视对农业产业化龙头企业重组程序的监管，以维护公平的竞争秩序。四是对于国家积极主导和支持的兼并重组，在土地置换、税收处理、金融信贷等方面给予优惠支持。

8.3 农业产业化龙头企业兼并重组中政府作用的效应分析

8.3.1 正效应

1. 根据农业产业发展实际及时调整与兼并重组有关的政策法规

在我国，政府出台的政策规定对于企业发展具有重要的影响，因此，政府会适时根据经济发展的实际情况不断调整完善相关政策法规。进入21世纪，为了推动我国农业产业快速发展和农业发展方式的转型，从而有效解决“三农”问题，政府出台了一系列相关政策和法规推动农业产业化，以推进农业产业化龙头企业兼并重组，包括《关于支持农业产业化龙头企业发展的意见》、《国务院关于进一步优化企业兼并重组市场环境的意见》等一系列规定，积极从体制机制方面加以完善，逐步减少企业兼并重组相关行政审批事项，完善有利于企业兼并重组的市场体系，努力提高审批效率，逐步消除市场壁垒。进一步完善了有利于企业兼并重组的金融、财税、土地、职工安置等政策，力争从根本上解决企业兼并重组融资难、负担重、兼并重组服务体系不健全等问题。通过一系列政策调整促进了农业产业化龙头企业兼并重组活动日趋活跃，一批企业通过兼并重组焕发活力，有的成长为具有国际竞争力的大企业大集团，产业竞争力进一步增强，资源配置效率显著提高，过剩产能得到化解，产业结构持续优化。

2. 积极发挥行政和法律手段，协调兼并重组利益相关各主体的合法正当利益

农业企业兼并重组不仅关涉企业自身，还广泛涉及依法平等保护非公经济、防止国有资产流失、维护金融安全、职工再就业和生活保障以及社会稳定等一系列问题。政府在推进农业产业化龙头企业兼并重组时往往采取利益平衡原则，依法妥善处理各种利益冲突。确保在个体利益冲突中优先寻找共同利益，尽可能实现各方的最大利益；在个体利益与集体利益、社会公共利益，地方利益与全局利益等不同主体利益的并存与冲突中，要在保护集体利益、社会公共利益和全局利益的同时兼顾个体利益、地方利益。其一，政府具有实现国有资产保值增值的职责。政府可以通过必要的监管，有效防范企业借管理者收购、合并报表等形式侵占、私分国有资产。可以通过严格遵循评估、拍卖法律规范，通过明晰和落实法律责任促进中介服务机构专业化、规范化发展，提升关键领域、薄弱环节的服务能力，防范和避免企业兼并重组过程中的国有资产流失。其二，政府具有通过有效监管阻止不当利益输送的义务。政府可以有效阻止以关联交易的方式侵吞国有资产，能够通过打击国有企业兼并重组中的贪污贿赂、挪用公款、滥用职权、非法经营等犯罪行为，依法严厉惩处非国有企业兼并重组中的职务侵占、挪用企业资金等犯罪行为来维护企业资产安全和挽回相关主体的经济损失。其三，可以有效防控各类纠纷可能引发的金融风险。政府可以通过有效手段及时发现并防范通过不当兼并重组手段逃废债务的行为，能够有效降低商业银行等金融机构的并购贷款风险，实现兼并重组中并购贷款融资方式可持续进行。其四，政府可以通过严格企业清算、破产、评估等程序和流程，畅通企业退出渠道等方式有效促进企业资源的流转利用。可以通过建立健全防范和化解过剩产能长效机制，防止借破产重整逃避债务、不当耗费社会资源，避免重整程序空转。其五，政府可以通过有效措施有力确保被并购企业职工和合作农户、基地、农民专业合作社等主体的合法权益。积极推动兼并重组并不是单纯地只扶强不助弱，相对于并购的企业而言，被并购农业企业的职工、与被并购企业有合作尤其是有订单关系的农户、基地、农民专业合作社显然处于弱势地位，这些弱势主体的正当利益若无法得到有效保证，则不利于彰显社会主义体制的优越性，更不利于安定、有序、平稳的社会秩序的形成。

3. 有效实现农业产业结构转型升级和农业发展方式转变

当前我国农业产业结构调整已经进入关键时期，农业发展方式转型已

迫在眉睫，通过推动农业产业化龙头企业兼并重组实现农业产业结构转型升级和发展方式转变对于推动我国农业现代化进程意义重大。兼并重组是农业企业加强资源整合、实现快速发展、提高竞争力的有效措施，是调整优化产业结构、提高发展质量效益的重要途径。在我国农业产业转型的关键时期，采取强有力的“政府主导型”农业产业政策，如为农业企业兼并重组提供大量的低息政策性资金，采取强有力干预降低相关审批门槛，促进企业合并，扩大企业规模，以提高产业的集中度等。通过支持农业产业化龙头企业兼并重组带动产业结构调整，及时抓住国际产业结构演变的机遇，可以打破农业产业结构内向发展的封闭模式，同工业之间形成了互补互动关系。在这个过程中，政府促进农业产业化龙头企业兼并重组所发挥的作用肯定成效显著，充分发挥政府在农业产业化龙头企业兼并重组中的作用，适合于发展中国家在较薄弱的工业基础上推动农业产业的快速发展。

8.3.2 负效应

如果只是单纯地靠行政命令、国有资产划拨而不尊重市场和企业发展实际盲目推动兼并重组，那么就会导致各种负面效应显现。同样，在很多情况下，大企业不会主动地对劣势企业进行兼并重组，而是政府出于盘活资产、维持稳定等考虑，采用一些行政手段积极发挥推动作用。这种为政府分忧、帮贫扶困、转嫁亏损性质的兼并重组虽然卸掉了政府的财政包袱，但却增加了优势企业集团的负担，使优势企业集团效益下降甚至被拖垮。同时由于我国目前的行政管理体制依然是在中央政府和地方政府的垂直管理，体现在经济发展方面就变成了更多地追求地方利益和部门利益，而兼并重组尤其是跨地区、跨部门的兼并重组更涉及利益的分配和共享问题，因此往往出现政府在企业兼并重组过程中不积极作为甚至人为设置障碍的情况。

1. 违背市场机制过于发挥行政手段

农业企业的兼并重组首先应是一个市场行为，起主导作用的当然是市场，主体之一是并购双方企业。但很多时候政府出于政绩的考虑，往往积极地“越位”，取代了市场的地位，没有充分考虑按照市场规律办事。而一旦政府对企业活动的干预过多，就有可能导致寻租的产生，个别政府公职人员的经济利益无法通过正常渠道得以满足，只要企业的寻租收益大于其所付成本，这种寻租活动就会出现。如目前国企兼并重组活动中普遍存在的投机行为，政府一方面对进入资本市场的企业给予资格限制，另一方面又出于鼓励组建大型企业集团、搞活国有经济或甩掉包袱等目的，对兼并重组活动实行一系列政策优惠，因而创造了极大的政策租金。一些企业为了套利，可能会争取特许，以低价进行兼并重组，再伺机炒卖地皮等。这是政府政策对微观主体行为的一种误导，使企业热衷于寻租及套利等非生产性活动，进而可能导致偏离企业长期发展的兼并重组。尤其是政府的强行干预，有时可能导致违反市场规律、损害兼并重组企业利益的兼并重组活动。更严重者，将导致兼并重组中的优势企业陷入困境。此时，企业可以做到的，只能是通过寻租减少或转嫁损失。

2. 国有资产的流失

在某些有关国有企业的兼并重组中，政府无法对企业资产进行有效的评估，在并购过程中疏于监督或肆意放纵的行为有可能会造成国有资产的损失。尤其是在缺乏有效监督时，直接参与兼并重组并购事务的企业高管和政府官员比较容易利用信息不对称和监管漏洞，采取各种手段低估国有资产价值，以从中牟利，最终造成国有资产大量流失。

3. “拉郎配”的兼并重组导致后期整合困难重重

单纯兼并重组行为的发生，并不意味着兼并重组活动的终结。兼并后企业能否按预期的那样，真正相互融合、优势互补、提高赢利，才是问题的关键。以政府“拉郎配”方式施行的企业兼并重组，由于主要以行政意愿、政治目标等为出发点，均衡各方权力与利益，未从企业本身的发展战略及规划着眼，更未能深入考察兼并重组双方的文化、观念、行为方式等兼容程度，从而极易导致双方人员间的对立情绪，使兼并后企业更多地陷入权利纠纷的困境。加之旧有人际关系网络的变动，使相关人员可能对新

领导或下属心怀戒备，甚至设置障碍，进一步影响了正常的经营秩序。

8.4 农业产业化龙头企业兼并重组中的政府职能

从公共经济学和公共管理学的角度来讲，作为公共管理部门的政府具有目标多元化的特点，这也就决定了政府推动农业产业化龙头企业兼并重组行为的目标也应是多元化的。为此，在克服上述政府干预行为局限性和负效应的同时，要进一步明确政府介入农业产业化龙头企业兼并重组时应承担的职能，具体主要体现在以下几个方面：

8.4.1 完善法律制度，为农业产业化龙头企业兼并重组创造优越环境

在我国企业发展和兼并重组过程中，政府应积极制定和落实配套政策，从授权经营、拨改贷、补充流动资金等方面给予扶植，推动企业集团的收购兼并和资产重组；通过制定企业集团发展战略，进一步指导企业集团的兼并重组过程。应按照《国务院关于支持农业产业化龙头企业发展的意见》、《关于进一步优化企业兼并重组市场环境的意见》等的相关精神，通过兼并、联合、重组等形式做大做强龙头企业，集成利用资本、技术、人才等生产要素，带动农户发展专业化、标准化、规模化、集约化生产，大力支持龙头企业发展，提高农业组织化程度，加快转变农业发展方式，促进现代农业建设和农民就业增收。但在企业兼并重组实践时，一方面，由于在企业集团兼并重组过程中存在通过行政手段进行资产划拨等不规范行为，缺乏有效的法律保护。例如，在集团兼并重组的过程中，被兼并方有的可以自动脱离母企业，这充分反映出缺乏法律法规保护的一面。另一方面，我国关于兼并重组的法律法规还未成体系且弹性较大，有些内容守旧过时，有的法律尚为空白，在法律执行过程中还存在地方保护主义色彩，等等。为此，政府还需要进一步为企业的兼并重组提供经济立法和更为完备的法律制度体系，创造更为高效、公平和稳定的宏观环境。

8.4.2 尊重市场规律积极推动农业产业化龙头企业兼并重组，实现规模经济效益

在我国农业产业化的发展过程中，为了使农业企业实现生产规模效应和经营规模效应，整合相关资源，国家积极参与了农业产业化龙头企业的兼并重组过程，相应组建了一批大型企业集团，实现了规模经济效益。但是，在实践过程中也存在着政府取代企业的主体地位，按照政府的意志和愿望，进行简单的行政捏合，在自己的圈内拼凑企业集团的现象。"拉郎配"、"捆绑夫妻"、"空壳重组" 的政府行为是其最为典型的表现。然而，在没有充分考虑如何优化资源、安置人员和加强管理的基础上的企业兼并重组，不仅没有给大型农业企业带来规模经济效益，反而拖累了盈利企业的发展，最终使一些规模大的企业陷入经营困境，造成规模不经济。为此，在企业集团兼并重组时，应吸取先前的经验教训，摒弃企业兼并中的行政捏合行为，按照市场规律，以企业自主决策、自愿为原则进行兼并重组。

8.4.3 强化引导、服务、协调和监督，切实提升推动兼并重组的实效性

农业产业化龙头企业兼并重组不是目的，而是一种推动农业产业化的有效实现形式。政府应在农业产业化进程中发挥积极作用，但也不能越位取代市场的作用，应把握好度，通过有效的引导、全面的服务、积极的协调和监督切实提升兼并重组的实效性。在兼并重组过程中，各级政府不能为图省事只强调鼓励而忽视监督管理，不能满足于搭个架子，挂个牌子，片面求多求大，甚至以流失国有资产为代价换取政绩。政府应重点在以下几个方面进一步完善优化：一是加快推进审批制度改革。简化农业企业兼并重组的审批程序，优化流程、下放部分审批权限。二是改善金融服务。优化信贷融资服务，丰富企业兼并重组融资渠道和支付方式，完善资本市

场，发挥资本市场的作用，积极探索工商资本进入农业产业的领域和渠道。三是落实和完善财税政策。完善企业所得税、土地增值税政策，扩大特殊性税务处理政策的适用范围，落实增值税、营业税等优惠政策，加大财政资金投入。四是加强产业政策引导。发挥产业政策作用，促进强强联合，鼓励跨国并购，加强重组整合。五是健全企业兼并重组的体制机制。充分发挥市场机制作用，消除跨地区兼并重组障碍，放宽民营资本市场准入，深化国有企业改革。

8.4.4 协调农业企业跨国兼并重组，实施“走出去”战略

当前经济全球化的重要表现之一就是跨国兼并重组，它是企业集团超越国界的兼并重组行为。未来的跨国兼并重组与合作将呈现多样化和广泛性的特点，而我国农业企业要想得到长足发展、保持国际市场竞争地位，直至做强做大，必须要走联合、重组的道路，在国际上寻求合作与突破，实现双赢甚至多赢，这也是我国经济全球化的必经之路。为了积极稳妥地实施“走出去”战略，近几年来我国政府积极扶持和鼓励国内农业企业走出国门，开展跨国直接投资或跨国兼并重组。但从跨国兼并重组实施的情况来看，虽然有成功的案例，却也经历着刚小试牛刀就四处碰壁的境地。除了许多跨国兼并重组受到西方发达国家政府的强烈干预外，最重要的原因是政府协调不到位，时常出现两家企业同时在国外竞相兼并重组的局面。为此，要加强农业企业对境外投资的协调和监管。

第9章

农业产业化龙头企业兼并重组的主要模式研究*

9.1 出资购买型
——以北京汇源饮料食品集团有限公司为例

所谓出资购买型，是指兼并方出资购买被兼并方的全部资产，承继兼并重组对象的所有权益，同时承担其债务。此种形式避免了“令出多门”和重大决策出现意见无法统一协调的现象，有利于相关战略决策的顺利实施，但出资购买型兼并重组对于兼并方的资金实力有较高要求。

9.1.1 案例概述

1. 基本情况

汇源集团是国家级农业产业化重点龙头企业，是国内最大的果蔬全产业链加工企业，产业链涉及育种、栽培与种植、果蔬加工、饮料罐装、鲜果营销、有机农业种植与经营等。具备年加工各类果蔬100万吨的生产能力，目前链接的全国各名特优水果产地达500万亩。自1992年成立以来企业遵循“营养大众、惠及三农”的宗旨，拓展、精耕果蔬全产业链，唯品

---

* 本章内容所使用的数据如无特殊说明，均来自被调研的企业。

质、重品牌、精研发，逐步引领消费习惯和丰富大众营养构成，培育了一个家喻户晓、走向世界的“汇源品牌”并带动了一个果蔬产业的发展。根据尼尔森于2012年进行的中国零售研究，以销量计算，汇源集团在百分百果汁的市场占有率为54.2%，中浓度果蔬汁的市场占有率为44.1%，处于市场领导地位。目前集团业务主要分为三大板块，即汇源农业、汇源果业和汇源果汁（见图9-1）。

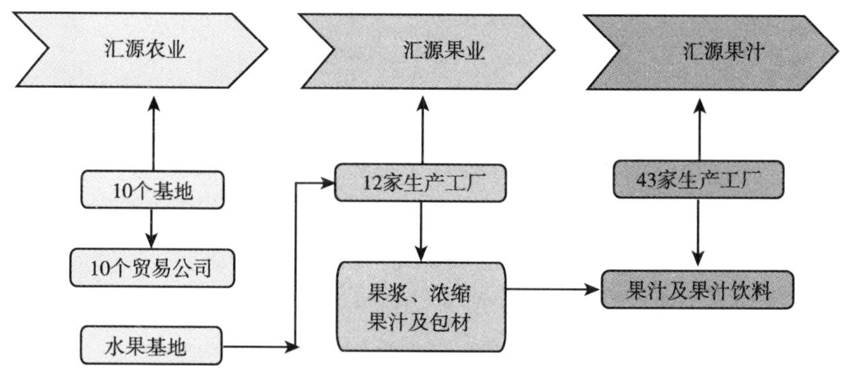

图9-1　汇源集团主要业务板块

其中，汇源果汁于2007年在香港证券交易所上市，目前在全国有43个生产工厂，580个产品品种，22个销售大区，460个办事处，14个直营销售公司。

汇源果业（主营果浆、浓缩果汁、水果罐头等）目前在全国有12家工厂，年产能38万吨，年加工各类水果100万吨以上。

另一重要业务板块——汇源农业，目前已在8个省区市启动了10个产业园，即新疆10万亩沙棘种植基地、云南普洱30万亩木瓜种植基地、黑龙江伊春30万亩蓝莓种植基地、湖北钟祥65万亩农业产业园、吉林柳河葡萄种植基地及葡萄酒庄、山东德州农业产业园、山东济宁30万吨地瓜种植基地与加工项目、山东泰安30万吨玉米深加工基地、北京密云有机农业示范基地、辽宁葫芦岛农产品加工基地。

2. 主要做法

（1）注重通过兼并重组来打造上下游完整产业链，以获得更高利润率和营运的主导地位。汇源集团较早就开始注重全产业链的建设，在做好配料供应、复合产品浓缩产品供应、饮料生产等传统优势环节的工作外，还在大力推进向上游的原材料基地和下游的品牌饮料供应及零售环节发展（见图9-2）。譬如，集团于2002年在齐齐哈尔泰来县兼并了一个豆粉厂，该厂原占地面积40多亩，工厂设备闲置多年，当地政府积极牵线搭桥与汇源合作，通过兼并重组新建了齐齐哈尔汇源食品饮料有限公司，公司位于黑龙江省泰来县大兴镇，主要从事果汁、果蔬汁、纯净水的生产和销售，通过兼并重组，当地政府和汇源集团实现了真正的双赢。公司近年来发展迅速，产值和产量较为可观，已经拥有员工88名，其中技术人员24名；占地面积72 175平方米，工业生产厂房10 000多平方米，主要从事饮料加工和销售，现有的产品包括果（蔬）汁及果（蔬）汁饮料、纯净水等。该公司自瑞典全套引进一条世界先进的果汁饮料无菌灌装线及一条乐惠生产线和一条纯净水线。采用世界上先进的纸、铝、塑料复合无菌包装材料和

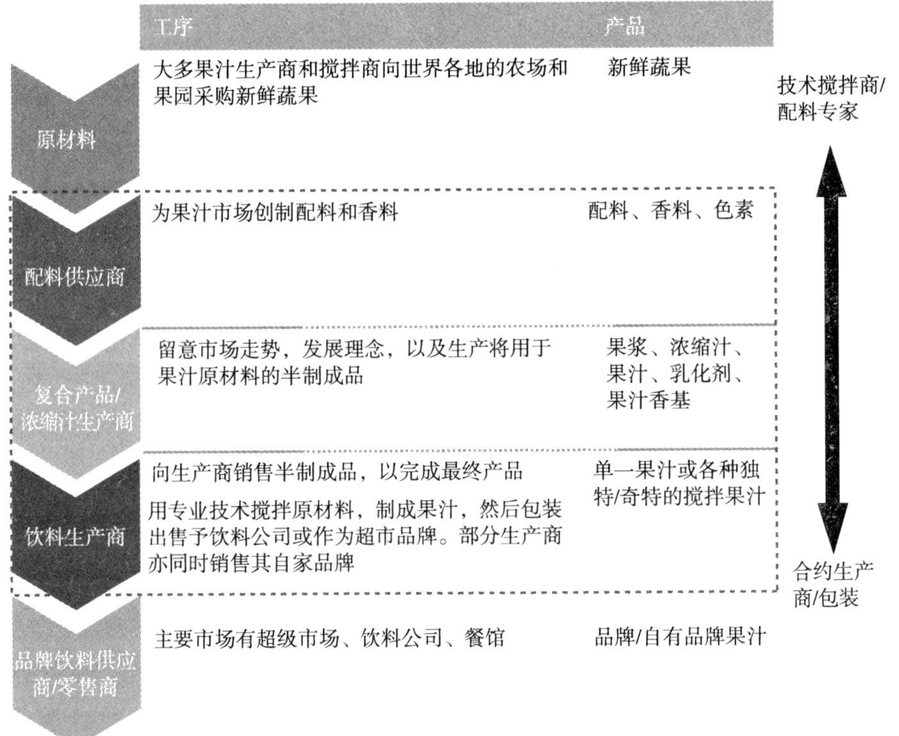

图9-2　汇源集团兼并重组实现的全产业链体系

优质的pet包装材料，全电脑自动化控制，全封闭式无菌环境生产，以山东沂源和自美国、巴西、以色列等进口的优质浓缩果汁和本公司生产的果浆为原料，产品质量得到可靠保证。

（2）兼并重组战略的实施严格按照集团制定的相关流程谨慎推进。为推进兼并重组的顺利实施，汇源集团制定了非常完善的兼并重组整合流程和项目投资流程，相关兼并重组战略的实施能做到有章可循（见图9－3、图9－4）。兼并重组战略推进注重采纳本公司的相关部门意见，同时也积极吸收外部专家和顾问论证意见，最后才由董事会或股东大会拍板决定。相关评估、分析和审计环节非常严格谨慎，以制度为依据排除了“拍脑袋”决策的可能性。

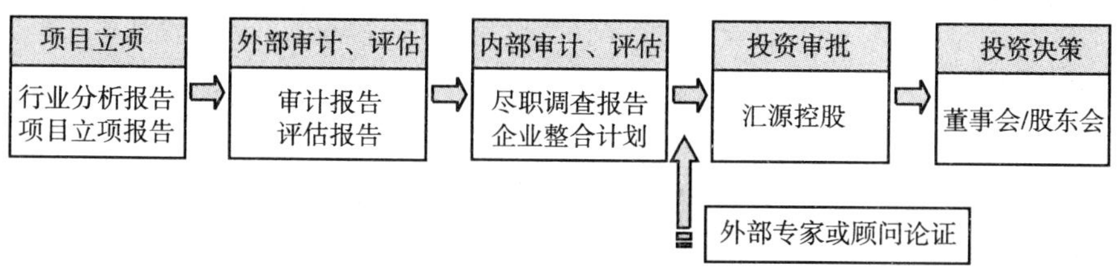

图9－3　汇源集团兼并重组流程

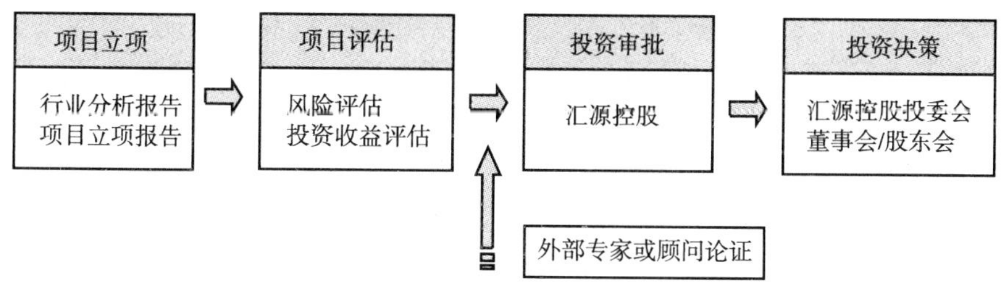

图9－4　汇源集团项目投资流程

（3）采取多元化的兼并重组形式，最大程度实现企业发展战略。汇源集团在具体选择兼并重组形式上主要采用了三种类型，即内延式扩张、外延式扩张和横向式发展。其中第一种类型主要是为了最大限度整合上下游业务，形成完整产业链，实现价值最大化以回报股东；第二种类型主要为了打通下游产业链，兼并重组地方性超市或参股大型卖场，以控制更多渠道；第三种类型主要为了兼并重组特种水果且有一定品牌知名度的企业以提高产品竞争力。

（4）兼并重组的形式上主要采取全资收购方式。汇源集团从 1997 年便开始了兼并扩张之路，从 1997 年到 2002 年期间，集团主要是通过合资的形式跟各地企业进行合作，双方各占一定比例的股份，但期间产生了较多问题：一是在增资扩建时合作方由于实力欠缺，承诺的新增资金无法到位；二是在面临重大决策事项时，合作双方无法有效达成共识；三是在合作后由于地方实力进入，加之受到当地民风民俗的影响，导致合作成效不佳。集团从 2002 年后便改变了兼并重组的相关战略，主要通过全资收购的方式来推进兼并，通过此方式不但获得被兼并方的各种权益，同时也要承担相关债务和遗留的历史问题。

3. 取得成效

（1）汇源已成为中国果汁行业第一品牌，产生了良好的经济效益和社会效应。汇源商标被评为“中国驰名商标”，汇源产品被授予“中国名牌产品”称号和“产品质量国家免检资格”。集团累计研发和生产了 500 多种饮料食品。同时，浓缩汁、水果原浆和果汁产品远销美国、日本、澳大利亚等 30 多个国家和地区。汇源集团自成立以来，带动了整个中国果汁行业的发展，引领了果汁健康消费的新时尚，促进了水果种植业、加工业及其他相关产业的现代化发展，帮助百万农民奔小康。汇源已成为中国领先的果蔬汁生产商、中国最大的 100% 纯果汁生产商、中国最大的中果汁生产商，其全国性的经销网络及生产布局遍及全国各地，拥有 4 个事业部、1 个项目部、31 个销售区域、43 家生产基地、4 748 余家经销商和 5 000 余名销售代表，汇源的经济效益和社会效益情况见表 9 – 1。

表 9 – 1　　汇源集团的经济效益和社会效益情况

年份	分公司数量（个）	销售收入（亿元）	上缴税金（亿元）	带动的种植面积（万亩）	带动农户数量（万户）
2008	72	44.14	2.67	339	73.9
2009	108	52	2.76	400	74
2010	110	60.99	3.99	411.4	75.6
2011	120	74.8	3.89	412.6	85.8
2012	135	79.43	3.73	579.75	93.5

（2）集团主营的业务群经营成效显著。集团下辖的果浆/浓缩汁、玉米深加工、橙汁加工和有机农业等业务板块发展迅速，其中，果浆/浓缩汁业务已经成为集团当前的基础业务，并为公司产值增长提供持续动力。预计未来3年，收入及净利润年化增长率可达40%以上（见图9－5、图9－6）。

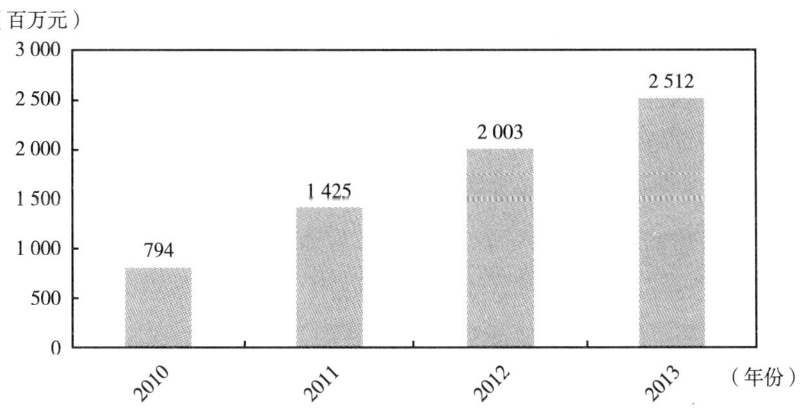

图9－5　汇源集团果浆/浓缩汁销售收入

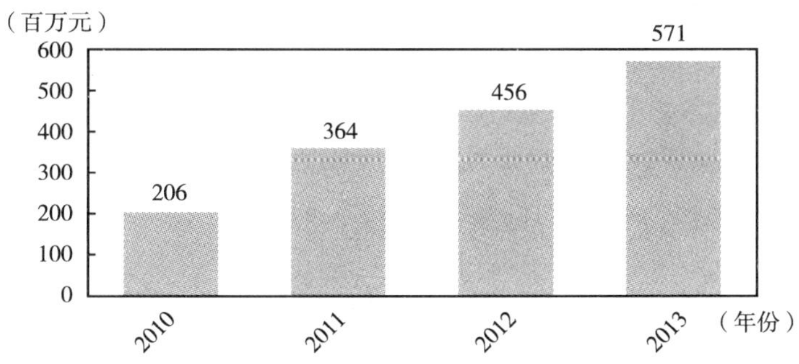

图9－6　汇源集团果浆/浓缩汁销售净利润

（3）形成了强大完善的“经销＋直营”营销网络体系。集团通过新建、合作、兼并重组等方式建立了完备的营销网络，采用经销制以最低的成本取得了最大的市场覆盖率，其中果汁及饮品事业部通过4 748家经销商及17 000家分销商，掌控了全国百万家终端零售点。集团下辖的直营公司能直接掌握重点城市的终端售点，目前已经渗透到了北京、上海、天津、南京、成都、重庆、长沙、武汉、太原、银川、保定、合肥、南昌、吉林等 14 个城市，直接掌握终端售点 65 534 个。

9.1.2 启示

1. 兼并重组是推进企业快速发展的手段而不是目的

企业持续、快速发展的战略有很多，兼并重组只是其中之一，企业不能为了追求大规模而盲目推进兼并重组。对于实力雄厚的汇源集团而言，兼并重组也只是在企业发展到一定阶段后由于发展需要而实施的战略。在当今时代，“产业为王，渠道制胜”，能掌控多少产业资源，直接决定了企业对市场变化的适应能力，农产品加工行业有两个关键环节：一头是原料，一头是市场，把握住了，企业就成功了一半。

重视源头，是为了提高品质，保护消费者的根本利益。近年来，国内外果汁市场的竞争焦点正由下游生产环节向上游原料供应环节转移。随着健康、环保成为消费主流，发展绿色环保的水果原料基地已成为行业发展的大趋势。为此，汇源在全国选建了几十处名特优水果、无公害水果、A级绿色水果生产基地。原料和生产基地已遍及江西、安徽、河北、山东、东北、广西、湖北、湖南和新疆等十几个省市及自治区。汇源适时提出打造农业全产业链，将产业触角分别向上游原料供应和下游销售网络延伸，兼并重组无疑是实现这一战略的重要途径。

2. 应结合企业和外部情况确定兼并重组的具体形式

兼并重组的形式多种多样，应根据具体情况和企业自身实力来确定采取什么样的具体实施形式。企业选择兼并重组模式的思路是以企业所处的竞争环境为背景，全面分析企业核心能力的物质载体——战略资源、核心能力的状态以及未来培育和扩散的方向，在此基础上确定最适合自身发展的兼并重组形式，以实现企业核心能力的不断强化和扩展，获得持久的竞争优势。汇源集团在 1997 年左右开始的兼并重组多采用股份合作形式，这与集团当时生产经营实力相吻合，进入 2000 年后，集团发展更为迅速，资金实力逐渐雄厚，开始采用全资购买型的方式推进兼并重组战略。

3. 兼并重组应有利于形成企业的核心竞争力

企业核心能力理论是在20世纪90年代正式提出的，以普拉哈拉德和哈默共同发表的《企业核心能力》一文为标志。该理论的基本观点和分析逻辑是：企业竞争力来自企业的竞争优势和这种优势的持续性。竞争优势持续性本质上说的是竞争对手没有能力复制相应的竞争优势。通过兼并重组，可以获取和补充企业必须具备的具有持续竞争优势的资源。任何一个公司的资源都是有限的，只有将有限的资源用于公司最具决定性的“核心能力”的建设上，才能在其专业领域赢得竞争优势，当企业不具备或缺少在该行业的战略资源，而且也很难在要素市场上获取时，企业可以选择进行横向兼并重组或纵向兼并重组；如果通过横向兼并重组或纵向兼并重组获取的成本大于获取进入其他行业所需的战略资源时，企业可以选择进行混合兼并重组。

9.2 投资控股型
——以中粮集团为例

投资控股型兼并重组，是指兼并方通过资本运营方式获得对被兼并方的控股权，以此方式兼并重组那些资产较优良、发展前景较好的企业。通过承担部分债务或投资的方式实现对目标企业的控股型兼并重组，使被兼并重组的企业成为控股方绝对或相对控股子公司。这种兼并重组方式具有高效率性，有助于兼并重组双方快速融为一个利益共同体，共同致力于企业的发展。

9.2.1 案例概述

1. 基本情况

中粮集团有限公司（中粮集团）成立于1949年，经过多年的努力，从最初的粮油食品贸易公司发展成为中国领先的农产品、食品领域多元化产品和服务供应商，致力打造从田间到餐桌的全产业链粮油食品企业，建设全服务链的城市综合体，利用不断再生的自然资源为人们提供营养健康的食品、高品质的生活空间及生活服务。中粮从粮油食品贸易、加工起步，产业链条不断延伸至种植养殖、物流储运、食品原料加工、生物质能源、品牌食品生产销售以及地产酒店、金融服务等领域，在各个环节上打造核心竞争能力，为利益相关方创造最大化价值，回报客户、股东、员工及全社会。通过日益完善的产业链条，中粮形成了诸多品牌产品与服务组合：福临门食用油、长城葡萄酒、金帝巧克力、屯河番茄制品、家佳康肉制品、香雪面粉、五谷道场方便面、悦活果汁、蒙牛乳制品、大悦城 Shopping Mall、亚龙湾度假区、雪莲羊绒、中茶茶叶、金融保险等。这些品牌与服务铸就了中粮高品质、高品位的市场声誉。作为投资控股企业，中粮旗下拥有中国食品、中粮控股、蒙牛乳业、中粮包装四家香港上市公司，以及中粮屯河、中粮地产和中粮生化三家内地上市公司，已经在全国各地建立起 10 余个产业园。

面对世界经济一体化的发展态势，中粮不断加强与全球业务伙伴在农产品、粮油食品、番茄果蔬、饮料、酒业、糖业、饲料、肉食以及生物质能源、地产酒店、金融等领域的广泛合作。凭借良好的经营业绩，中粮连续 20 年名列美国《财富》杂志全球企业 500 强，居中国食品工业百强之首。

2. 主要做法

（1）通过投资控股方式大力推进兼并重组，打造集团“全产业链”全新商业生态模式。全产业链是中粮集团提出来的一种发展模式，是在中国居民食品消费升级、农产品产业升级、食品安全形势严峻的大背景下应运而生的。“全产业链”是指由田间到餐桌所涵盖的种植与采购、贸易/物流、食品原料/饲料原料及生化、养殖与屠宰、食品加工、分销/物流、品牌推广、食品销售等多个环节构成的完整的产业链系统。通过对产品质量进行全程控制，实现食品安全可追溯，打造“安全、放心、健康”的食品产业链。中粮集团的产品品类丰富，几乎包括了从原料生产到食品加工的

所有环节。在上游，中粮集团从选种/选地，到种植/养殖等环节严格把控，宏观调控产品结构；在加工环节，中粮集团实现对产品品质的全程控制，确保食品安全；在下游，中粮集团通过技术研发和创新，向消费者提供更多的健康、营养的食品。以消费者为导向，通过对原料获取、物流加工、产品营销等关键环节的有效管控，实现“从田间到餐桌”的全产业链贯通。从2005年开始，为积极推进上述战略，中粮集团拉开了兼并重组的大幕，重组新疆屯河，重组中土畜，重组中谷，招纳华润酒精，收购深宝恒，控股丰原生化，接盘五谷道场，入股蒙牛，中粮还积极实施“走出去”战略，在美国、澳大利亚、法国等多个国家和地区进行相应投资，投资领域涉及肉食、食糖、葡萄酒等多个品种，例如，2011年，中粮成功收购澳大利亚Tully糖业。作为高度关联一体化的产业，粮油食品行业涉及农业、加工业、制造业、流通、金融等不同领域。中粮集团通过全产业链这个开放的动态系统，以参股、控股、联盟、上下游整合、合作等诸多方式，通过控制或可影响的资产，实现链条的整体可控，最终把整个行业组织起来。通过一系列投资控股，实现了对全产业链的系统管理和关键环节的有效掌控以及各产业链之间的有机协同，形成了企业整体核心竞争力。

（2）积极推进分拆式重组，充分整合不同企业内部板块资源，打造专业性强的优势企业。没有一个大公司不是通过某种程度、某种形式的兼并成长起来的，中粮走兼并重组扩张的路子在情在理。中粮集团以兼并重组为手段，积极理顺集团多元化业务，以重点子企业为核心，加快打造主业突出、产业链条完整、具有核心竞争力的产业集群，积极推进所谓的“板块化模式”。2006年，中粮集团按照“业务单元专业化”的要求，将原有的43个业务单元调整为34个，由集团总部直接管理业务单元。2007年1月，中粮集团又按照商业逻辑，将集团34个业务单元调整成九大板块，即中粮贸易，主营粮食进出口贸易；中粮粮油，主营农产品加工，中粮控股是其融资平台；中国食品，主营食品消费品，中粮国际是其融资平台；中国土畜、地产酒店、中粮发展、金融事业部、屯河公司、中粮包装。集团仅负责总体战略、资源配置等方面的决策，其余经营管理等具体工作均由业务主题自行决定。这种调整是围绕主营业务建立专业化经营单位展开的，集团鼓励每一个板块上市，使九大板块都在行业竞争中领先。

（3）充分发挥资本运营手段，不断进行业务重组和资产整合，优化产业结构。从2009年初开始，中粮挥斥资本攻城略地，先后进行了一系列大手笔的兼并收购来推进业务重组，优化产业结构。2009年2月，正式接管陷入破产的五谷道场，踏进方便面市场；2009年3月，投资177亿元建设生猪产业链；2009年4月，洽购陕西西凤，进军白酒业；2009年4月，投资40亿元在北方建粮油基地；2009年5月，借款5亿元整合丰原生化，踏进生物工程领域；2009年7月，联合厚朴基金收购蒙牛20%股权；2009年12月23日，出资1.94亿元收购外资在华合资企业万威客食品有限公司100%股权。中粮集团积极根据集团战略的要求，采取了大量的资本运营活动，积极向食品产业上下游延伸，构筑全产业链，实现一体化。

（4）在兼并重组的同时，积极推进企业文化和品牌融合工程。中粮集团通过资本运营的方式，采取了大量的兼并收购活动。近几年，中粮兼并重组了中粮屯河、蒙牛集团，接收中谷集团等。这些兼并重组企业与中粮集团原有文化存在较大的差异，如屯河公司系原德隆集团下属企业，蒙牛集团是一家民营企业，国有企业的文化与民营企业的文化天然不同，也决定了中粮集团在文化整合的道路上充满了荆棘。同时，由于原先存在大量的子品牌，如“长城”葡萄酒，“大悦城”综合商业体，“福临门”食用油，“香雪”品牌的小麦、面粉、面制品，“中茶”茶叶，“雪莲”羊绒，“金帝”巧克力，“屯河”番茄制品，“家佳康”肉制品等，品牌整合也势在必行。为解决上述问题，中粮集团积极推进统一的企业文化建设和品牌整合工程，将集团使命确定为：奉献营养健康的食品和高品质的生活服务，建立行业领导地位，使客户、股东、员工价值最大化。集团战略定位为全产业链粮油食品企业，将集团企业精神提炼为：诚信、团队、专业、创新，将集团文化概括为：诚信、业绩、专业、团队、学习、创新、公开、公正、透明、简单、处以公心、与人为善。同时成立了品牌管理部门，设计了统一的VI系统，提出了“自然之源、重塑你我”的理念，在所有的粮油中都打上“中粮”的标志，以避免出现认知角色混乱的问题。通过上述系列的企业文化建设和品牌整合工作使得被兼并的各企业能尽早融入“中粮文化”中去。

3. 取得成效

（1）通过兼并重组和资本运营，基本形成了全产业链经营。在兼并重组之前，集团的各个业务群和各公司是独立运营的，没能完全实现基于统一目标、整体利益和职能、责任、流程、信息关联性的业务架构整合，供应链改善、价值链管理、利益协同、成本管理、营运效率都有待加强。兼并重组有利于中粮集团战略的实现和集团品牌的建立，使公司的管理规范化，从而达到提高效率、降低成本、最大化控制风险和缔造核心竞争力的目的。中粮核心业务群——粮油食品贸易、物流、加工、进出口等业务逐渐发展为按照产业链逻辑形成的组织体系。

（2）有效带动了现代农业的发展，产生了良好社会效益。集团现有的订单农业达到350万亩，涉及农户155万户，带动农民增收7.33亿元，平均让每户农民增收473元。中粮屯河建立育种基地，推广良种、推广现代化种植技术和机械化采收作业，掀起了中国番茄种植方式的现代化革命，50万户农户种植番茄的平均单产从不足4吨/亩提高到了5.1吨/亩；中粮米业以组建合作社、与农户合作等形式开展水稻合同种植，给3万户农民带来600万元的增收；中粮肉食通过合作养殖模式为生猪养殖专业户提供良种和技术服务，涉及养殖规模达100余万头/年。

（3）在国内粮油等农产品加工和贸易领域具有举足轻重的地位。中粮集团在中国的大米、小麦、玉米等进出口上一直处于领先地位，全球六大洲120多个国家和地区遍布着海外客户。在食糖进口、番茄酱出口上，处于行业首位，大豆、棕榈油进口居第二位，中国95%的小麦进口，70%的大米、玉米出口通过中粮集团完成。到2015年，集团将形成2 700万吨收储能力和3 500万吨物流中转能力，国内粮食市场化流通量达到2 600万吨，这一数字将接近国内原粮跨省流通总量的30%。覆盖二十多个省份的140多家加工企业使中粮形成了领先的规模优势，小麦、稻谷、玉米、油料、番茄、甜菜、葡萄、茶叶等农产品综合加工能力达到5 000万吨/年。位于江苏省的东海粮油，是全球最大的综合粮油食品加工基地之一；位于江西省的中粮（江西）米业是亚洲规模最大的蒸谷米加工基地；中粮屯河是全球最大的番茄加工企业之一。在中粮的营销渠道上，分布着4 000多家大型经销商和全部的大型商超连锁客户，近4万家中小型经销商，超过350万家终端售点，遍布中国各省、市、自治区。其中，蒙牛乳业覆盖全国全部县乡市场，覆盖率达100%。小包装食用油、小包装大米、小包装面粉及制品覆盖中国952个大中城市，县乡市场覆盖率超过80%，这一数字将在未来几年达到90%。

9.2.2 启示

兼并重组后应利用产业分工定位与价值链选择来实现业务“板块化”，避免出现“板结”现象。对于集团企业而言，板块化有助于形成“母公司多元化、子公司专业化”的战略格局。不实行板块化调整、不进行板块划分，企业既已存在的不同业务就会出现杂乱无章且资源分散甚至内部竞争严重的“板结”现象。所谓板结，就是以法人单位为限，形成一个个大而全、小而全的二级或三级子集团，集团之间相互割据，造成组织结构庞大、业务种类冗繁、协同效应减弱、规模效益甚小、管理效率低下等负面问题。如果兼并重组只进行到将同类项简单合并的程度，那么各下属企业基本上只能是“物理上”的整合，没有“化学上”的整合，从而造成板结化。每一个下属企业的产业结构都类似，业务种类齐全，每一个企业都产供销一体，完全不可能发挥分工优势，这就造成了集团资源能力的分散和割裂，严重影响经营效率。所以，兼并重组后的集团企业应着力培养自己的战略决策及资源调配能力，打造集团控制力，迅速确立以集团为决策和资本运营中心，各子（分）公司为生产经营管理和利润中心。产业分工定位与价值链选择决定企业的板块划分，集团企业在产业分工环节的定位和价值链的选择方面要结合自身的资源优势，二者的确定为企业的板块划分奠定基础。产业分工明晰了，价值链选择清楚了，企业兼并重组后的板块化也会自然变得清晰明确。板块发展成熟之后也可以为企业带来更高的效益，有助于企业产业分工的扩大化、产业内部分工的整合以及价值链条的延伸。

9.3 无形资产入股型
——以北京新发地农产品有限公司为例

无形资产入股型，主要适用于某些品牌、声誉等无形资产较好，但资金比较缺乏的农业企业所实施的兼并重组战略，这种兼并重组类型以品牌等无形资产输出为主，管理介入相对较少，兼并重组双方联系的紧密度非常有限。这种兼并重组模式的典型案例是北京新发地农产品有限公司。

9.3.1 案例概述

1. 基本情况

北京新发地农产品批发市场是中国交易规模最大的批发市场，是北京市的菜篮子和果盘子，其市场辐射力涵盖整个华北地区和周边。新发地批发市场商户数量众多，据统计，现有固定摊位 5 558 个、定点客户 8 000 多家，辐射上游生产合作社、经纪人、运销商等达到 10 万户，商品渠道覆盖海内外；市场中年营业额超过 1 亿元的商户超过一百家，部分商户实现了农产品产业链纵向一体化运营，包括基地建设、运销配送及销售终端建设，对农产品流通具有一定的掌控能力，对物流服务需求强烈。

新发地市场现占地面积 2 000 多亩，主要经营蔬菜、果品、肉类、粮油、水产、副食、调料、禽蛋、菌类、茶叶、种子等农副产品，是一处以蔬菜、果品、肉类批发为龙头的国家级农产品中心批发市场。日均车流量 3 万多辆（次）、客流量 6 万多人（次）。日吞吐蔬菜 1 300 多万公斤、果品 1 500 多万公斤、生猪 2 500 多头、羊 2 500 多只、牛 150 多头、水产 1 500 多吨。

2008 年 9 月，在原新发地农产品批发市场的基础上按照现代企业制度组建了北京市新发地农产品股份有限公司。经过20年的建设和发展，当初连围墙都是铁丝网的小型农贸市场，现已成为北京市交易规模最大的农产品专业批发市场，在全国同类市场中具有很大的影响力。2012年北京新发地市场的交易量达1 300万吨，交易额为440亿元，稳定占有首都80%以上的农产品市场份额，是北京市“菜篮子”工程的龙头企业和全国重要的农产品集散地。新发地批发市场历年交易量、交易额及其均值如图9－7、图9－8所示。

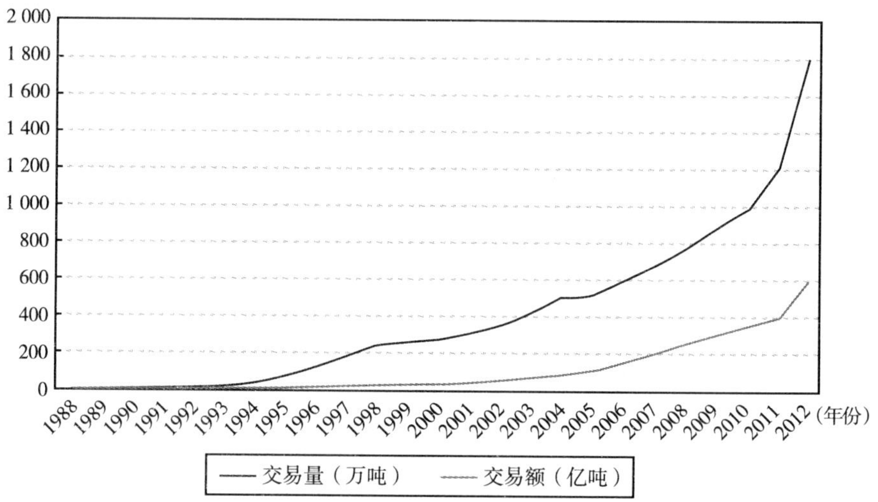

图9－7　新发地批发市场历年交易量和交易额

2. 主要做法

为更好地保障首都农产品稳定供应，北京新发地农产品有限公司从2007年开始，制定并实施“内升外扩”发展战略，拓展经营业务，逐步向生产源头和零售终端两头同步延伸，在北京周边和农产品主产区投资，在赤峰、大同、招远、武威、高碑店、襄阳、蒙城等开设了11家分市场（总占地面积6 412亩）和400多万亩基地。

（1）兼并重组以无形资产投入为主。在企业兼并重组过程中，新发地注重以品牌和管理等无形资产投入为主。北京新发地市场已成为家喻户晓的全国知名品牌，并在国内外具有广泛的影响力，2011年7月，“新发地”商标被国家工商总局认定为全国驰名商标，这是全国农产品批发市场行业

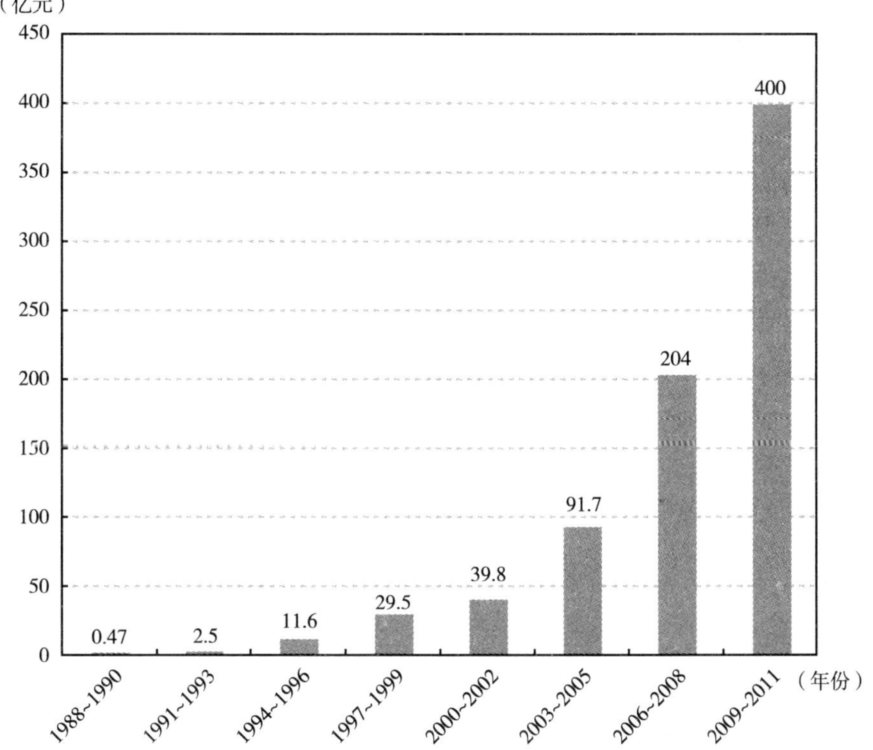

图9－8　新发地批发市场历年交易额均值

第一家被认定为全国驰名商标的企业。2009 年，在美国纽约发布的中国最有品牌价值的 100 个企业当中，“新发地”榜上有名，品牌价值达 19.05 亿元，被誉为最有发展潜质的朝阳企业。随着新发地的发展壮大，公司已经形成了一套成熟的管理模式。因此，在企业兼并重组过程中，很多都是以品牌和管理等无形资产投资为主，由于“新发地”品牌价值高，被兼并企业也乐于接受这种兼并重组方式，因为这可以大大提高企业的市场占有率，加之通过新发地组织专业的管理团队入驻被兼并企业，兼并重组后企业运营状况良好。

（2）兼并对象主要是周边省市的批发市场。紧邻北京南四环的新发地市场面临着发展空间有限的困扰：市场内有限的土地上，挤满了蔬菜、果品、粮油等一系列农副产品交易场所；而北京市的南城开发计划和五环内限建大型物流项目的政策，也使得其周边土地寸土寸金。空间有限，导致新发地市场附近堵车成为常态，而北京市出台的交通管理措施更是对外地蔬菜进京车辆多有限制。诸多原因迫使新发地要探索建立市外蔬菜进京中转站。北京市场上消费的蔬菜80%依赖外地供应，因此，兼并周边省市的批发市场成为新发地兼并重组的主要目的。如：北京新发地赤峰平庄农产品批发市场，2010年8月1日接管经营，占地160亩，目前运营状况良好；北京新发地高碑店农产品批发市场，2010年4月1日签约合作，总投资50.94亿元，占地2081亩，目前正在规划建设中；北京新发地涿州大石桥农产品批发市场，2009年8月20日接管经营，占地318亩，目前正在升级改造，运营状况良好；北京新发地大同农产品批发市场，2011年4月13日合作，占地900亩，目前正在规划建设中；北京新发地双桥农产品批发市场，2010年12月6日合作，占地800亩，目前运营状况良好。

（3）由兼并单一的销售市场向兼并有生产基地的市场转变。新发地兼并销售市场的目的是与被兼并方在业务上互相补充，相互支撑，产生联动效应。可以使产地批发市场货品直接从产地进行调度，销往全国各地。新发地兼并重组早期以兼并销售市场居多。一般情况下，兼并销售市场中新发地的控股比例在50%以下，可见，这种方式与被兼并企业联系不是很紧密。为了加强与被兼并企业的合作关系，近年来，新发地兼并重组过程中向兼并有生产基地的市场转变。兼并有生产基地的市场中新发地的控股比例在50%以上。依托北京新发地农产品批发市场的品牌、管理、信息、区位等综合优势，兼并有生产基地的市场可以有效保障首都销区市场农副产品供应，保证北京新发地“农产品直供基地”。也可以促进外埠产区市场农副产品顺畅销售，高效流通，为加强供销两地农副产品供销衔接、稳定市场交易秩序、平抑市场物价等发挥非常重要的作用。如北京新发地招远农产品批发市场：2009年5月11日合作，占地400亩，目前经营状况较好。北京新发地定兴农产品批发市场：2010年10月1日签约合作，占地200亩，目前正在建设中。北京新发地襄阳农产品批发市场：2012年9月26日达成合作意向，目前正在洽谈中。北京新发地吉县农产品批发市场：2012年10月24日达成合作意向，目前正在洽谈中。北京新发地上海华金农产品批发市场：2012年4月25日合作，占地200亩，目前运营状况较

好。北京新发地武威市农产品批发市场：2012 年 5 月 8 日合作，占地 266 亩，目前运营状况较好。

3. 取得成效

（1）新发地农产品批发市场规模和效益显著增强。经过 25 年的建设和发展，新发地农产品批发市场取得了长足发展，其交易量和交易额领先全国同类行业，已经连续十一年双居全国第一。市场现占地 2 000 多亩，管理人员 1 759 名，固定摊位 5 558 个，定点客户 8 000 多家，日均车流量 3 万多辆（次），客流量 6 万多人（次），日吞吐蔬菜 1.5 万吨、果品 1.5 万吨、生猪 3 000 多头、羊 3 000 多只、牛 500 多头、水产 1 800 多吨。市场内现有 4 家上市公司的分公司，年交易额过亿元以上的有 32 家，年交易额过千万元的有 883 家。目前，市场已形成以蔬菜、果品批发为龙头，肉类、粮油、水产、调料等十大类农副产品综合批发交易的格局。市场业务还辐射全国及蒙古、俄罗斯等国家，是首都名副其实的大“菜篮子”和大“果盘子”。2011 年 7 月，“新发地”商标被国家工商总局认定为全国驰名商标，这是全国农产品批发市场行业第一家被认定为全国驰名商标的企业。

（2）已经形成了稳定有效、质优价廉、安全可靠的农产品供应渠道。通过品牌、声誉等无形资产入股共建了农产品产地批发市场，在一定程度上保证了新发地各批发市场农产品的有效供应，形成了较为稳定的农产品尤其是蔬菜和水果的来源渠道，这为降低企业成本、保证农产品质量安全和有效供应奠定了良好的基础。目前，新发地市场已经通过各种形式与 20 余个省（市、区）建立了较稳定的蔬菜和水果供应关系（见图 9－9、图 9－10）。

（3）市场辐射力和渗透力不断增强。近年来，为构筑首都农产品安全稳定供应的“护城河”，市场实施了多种形式的兼并重组战略，市场业务正在稳步向生产源头和零售终端同步延伸，在北京周边和农产品主产区投资建设了 13 家分市场和 500 多万亩基地，在北京市区内建立了 150 多家便民菜店，有效平抑了市场物价，方便了社区居民，有效保障了首都农产品的安全稳定供应，同时，市场还在跨区域合作、产业链延伸和功能拓展方面做出了卓有成效的探索。

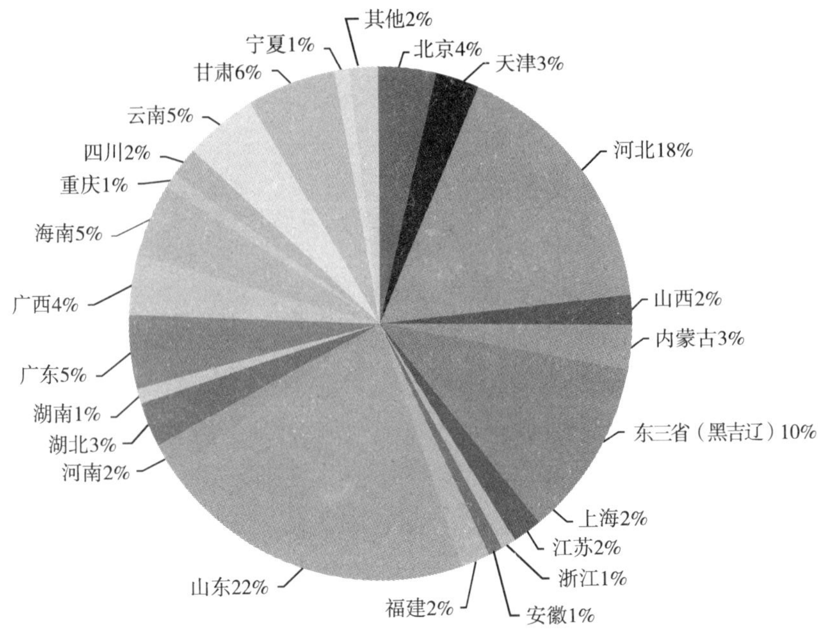

图9－9　新发地市场蔬菜来源分布比例

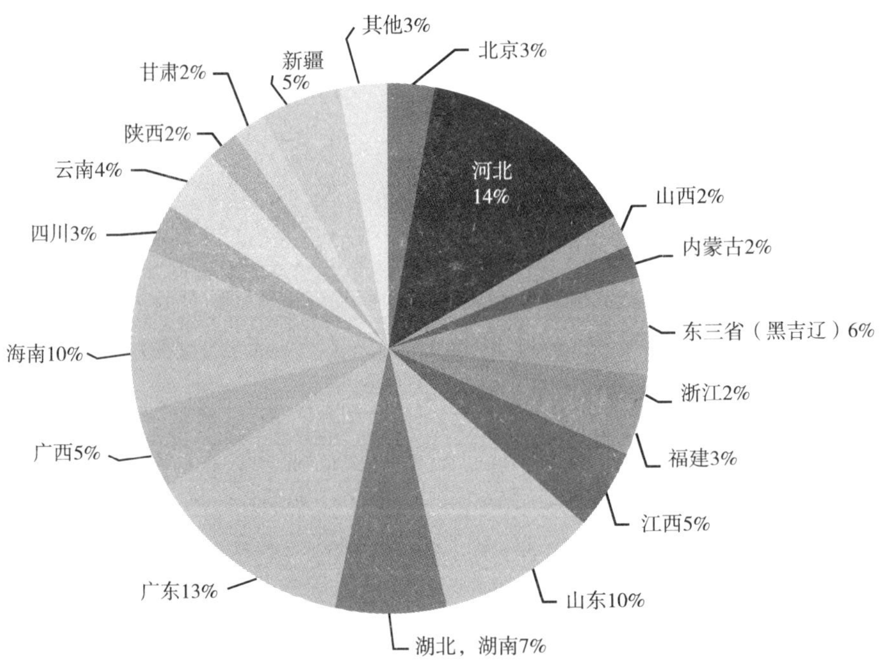

图9－10　新发地市场水果来源分布比例

表9-2　　北京新发地批发市场通过兼并重组在各地建成的代表性分市场

分市场名称	地点	主要功能定位
北京新发地大石桥农产品批发市场	河北涿州	鲜活农产品批发
北京新发地平庄农产品批发市场	内蒙古赤峰	农产品集散
北京新发地定兴分市场	河北定兴	农产品集散
北京新发地金都坤发农产品交易市场	山东招远	农产品交易
北京新发地武威市农产品批发市场	甘肃武威	农产品交易
北京新发地双桥农副产品批发市场	北京双桥	农副产品批发
北京新发地蒙城农产品批发市场	安徽蒙城	特色农产品辐射
北京新发地百应仓储物流园	湖北襄阳	农产品物流市场
北京新发地高碑店农副产品物流园	河北高碑店	中国农产品龙头加工企业总部基地
北京新发地大同农产品批发冷链物流市场	山西大同	多功能、网络化、智能化新型农产品批发市场

(4) 在服务百姓促进就业和带动农民增收致富方面的效应不断显现。北京新发地农产品批发市场不仅成为带动中国农产品大流通的超级绿色航母，而且培育了8 000多名遍布全国及世界各地的农产品产销大户，直接或间接带动近百万农民就业增收，为服务百姓、繁荣首都经济、维护首都稳定、促进三农增收、解决农民就业做出了重要贡献。市场先后荣获全国文明市场、农业产业化国家重点龙头企业等200余个荣誉称号。

9.3.2　启示

(1) 农产品流通企业兼并重组起步晚、规模小，政府应加大支持力度。我国农产品流通企业很多都是由原来的批发市场发展起来的，发展时间较短，实力不雄厚，兼并重组的步伐和力度还很不够。对于新发地这类村集体企业而言，其发展速度不快，发展规模和国有农副产品批发市场比较起来，整体上规模较小，没有建立起全国性农产品批发市场实体网络体系。在发展过程中，政府的支持程度远远不及国有企业，而且有时受到政府的行政干预。作为北京具有较大发展潜力的企业，政府要加强对新发地的支持力度，国家在资金、政策上要予以一定的补贴和支持，包括基础设施投入的资金补贴，管理费用的税收减免，水电价格的优惠政策，土地使用的优惠减免政策，先进技术与设备的应用推广补贴等。

（2）对于无形资产入股型兼并重组而言，在进行品牌输出的同时，应逐步介入管理。新发地最大的优势是品牌优势，因此，在兼并重组过程中，主要以品牌输出为主，管理介入相对较少，导致合作双方联系不是很紧密。新发地管理模式有待探索。批发市场经营方式和交易方式落后。批发市场提供的服务主要是基本的物业管理服务，在收入结构上，以收取摊位租金和车辆进场费为主要收入来源。在交易方式上，99%的市场采用一手交钱一手交货的传统交易方式，完全是现金结算。虽然有的批发市场建设了信息服务中心，但绝大多数仅是上网进行信息采集和信息发布管理，批发市场间缺少信息共享，不能提供有价值的信息服务。

（3）实施无形资产入股型兼并重组战略的企业往往面临资金缺乏的窘境，政府应加大投资搞好公益性基础建设。农产品批发市场投入大，见效慢，投资回收期长，投资收益率低，具有一定的公益性特点，新发地兼并重组过程中急需的是资金支持。像批发市场这样的设施，应该具有一定的公益性，批发市场是类似地铁的大型公益项目，就需要有国家投资。由集体或其他主体投资，最终所付出的成本都要在产品或服务上加到消费者头上。因此，可以采用政府投资联合企业自筹，由政府出资建设冷库等基础设施，最大限度地发挥政府投资的带动效应。也可以尝试引入北京市政策股以增加批发市场公益性，政策股不参与分红。目标就是引导政府搞公益性基础建设，经营还是市场化运作。政策股可以起到引导帮助管理和监督的作用。

9.4 资产划拨型

——以北京首农集团为例

资产划拨型主要是针对国有企业的兼并重组而言，为了更好地推进农业企业资源的优化配置，提高产业的集中度，发挥规模集聚效应和业务协同效应，提高国有资本的运行质量，国有资产管理部门结合企业生产经营情况和兼并企业之间的融合可能性，将被兼并的国有企业资产无偿划转到

事先确定的兼并主体企业名下，或重组成新的公司，或以实力雄厚的兼并主体企业为存续公司。比较典型的案例是北京首农集团。

9.4.1 案例概述

1. 基本情况

2009年4月，经北京市政府批准，北京三元集团有限责任公司、北京华都集团有限责任公司、北京市大发畜产公司重组为北京首都农业集团有限公司。三元集团始建于1949年9月的平郊农垦管理局；华都集团始建于1975年4月的北京市机械化养鸡养猪工程指挥部（北京市畜牧局的前身）；大发畜产公司创建于1985年5月。重组后的首都农业集团资产总额300亿元，员工4万人，国有全资及控股企业64家，中外合资合作企业31家，境外公司3家；其中北京三元食品股份有限公司为上市公司。

作为此次重组主体的北京三元集团，将无偿获得北京华都国有资产的划拨，双方资产并账、财务并表；而大发畜产公司则由三元集团托管，资产不并账、财务不并报表。原三元集团董事长张福平、总经理薛刚在新首农集团中职位不变，华都董事长冯巨元就任副董事长。首都农业集团在畜禽良种繁育、养殖、食品加工、生物制药、物产物流等方面具有行业明显优势，业已形成从田间到餐桌的完整产业链条，拥有5家国家级重点农业产业化龙头企业和“三元”、“八喜”、“峪口禽业”、“太子奶”、“丘比”五个中国驰名商标，“三元”、“华都”、“双大”三个中国名牌及一批著名商标，并与多家国际知名企业建立了良好合作关系，具有较强的市场竞争力和影响力。近年来，首都农业集团紧紧围绕首都经济发展内涵，大力发展现代农牧业、食品加工业和现代物产物流业。在提高综合生产能力和经济效益的同时，强化服务“三农”的意识和社会责任，努力成为提供绿色健康食品、在国内同行业具有龙头地位、首都标志性的都市型现代农业产业集团。

2. 主要做法

（1）政府积极主导，无偿划拨资产。北京市政府认识到只有通过兼并重组，做大做强龙头企业才能推动产业的快速发展，因此，积极探索针对国有资本的不同调整重组方式，使国有资本向基础设施和支柱产业集中，向产业的关键领域或环节集中，向产业链的两端延伸，努力打造能代表首都形象、主业突出、实力雄厚、具有核心竞争力的大企业大集团。2007 年，北京市国资委就制定了《关于加快推进北京市国有资本调整和国有企业重组的指导意见》，强调将以“调、改、剥、退”为手段，加快国有资本调整和国有企业改革重组。组建首都农业集团，是为了更好地推进农业企业资源的优化配置，提高产业的集中度，发挥规模集聚效应和业务协同效应，提高国有资本的运行质量。三元、华都、大发这三家都是北京市国资委下辖的农业企业，而这场重组的幕后推手也正是北京市国资委，通过将华都资产无偿划转给三元公司，并对大发公司进行托管，能有效打造都市型现代农业产业集团，实现“从田间到餐桌”的全产业链接。

（2）先易后难、分步推进兼并重组。重整农业概念打包成立首都农业集团，这种“合并同类项”的大“归口”行为有利于整体协同效应的发挥。北京市国资委力主三元、华都、大发三间公司整合，但由于整合涉及 4 万人，人员整合、班子重构、文化磨合比较复杂，为了避免不必要的纠纷，北京市国资委非常谨慎，虽然都是采取资产划拨形式，但兼并重组过程中采用了分类实施、有序推进的策略，对于不同企业采取了不同的兼并重组措施。有着 60 多年历史的北京三元集团有限责任公司是本次重组的主体。北京华都集团有限责任公司，是中国肉类工业 50 强企业，此次国有资产无偿划拨给三元集团。北京市大发畜产公司资产则由三元集团进行托管。对华都集团的资产进行无偿划拨，也就是说资产并账、财务并表到首都农业集团，首都农业集团代行出资人职责，保留独立法人资格，作为首都农业集团的二级公司，这是从形式到实质的兼并重组。托管大发公司，是指由组建后的首都农业集团托管，但是财务不并表、资产不并账，大发公司继续保持独立法人资格，这是一种形式而非实质的重组。之所以做出这样的分类实施策略，是由大发公司的股权结构决定的。大发公司是北京市政府为解决“菜篮子”工程于 1985 年完全靠贷款组建的，1986 年大发与正大建立了两家合资公司，各占 50% 股份。中方不是控股地位，而大发

集团的核心资产——肉鸡养殖及食品加工业在合资公司里，所以北京首都农业集团过早介入整合大发正大面临很多现实难题。这也就是北京市没有对大发公司进行实质性整合的原因。北京国资委对首农集团确定的兼并原则是先易后难、分步推进，先整合华都再重组大发。

（3）兼并重组的目的是避免内耗，寻求优势互补。三家企业存在着产业规模小、主业相近、同业竞争等问题。产业资源的整合将集中在种猪、肉鸡等领域。重组前，三元集团就已形成现代农牧业、乳品加工业及与之相配套的物流业等业务群，资产总额为106亿元，旗下除市场熟悉的三元牛奶外，全聚德烤鸭原料也来自三元，同时三元集团还先后引进麦当劳快餐、八喜冰激凌、荷美尔肉食等合作。华都集团和大发公司此前均是最大的从事肉鸡产业企业。华都集团拥有从肉鸡育种、养殖到肉鸡屠宰、食品深加工的完整产业链，年加工食品近7万吨。大发公司也拥有较完整的肉鸡产业链，是资产规模为10亿元、主营业务收入达23亿元的优质企业，拥有中国乃至亚洲唯一的白羽肉鸡原种基因库。重组后将避免同业竞争带来的内耗，让华都和大发由对手变成了手足。之前，华都和大发两家的肉鸡育种、养殖、屠宰产业是交叉布局的，销售通路重叠，重组后将整合资源，就近收购、屠宰、加工，减少路途损耗。重组将使企业在业务支撑、产业延伸和经济支持三方面受益，华都旗下拥有生物制药厂，重组后就可以直接服务于三元和大发的畜牧行业，提高他们的疾病防控能力。

（4）谨慎、稳健地应用资本运营战略。组建后的首都农业集团，唯一的上市公司是三元股份，集团运行4年来，并未在资本市场有非常积极的作为，这一阶段主要是对重组后的业务、文化、人员进行积极融合，并未将华都和大发的优质资产注入上市公司，这主要因为三元股份是以奶业为主，本身就具有完整的产业链条，而华都和大发的业务以肉鸡和种禽繁育为主。首农集团重组以来持续贯彻执行实业经营加资本运营双维驱动的战略，扩大规模，增强实力，但在资本运用方面非常谨慎，直到2013年4月16日，北京首都农业集团有限公司才与＊ST科健签署《重组意向协议》，科健公司股东大会审议通过重组方案、证监会批准重组方案，科健通过定向增发新股的方式购买首农集团拥有的优质资产。

定向增发完成后，首农集团将成为公司的最大股东。首农集团提供的重组注入资产为其下属北京华都集团有限责任公司拥有的鸡、鸭等家禽育种、养殖及加工等资产。

3. 取得成效

兼并重组后首农集团的发展优势显而易见的，有着从“农田到餐桌”的完整产业链，在畜禽良种繁育、养殖、食品加工、生物制药、物产物流等方面具有行业明显优势，年销售收入超过 100 亿元；在北京市场份额达 50%；肉鸡育种占国内市场的 50%，蛋鸡占 40%；出口熟食占同类产品份额的 30%。拥有完整的北京鸭产业链，年生产加工北京鸭 700 万只，年屠宰北京鸭 1 000 万只，是“全聚德”、“鸭王”、“九华山”等高档烤鸭店主要供应商，而在育种方面，存栏种鸭 7 万套，北京鸭种鸭推广占国内 70% 的市场份额。养鸡方面，拥有亚洲唯一的大型肉鸡原种育种基地，肉鸡屠宰量位居全国第一。已经成为国内同行业中具有龙头地位的都市型现代农业产业集团，在“三个基地”建设，即农业高新技术研发、示范和推广基地，优良种畜种禽和安全健康营养食品开发、生产和销售基地，以及安全优质农产品的加工、物流配送和应急保障基地建设方面取得了显著成效。

（1）建成了以种禽种畜为核心的现代农牧产业体系，实现了“从田间到餐桌”的全程质量控制体系。兼并重组后，首都农业集团在畜禽良种繁育、养殖、食品加工、生物制药、物产物流等方面呈现出明显的行业优势，形成聚合一、二、三次产业为一体，覆盖原料资源、生产加工、流通渠道的“从田间到餐桌”的完整食品产业链。首农集团在畜禽种业方面已经取得突出优势，良种品系资源丰富，繁育养殖技术先进，奠定了高科技种业的基础。首农集团已经建成我国规模最大、综合实力最强的国家奶牛良种繁育和供种基地；拥有全国最大的现代化、集约化良种荷斯坦奶牛养殖基地；拥有我国乃至亚洲唯一、规模最大的肉鸡原种育种公司；拥有亚洲最大、最具实力的现代化蛋种鸡繁育基地；拥有我国规模最大的北京鸭养殖基地和国内唯一一家将 SPF 技术研究和应用有机结合起来的养猪育种中心。首农集团在有效的养殖运行模式和新型养殖模式方面做出了重要探

索，饲料动保环节完备，系统防疫能力强，具备微生物资源循环技术应用优势。

（2）构建了以农畜产品加工为主的食品加工业，为消费者提供了安全、优质的产品。兼并重组后，首农集团资金、技术、人员方面取得了长足发展，已经拥有国际先进水平的食品加工技术和装备，依托农牧业基础产业，建立起了乳制品加工基地以及鸡、猪、北京鸭等肉制品屠宰加工和熟食生产基地，原料供应以集团内部自建养殖基地为主，从源头上保障了集团食品加工业的质量安全。集团拥有三元、华都、双大三个中国名牌，同时，首农集团与一大批国际著名的食品企业合资合作，如美国麦当劳公司、日本丘比株式会社、美国荷美尔食品公司、美国百麦食品公司等，为消费者提供安全、健康、优质的产品。

（3）打造了以食品物流为主的现代物流业和物产业，为现代农业产业发展提供了保障。现代物产物流业是食品加工业的延伸产业，包括以冷链为特色的食品物流和畜产品内外贸易。首农集团整合物流资源和内外贸渠道，提高为主业服务的水平。首农集团物产业主要是房地产开发业务，以及酒店、公寓的物业经营，取得的收益将反哺于农牧业，为主业发展提供保障。物产方面，首农集团拥有土地12万亩，还通过承德三元管理的御道口牧场1 000平方公里，拥有盛福大厦、回龙观龙冠置业大厦、圆山大酒店、光明饭店、东苑公寓、朝阳高尔夫俱乐部等高档饭店、写字楼和商业地产，以及开发了一批如园墅等著名房地产项目。物流方面，拥有仓储物流企业11家，库房39万平方米，375辆运输车辆，年配送及仓储量21万吨。拥有物美新物流配送中心，是华北地区单体面积最大，物流设施最先进，全程ERP供应链信息管理的商业零售物流配送中心。与日本双日集团合资的三元双日物流公司，是北京地区最大的三温度带冷链物流服务商。拥有加油站40多个，是北京地区第三大成品油零售企业。

（4）积极向生物制药行业拓展延伸，不断拉长产业链条。兼并重组后，首农集团已经拥有北京市兽医生物药品厂、北京力时达药业有限公司和北京太洋药业有限公司三家制药企业。其中华都疫苗年生产61亿头/羽份，国内同类产品市场占有率25%，力时达药业有限公司主要生产兽药，产能规模为华北地区第三。

9.4.2 启示

1. 国有企业兼并重组离不开政府适时介入，但切忌“拉郎配”行为

企业间的兼并重组，是双方企业之间资源要素产生交集需求，浅显地说就是互有吸引、互为所用，是一种自发自愿的市场行为。因此，在企业兼并重组过程中，政府的行为应仅限于出台行政指导性意见，制定各种优惠保障措施；可以指导，但不宜过多干预。而如果政府就此下达指令性任务，则难免会融入过多行政干预成分，自然会忽略或弱化市场因素。“拉郎配”式的包办婚姻绝大多数是难以幸福的，往往是短暂的撮合之后，最终还是分离。首农集团的兼并重组充分考虑了各方资源的融合性，有助于进一步优化国有资产布局和产业结构，使国有资本向基础设施和支柱产业集中，向产业的关键领域和环节集中，向产业链的两端延伸，以及向优势企业和优秀的管理团队集中，因此取得了较好的效果。

2. 兼并重组要有序推进，不可操之过急

国有企业兼并重组往往比私企更为复杂，它牵涉更多的历史遗留问题。如果没有做好充分的调查研究和准备工作，没有确立分类指导、有序推进的兼并重组战略而贸然推进，则容易引发一系列问题。首都农业集团兼并重组涉及资产总额 150 亿元，员工近 4 万人，国有全资及控股企业 64 家，其中原有的国有农场十余个，中外合资合作企业 25 家，境外公司 2 家，其中还有一家公司为上市公司。涉及的大发公司还是中外合资企业。在如此复杂的背景下，推进兼并重组战略必须充分考虑各方利益和各种矛盾，循序渐进。

3. 适时利用资本市场，积极有效的推进产业重组

充分利用资本市场的融资平台，拓宽融资渠道，推进资产证券化有助于农业企业兼并重组的顺利推进。但如果缺乏绩效良好的实业支撑，资本运营便成为空泛的手段。首农集团成立以来，积极推进“实业和资

本”双轮驱动战略，极力打造“从田间到餐桌”的全产业链条，同时积极运用资本市场收购三鹿，兼并重组华都集团，托管大发，并以优质资产入驻＊ST科健。通过资本运作，首都农业集团获得了快速发展，已经在畜禽良种繁育、养殖、食品加工、生物制药、物产物流等方面具备了行业明显优势。

9.5 几种主要兼并重组模式的内涵比较及适用条件分析

在农业产业化龙头企业兼并重组的历程中，不同性质、不同发展阶段、不同目标的企业根据所处的环境，实践并探索出了适合自身特点的兼并重组模式。分析企业的发展要素并且明确不同模式的特点，是正确选择一种或多种兼并重组模式的重要条件。从基本定义出发可以将四种模式的优缺点总结如表9－3所示。

表9－3　四种兼并重组模式优缺点对比

兼并重组模式	优点	缺点
出资购买型	兼并方可快速且完全控制被兼并企业	资金需求大且需承担遗留问题
投资控股型	相对全资购买投入资金少，可以较快实现较为宽泛的产业链控制	资金需求较大，控股不足容易失去核心控制权
无形资产入股型	资金需求较少，迅速增加市场占有率	双方联结不紧密，兼并方控制管理权较少，而且需要具有优势无形资产
资产划拨型	充分享受国家优惠政策，信誉较好，借助资本运作筹集资金方便	需要拥有国有企业的身份，且要受到一定程度的行政支持

9.5.1 出资购买型的适用条件

出资购买型具有高效率性，有助于兼并重组双方快速融为一个利益共同体，共同致力于企业的发展，这就避免了“令出多门”和重大决策出现意见无法统一协调的现象，有利于相关战略决策的顺利实施，但出资购买型兼并重组对于兼并方的资金实力有较高要求，而且通过此方式不但获得被兼并方的各种权益，同时也要承担被兼并方的相关债务和遗留的历史问题。因此，这种模式主要适用于已经处于成熟期，资金实力雄厚的农业龙头企业，有利于通过资本运作迅速扩展产业链。

9.5.2 投资控股型的适用条件

投资控股型是一种常见的兼并重组模式，兼并方可以运用部分资金，通过承担部分债务或投资的方式实现对目标企业的控股，使被兼并重组的企业成为控股方绝对或相对控股子公司。由于资金需求没有第一种模式高，而承担的债务或者历史遗留问题也有选择的余地，控股程度可以由兼并方自主决定广泛被使用。值得注意的是，这种模式常常因为没有实现绝对控股，在重大决策问题上，兼并双方发生纠纷，同时也存在多头管理，不方便兼并方资源整合的现象。这个模式适用于具有一定经济实力，而且涉足产业链较为全面，想要兼并在领域内具有发展优势或潜力的目标企业的农业龙头企业。

9.5.3 无形资产入股型的适用条件

运用此种模式，企业所需资金较少，而且有利于在短时期内迅速增加市场占有率，对于农产品流通企业来说非常适合采用这样的模式。但是这种兼并重组类型要求兼并方拥有具有竞争优势且不易被模仿的无形资产。此外，兼并方以品牌、技术和管理等无形资产输出为主，管理介入相对较少，兼并重组双方联系的紧密度非常有限。这种模式主要适用于某些品牌、声誉等无形资产较好，但资金比较缺乏的农业龙头企业所实施的兼并重组战略。

9.5.4 资产划拨型的适用条件

资产划拨型模式，可以直接借助行政力量获得被兼并企业资产并获得

优惠政策扶持，同时即使最初缺乏良好业绩的实业支持，也可以通过较好的信誉，推进资产证券化拓宽融资渠道获得资金支持，进行兼并重组打造优势产业链。但是如果政府没有清楚角色定位，就可能出现过多行政干预，将并不合适的企业进行兼并重组，给企业发展带来不利影响。此种模式主要是针对国有企业的兼并重组而言，主要是国有资产部门为了更好地推进农业企业资源的优化配置，提高产业的集中度，发挥规模集聚效应和业务协同效应，提高国有资本的运行质量，引导业务和运作模式相近的国有企业进行兼并重组。

第10章

农业产业化龙头企业兼并重组的政策建议

农业产业化龙头企业兼并重组需要政策引导和社会支持。由于兼并重组的主体是企业，企业在进行兼并重组中所遇到的问题也不是政府一个部门能解决的，需要政府多部门配合支持。企业兼并重组是优化存量，实现资源的优化配置，于国、于民、于企业都是有利的，而政府的引导和支持最为关键。

10.1 推动农业产业化龙头企业兼并重组的政策措施

农业产业的先天不足必然需要政府给予一定的优惠政策。农业企业的发展离不开政府的支持，在国有股占大部分的股份公司里进行兼并重组就自然具有浓郁的政策性背景。在农业产业化发展的初期，政府扮演相当重要的角色。任何一个明智的政府都会努力实现本国经济的持续增长，保持效率和公平。换句话说，没有政府的促进，就不可能有任何产业进步，农业产业化经营也一样，兼并重组是发展企业的战略选择，政府也自然在其中起重要作用。因此，在推动农业产业化龙头企业兼并重组的政策措施方面，结合《国务院关于支持农业产业化龙头企业发展的意见》、《国务院关于促进企业兼并重组的意见》等国家相关政策要求，我们提出在税收、财政、金融、技术、土地等方面的扶持政策，切实加大对农业产业化龙头企

业兼并重组的支持力度。

10.1.1 促进农业产业化龙头企业兼并重组的税收减免政策

（1）制定并实施有利于农业产业化龙头企业兼并重组的税收优惠政策。在农业产业化龙头企业兼并重组的政策支持体系建设中，应把税收优惠作为政府推动农业产业化龙头企业发展的基本手段之一。《国务院关于促进企业兼并重组的意见》提出，要“研究完善支持企业兼并重组的财税政策。对企业兼并重组涉及的资产评估增值、债务重组收益、土地房屋权属转移等给予税收优惠”，为农业产业化龙头企业兼并重组的工作确定了总方向。按照现行税收政策规定，农业产业化龙头企业在兼并重组过程中，一般应交纳营业税（增值税）及附加、企业所得税、个人所得税、土地增值税、印花税、契税等税种。

对农业龙头企业兼并重组涉及的资产评估增值、债务重组收益、土地房屋权属转移等给予税收优惠，具体按照财政部、税务总局《关于企业兼并重组业务企业所得税处理若干问题的通知》、《关于企业改制重组若干契税政策的通知》等规定执行。

（2）国家税务总局应尽快出台企业重组与清算的所得税处理办法，明确公司合并的所得税处理方式：一是明确控股合并属于企业重组行为，参照企业会计准则的相关规定，以合并方取得被合并企业50%以上的控股权为标准界定控股合并，鼓励公司兼并重组；二是明确控股合并享受与吸收合并、新设合并同等的税收待遇。明确控股合并的情况下，股权转让方已按规定在交易发生时确认股权转让所得或损失的，被合并企业相关资产应当按照交易价格与股权转让比例重新确定计税基础，以避免兼并重组过程中的双重征税，或利用股权转让损失恶意避税。

（3）完善现有的涉农财税优惠政策，防止地方为扩大税源而出现的税收政策执行走样，积极探索有利于推进农业产业化龙头企业兼并重组的财税新政策。

10.1.2 促进农业产业化龙头企业兼并重组的财政扶持政策

由于农牧业天生具备的弱质性，农牧业发展很大程度上依赖财政的支持，因此，政府应加大对农业产业化龙头企业兼并重组的财政投入。相关政策性资金应向农业产业化龙头企业兼并主体倾斜，优先申报和争取国家农业产业化项目等资金。兼并重组涉及的资产评估增值、债务重组收益、土地房屋权属转移等给予税收优惠。兼并主体注册地与被兼并对象原注册地可在有关法律、法规允许范围内，签订财税、地区生产总值产出等分成协议。

1. 加强财政资金扶持力度

农业龙头企业不同于一般的工商企业，其具有准公益性质和正的外部经济性。龙头企业发展的外部经济性是在壮大自身实力的同时，促进了其辐射区域内的产业结构调整，进而促进农民增收、农业增效和农村经济社会的发展。一个区域农业龙头企业数量多、质量好，就能有力地推进地方农业产业化的发展，形成区域主导产业和主导产品，有效地解决农产品商品化、农业效益低和农村劳动力剩余的问题。龙头企业的外部经济性主要表现在，一是通过企业与农户组织形式的不断改善，解决了在现行土地管理制度下，个别农户小生产与统一大市场之间的矛盾，提高了农业组织化程度，降低了农户的市场竞争成本；二是农户根据龙头企业发展要求，有针对性地进行种植结构的调整和农产品初级加工，强化了农户专业分工，提高农业生产效率；三是农户与龙头企业通过订单、“二次分红”等形式从农产品加工增值中得到附加利益，有效地促进了农业效益的提高和农民收入的增长；四是龙头企业的标准化要求，为新品种引进和适用农科技术的推广提供有效的途径。

按公共经济学理论，凡具有外部经济性的产品或服务，其供给总是小于需求，若要扩大其供给量，就必须使提供者得到一定的补偿。龙头企业的发展具有一定的外部经济性，因此，要使龙头企业发挥出更大的效用，

政府就必须动用公共财政对其进行适当的支持。

政府应加强对农业龙头企业的财政支持，重点用于对企业的贷款贴息或担保和财政补贴等方面，以增强企业的核心竞争力。应制定有利于农业龙头企业发展的财政倾斜政策，帮助企业扩大规模、加强生产基地建设、增强辐射带动农户的能力。

在中央国有资本经营预算中设立专项资金，通过技改贴息、职工安置补助等方式，支持农业产业化龙头企业兼并重组。鼓励地方人民政府通过财政贴息、信贷奖励补助等方式，激励商业银行加大对农业产业化龙头企业兼并重组的信贷支持力度。有条件的地方可设立农业产业化龙头企业兼并重组专项资金，支持本地区农业产业化龙头企业兼并重组，财政资金投入要优先支持重点农业龙头企业兼并重组。

2. 设立农业产业投资基金

产业投资基金是以资本市场为纽带，以产业发展政策为引导，通过对国家急待发展的产业，如农业、能源、交通等，实行股市融资及资本运作，以解决国家因财力有限而不能满足的产业重点项目资金需求的困难，促进基础产业、高科技产业等新兴产业集约成长的一种有效的金融工具。建立农业产业化投资基金，通过公开发行或者由专业部门非公开发行，将社会闲散资金集中起来，通过基金的组织和引导，合理地投向农业领域。

农业产业投资基金通过市场化运作，为农业产业化引入新的融资渠道，可以优化农业投资结构，对促进农业产业结构的调整和升级具有重大的现实意义。农业产业基金有利于促进农业龙头企业建立现代企业制度，完善法人治理结构，提高管理水平，使企业通过资本市场的多种手段的运作，快速打造大型的农业龙头企业。农业产业化投资基金的设立将有利于减少政府对农业方面的投入，符合国家的产业政策，解决了国家投资部分的不足。农业产业投资基金需要一定的政府支持，如在税收政策上应实行优惠、提供配套的政府低息贷款，与此同时，还应对基金的投向进行合理约束。此外，WTO 规则中对政府农业补贴做出很多限制，通过产业基金的方式，可以合理规避 WTO 规则关于农产品财政补贴的相关限制。

10.1.3 促进农业产业化龙头企业兼并重组的金融扶持政策

1. 发行农业产业化龙头企业兼并重组专项支持债和金融债

针对农业领域企业普遍轻资产、融资需求周期长的特点，建议发行1 000 亿元的农业产业化龙头企业兼并重组专项支持债和1 000 亿元的金融债，引入更多社会资本投入农业领域，重点用于支持新型经营主体培养、装备提升、冷链物流建设、企业“走出去”等，解决农业产业化龙头企业兼并重组融资难、融资渠道单一的实际困难，推动产业转型升级。

2. 出台农业产业化龙头企业兼并重组金融业务差异化政策

针对农业产业化龙头企业兼并重组金融业务，设立区别于其他高度市场化产业的差异化政策，降低涉农金融机构存款准备金率，减免涉农金融机构的营业税、所得税，鼓励支持商业银行在农业产业化龙头企业兼并重组中发挥重大作用。对一定规模以下的涉农贷款按现行风险资本权重 0.5 倍系数计量，对涉农贷款不纳入存贷比限额管理，适当提高对拨备率和不良率的容忍度。

3. 鼓励引导金融支持农业产业化龙头企业兼并重组

支持符合条件的农业产业化龙头企业兼并重组，通过多层次资本市场筹集发展资金。通过财政贴息、信贷奖励补助等方式，激励商业银行加大对产业化龙头企业、合作社等的金融支持力度。设立专门的农业产业化龙头企业兼并重组专项基金，支持产业化龙头企业做大做强。鼓励商业银行按照依法合规、审慎经营、风险可控、商业可持续的原则积极稳妥地开展农业产业化龙头企业兼并重组贷款业务，对兼并重组后的企业实施综合授信。鼓励证券公司、股权投资基金以及产业投资基金等参与企业兼并重组，向企业提供直接投资、委托贷款、过桥贷款等融资支持，完善退出机

制。支持符合条件的企业通过发行股票、债券、可转换债等方式为兼并重组融资，鼓励上市公司以股权和其他金融创新方式作为兼并重组的支付手段，大力推动部分改制上市企业整体上市。

4. 建立专项农业产业化龙头企业兼并重组保险制度，提高龙头企业经济地位

农牧业是一个高风险的行业，在农业产业化龙头企业兼并重组的过程中，随时都可能遭遇自然风险、社会风险和经济风险，风险损失难以预料。农业产业化龙头企业兼并重组保险是稳定农牧业生产、保障经营者利益的有力手段，它可以提高农业产业化龙头企业的收益保障程度，有利于农业产业化龙头企业的经济地位，便于其获得贷款。要尽快建立包括政策性农牧业保险机构、商业性保险机构、合作社在内的以政策性保险为导向、多层次、各种模式相互补充的复合农牧业保险体系。

5. 支持设立农业产业化龙头企业兼并重组基金

鼓励有条件的机构发起设立农业产业化龙头企业兼并重组基金，探索政府引导资金参与兼并重组基金的设立和运作；发挥兼并重组基金在拓宽兼并重组融资渠道、兼并重组方案设计、兼并重组咨询、组织社会资金进行兼并重组投资等方面的作用，提高农业产业化龙头企业兼并重组能力。

6. 建立多层次金融支持

我国农业发展的一个重要瓶颈是农民、农业企业缺少融资渠道，农村的金融供给不足。区域农业企业兼并重组一方面是为了实现企业的规模化，以满足各种途径的融资条件，同时企业兼并重组本身也需要资金支持，金融机构应加强信贷产品创新，为农业产业化龙头企业兼并重组提供过桥贷款。同时企业也应完善公司治理，建立健全财务核算制度，强化企业内控制度，提高管理水平，熟悉各种投融资实务操作，与各类金融机构建立良好的互利关系。在间接融资不足的情况下，各类中小企业可以充分利用资产重组快速壮大企业规模，通过引入风险投资、战略投资者等直接融资的方式引入企业发展的资金。我国多层次的资本市场建设为农业龙头企业提供了发展的机会，资本市场不仅是一个舞台，也是一个目标。农业龙头企业的兼并重组应树立全方位的资本市场概念，以主板上市为目标，从区域兼并重组整合开始，通过各种手段调动资本的力量，力争打造有特色的农业龙头企业，从区域走向全国，乃至打造出有中国标记的国际品牌。

7. 建立农业龙头企业信用担保体系

农业龙头企业尤其是发展中的农业龙头企业大多数规模较小，这些农业龙头企业在发展过程中需要大量的发展资金，但是中小企业向正规的银行机构借款往往面临非常多的困难，主要是农业龙头企业固定资产数较少，土地又大多是集体土地性质，难以用于资产抵押。农业企业信用担保机构是由农业龙头企业发起成立的中介机构，在农业龙头企业向银行借款时，由担保机构承担连带偿还责任，是一种信誉的证明和资产责任结合的中介行为。目前各地区已经开始试行由农业龙头企业自发组建农业龙头企业担保机构。如海南省成立的“省农业龙头企业信用担保互助协会”，协会是由省农业厅主管，经省民政厅核准登记的行业性信用担保的民间组织，是专门为省农业龙头企业提供银行贷款信用担保的互助性机构。其业务范围是，“组织发展信用会员、为农业龙头企业提供银行贷款信用担保、督促企业按时还款；组织企业信用等级评审培训；政府委托的其他事项”。

8. 充分发挥资本市场推动农业产业化龙头企业兼并重组的作用

由于农业产业化龙头企业产业化程度不高，间接融资如银行贷款等融资方式的条件比较苛刻，此外，上市、发债等直接融资门槛较高，农业企业很难达到上市条件。农业企业做大做强，不仅需要各级财政多渠道整合和统筹支农资金，更需要借助资本市场组建大型企业集团。

实践表明，资本市场推动企业重组可以发挥以下五个方面的作用：一是提升和促进产业整合，带动行业集中度和企业效益进一步提升；二是推动产业升级，经济发展方式转变进一步得到体现；三是推动国企改革，国有企业活力进一步得到增强；四是推动跨境兼并重组，参与全球配置资

源，由于我国资本市场定价功能的逐步健全，上市公司在参与全球资源配置中有效维护了国家的经济利益；五是维护社会稳定，保障中小股东和员工的权益。今后在以下方面加大力度：（1）加大资本市场支持农业产业化龙头企业兼并重组的力度；（2）支持上市公司创新农业产业化龙头企业兼并重组方式，提高资源配置效率；（3）推动部分改制上市龙头企业整体上市，解决同业竞争、关联交易等历史遗留问题；（4）规范、引导借壳上市活动；（5）完善相关规章及配套政策，健全市场化定价机制；（6）推动建立内幕交易综合防治体系，有效防范和打击内幕交易；（7）完善停复牌制度和信息披露工作，强化股价异动对应监管措施；（8）加大中介机构在农业产业化龙头企业兼并重组中的作用和责任，提高中介执业的效率和质量；（9）规范和改进农业产业化龙头企业兼并重组行政审批工作；（10）优化上市公司兼并重组外部环境；（11）证监会、地方证监局、证券交易所和商品交易所，开展资本市场服务“三农”的调研工作，举办有关现代农作物种业、涉农上市企业的研讨会。

10.1.4 促进农业产业化龙头企业兼并重组的技术创新政策研究

1. 鼓励科技创新和技术改造

积极推荐符合条件的兼并重组企业承接国家科研任务。对国家级的农业产业化龙头企业兼并重组科研项目，可以由农业龙头企业直接申报，而不由地方政府申报。对符合国家产业政策的农业产业化龙头企业兼并重组升级改造项目，优先予以立项，优先安排技术改造资金。支持兼并重组企业建立研发机构，对新认定的省级以上企业技术中心、工程（重点）实验室、工程（技术）研究中心、公共技术研发检测中心等技术创新平台，在科研项目立项、科技经费资助等方面给予优先支持。

支持有条件的重组企业建立企业技术中心、工程中心、工程技术研究中心等各类研发机构，各地应对建立上述各类研发机构的兼并重组企业给予相应的政策支持。对收购国外研发机构的企业，按收购合同金额的5%

给予最高不超过500万元的一次性奖励。

2. 加快科技成果产业化进程，大力支持兼并重组企业技术改造和产品结构调整

对符合国家产业政策的技术改造项目优先核准备案、优先安排促进经济转型升级专项资金。大力支持企业运用信息化手段提升研发、生产、管理、营销等集成创新能力，鼓励和引导企业通过兼并重组淘汰落后产能，切实防止企业盲目扩张产能和低水平重复建设。

3. 鼓励农业产业化龙头企业加大科技投入力度

对符合条件的农业产业化龙头企业，落实研发费用加计扣除①、高新技术企业税收优惠等政策。积极培育以农业产业化龙头企业为主导的农业产业技术创新战略联盟。支持农业产业化龙头企业与涉农科研机构建立国家、区域重点实验室、工程技术研究中心等创新平台。建立以农业产业化龙头企业为主体，产学研相结合的技术创新体系，进一步发挥农业产业化龙头企业在建设现代农业产业技术体系中的重要作用。大力培育农业高新技术企业，重点支持农业装备与设施、农业生物制剂、现代储运与物流、农业信息、农产品加工及农产品电子商务等产业的发展。鼓励农业产业化龙头企业承担种源农业的创新和推广项目。支持农业产业化龙头企业建立市场化、产业化育种模式，开展品种研发，提高育种水平。

10.1.5 促进农业产业化龙头企业兼并重组的土地政策

中国农民现在拥有的农用土地，实际上具有两大功能，一是作为生产资料，是农民就业与增收的根本，现在大多数农民收入的主要来源还是在

① “加计扣除”是指按照税法规定在实际发生数额的基础上，再加成一定比例，作为计算应税所得额时的扣除数额的一种税收优惠措施。详见高柯：“企业所得税优惠政策　对研发费用税前加计扣除政策的解读”，载《华东科技》2012年第10期。

土地上；二是土地是农民生存的基础，承担着农村的社会保障功能。我国农户土地的这两种功能混为一体，在土地制度设计方面没有将两种功能分开，土地作为生产资料功能的资本价值也没有体现出来。由于土地价值没有得到体现，在农村劳动力转移过程中，农民通过进城务工提高收入，但为了生存的基本保障又不敢轻易放弃土地承包权。

家庭联产承包责任制是一种新型的农用土地制度，主要在保障农民的民主权利和关心农民的物质利益这两方面，内在地启动了农民生产经营的主动性、积极性和创造力。但是经过20多年的发展，农业产业化取得了较大的成就，土地的小规模家庭经营与目前农业发展现状已经出现很多矛盾，一是与土地适度规模经营的矛盾；二是与农业高科技利用的矛盾；三是与大中型农业机械推广的矛盾；四是与农业商品化的矛盾等。一家一户小规模经营已经不利于农业大规模种植，不利于农业现代化。因此，农村需要进一步改革，在现有的家庭承包责任制的基础上进行改良，增加土地流转与土地福利性转换的功能。通过逐渐完善家庭联产承包责任制，发展现代农业耕作方式，进行农业产业化经营，让农用土地发挥其应有的作用，让农业成为高科技生态产业，让农村更有利于适应现代化社会的需要。为了农民既可以通过进城务工提高收入，又可以从土地承包权中获取一定的收入，就需要将土地的两种功能分割开来，从制度设计上也就是实现土地的承包权与经营权（实际利用土地从事生产活动的权利）分离开来。让农民从土地承包权中取得其应有的价值，体现出其基本的保障功能，在此基础上将土地的经营权适当集中，提高土地的使用效率。

1. 加快农村土地流转的制度设计

农业企业的核心竞争力之一是掌控作为原料的初级农产品供应，而初级农产品的生产大多是以土地（包括水面、林地、草地等）为基础的，所以农业企业兼并重组最终要落实到企业与土地的紧密结合。在我国家庭联产承包责任制的基础上，农户土地承包权的流转还没有成熟完善的模式，从兼并重组的角度来看，股份制是兼并重组的基础，所以从“股田制”的角度来简单探讨农户土地入股的思路。

（1）成立农民土地合作社。农民土地入股要有“牵头人”，这个“牵头人”应真正代表农民的利益，由农民自发成立具有法人资格的合作社来代表农民履行股东职责应是一个最佳的选择。此外，公司法规定，有限责任公司股东人数上限为 50 人，证券法规定发行股份超过 200 人为公开发行，应经中国证监会批准。由合作社代表农民入股可以合理地规避单个农户入股导致的股东人数“超标”问题。

（2）股份权利设计的特殊考虑。由于我国土地家庭承包制度是一项基本国策，且已经形成较为系统的法律法规，所以农民以土地承包权形成的股份（下称“土地股”）的权利必须与其他普通股有所区别。在我国优先股还没有明确的法律地位，但实践中可以在公司章程中对土地股给予特殊的规定，以使其具有优先股的特征。可以规定在公司亏损达到一定程度后，赋予土地股转变为债权或“退股还地”的选择权，也可以规定公司必须保持一个固定的现金分红比例以满足没有其他劳动收入股东的基本生活需要。山东宁阳郑龙村 186 户村民通过入股方式成立合作社，每亩地为一股，每股每年保底收入 400 元，年终分红至少 300 元，如果农民愿意在合作社工作，则每亩地收益可达到 3 570 元，合作社通过这种方式已经集中土地 500 多亩种植有机菜，产生了良好的经济效益，为“股田制”创出一条成功之路。①

（3）关于股份的转让。转让土地股就意味着土地承包权的转让，所以这部分股权的转让还要符合有关土地承包相关法律法规的规定。土地股的转让又涉及两个层面的问题，一个是农民所持有的土地合作社的股份转让问题，另一个是土地合作社所持有的公司的股份转让问题。公司在设计引入土地股的方案中，应根据各地区发展的不同基础，设计出有利于保障农民利益和公司发展的规定。

2. 加快国有农场的改制

国有农场有人员和土地规模优势，更有政府支持，相对于农户来说，其土地产权关系转换比较容易，更容易通过合作等方式与生产型或流通型企业相结合，形成具有完整产业链的大型农业企业。国有农场应充分利用

① “土地入股合作社 8 万多农民变‘股民’”，载《第一财经报》2007 年 10 月 15 日。

这个机会，通过兼并重组方式，与农业科研院所、加工企业、流通企业联姻，或者直接向下游投资，力争创出一条以工带农、科技兴农之路。

3. 完善相关土地管理政策

依法依规做好兼并重组土地管理与用地服务工作，完善有关用地政策，规范处置企业兼并重组中的有关土地问题。兼并重组涉及的划拨土地符合《划拨用地目录》的，经所在地人民政府批准可以划拨方式使用；不符合《划拨用地目录》的，依法实行有偿使用。国家、省重点产业调整和振兴规划确定的企业兼并重组项目涉及原以划拨方式取得的生产与经营性用地，按照有关规定经依法批准后，可以作价出资（入股）方式处置。企业兼并重组中涉及土地变更登记的，按照有关规定办理，经省人民政府重点推进的重大兼并重组项目可按照“点供”方式优先安排用地指标。保障合理用地，对于农业产业化龙头企业兼并重组中涉及的政府投资建设不以营利为目的、具有公益性质的农产品批发市场，可按作价出资（入股）方式办理用地手续，但禁止改变用途和性质。

10.1.6 完善外资兼并重组涉农企业的政策

目前，外资兼并重组我国企业时，我们对其进行审查的机制只能参照《反垄断法》中的相关规定，而对于外资兼并重组我国的涉农企业时，依据的法律规定则乏善可陈。对外资兼并重组涉农企业的审查也只能是套用《反垄断法》中的规定，而与外资兼并重组相关的另一个重要审查内容——国家安全审查程序，目前也仍处于一片“内行说不清、外行到处说”的混沌中。对于外资进入我国涉农产业审查的相关规定更是缺失。一些关于涉农审查的规定只能参见其他的法规或者是暂行规定，这就更亟须建立我国外资兼并重组涉农企业安全审查机制。

加强和完善对重大企业兼并重组交易的管理，严格执行外资兼并重组国内企业国家安全审查制度，鼓励和规范外资以兼并重组方式参与国内农业产业化龙头企业改组改造和兼并重组，维护国家经济安全。加强和规范境外兼并重组管理，健全境外兼并重组项目协调机制，切实防范投资风险。

10.2 分类型的农业产业化龙头企业兼并重组政策建议

我国农业企业组织结构不尽合理，产业集中度不高，企业小而分散，社会化、专业化水平较低，缺乏能引领农业行业健康发展的大企业，从而引发重复建设、农产品质量安全、恶性竞争等突出问题。通过推进企业兼并重组，延伸完善产业链，提高产业集中度，促进规模化、集约化经营，发挥显著的规模效益，形成一批在行业中发挥引领作用的大企业大集团，有利于调整优化产业结构、促进农业产业持续健康发展。要发挥兼并重组这一资本扩张的手段壮大农业企业规模的作用，就必须采取相应的对策，完善相关条件作为保障。针对农业产业化龙头企业兼并重组的几种模式，我们提出以下政策建议：

10.2.1 出资购买型

1. 加强对农业产业化龙头企业兼并重组的金融支持力度

农业产业化龙头企业兼并重组的资金回报期长，短期内很难给地方带来明显的 GDP 增长，也享受不到招商引资项目所给予的诸多优惠条件，农业产业化龙头企业兼并重组，但是从兼并重组农业产业化龙头企业的集团效益考虑，整体效益会增加，风险会更小。因此，金融投资者要把农业产业化龙头企业作为兼并重组投资的重点，必然获得较好的投资回报。

出资购买型兼并重组对于兼并方的资金实力有较高要求，因此，要加强对其的金融支持力度。鼓励商业银行按照依法合规、审慎经营、风险可控、商业可持续的原则积极稳妥地开展兼并重组贷款业务，对兼并重组后的企业实施综合授信。鼓励证券公司、股权投资基金以及产业投资基金等参与企业兼并重组，向企业提供直接投资、委托贷款、过桥贷款等融资支

持，完善退出机制。支持符合条件的企业通过发行股票、债券、可转换债等方式为兼并重组融资，鼓励上市公司以股权和其他金融创新方式作为兼并重组的支付手段，大力推动部分改制上市企业整体上市。

2. 出台农业产业化龙头企业兼并重组的配套鼓励政策

农业产业化龙头企业兼并重组的难度越来越大，成本越来越高，如兼并重组后企业实施技术改造后的生产许可证变更、土地证变更、房产权变更等税赋加重，费用增多，手续繁杂，这都加大了企业兼并重组的畏惧情绪，不如投资新建来得简单，成本低。对于出资购买型兼并重组尤其如此。因此，要尽快出台相应的配套政策，简化收购程序，降低收购税费。

3. 建立大企业集团间在兼并重组中的行业自律

农业产业化龙头企业的兼并重组成本过程中，往往一家好的企业，几个集团都争相出资购买，抬高了收购价码。有些企业因此待价估售，更有甚者投机借钱不为生产经营，就等待大企业来出资购买。大企业间的市场协同是一种行业自律行为，市场协同不仅仅是维系市场供需平衡和价格稳定的问题，也应该包括兼并重组的协同效应，以降低出资购买成本。

4. 基于农业支持和保护政策，实施有差别的行业兼并重组政策抑制垄断

随着加入世贸组织，我国逐渐扩大了外商投资的行业、范围和领域。对于大部分竞争性的行业应放开对跨国兼并重组的种种限制，如股权比例、兼并重组方式等，以改变我国某些行业目前存在的生产能力过剩、产业集中度低、过度分散竞争的市场结构，提高国内企业的竞争实力。对于存在明显规模经济的工业行业，应有步骤地放开对跨国兼并重组的限制。对于农业领域的跨国兼并重组应采取谨慎的态度，尽量减少跨国兼并重组对国内农业的冲击。农业是我国的弱质产业，我国一直实行农业支持和保护政策。目前国家通过财政补贴、科技创新以及扶持农业龙头企业等措施，使我国的农业产业化发展取得了长足进步。在“公司+基地+农户”

的运作模式中，我国的农业龙头企业负有重要的社会责任，所以需要对外资兼并重组农业龙头企业的比重进行限制，同时在审批环节要从严把关。对粮食等关系国家命脉、涉及国家安全的行业领域应当严格禁止跨国兼并重组。

5. 引导龙头企业海外兼并重组

建立健全农业产业化龙头企业海外兼并重组的政策促进体系、服务保障体系和风险控制体系，创造条件促进龙头企业对外投资合作的便利化。支持有实力的龙头企业通过兼并重组获取境外知名品牌、先进技术、营销渠道、高端人才等资源，加快发展成为有较强国际竞争力的跨国公司，成为我国参与经济全球化的骨干力量和重要依托。支持企业兼并重组境外资源性企业，实现重要资源供应渠道的多元化。引导外国投资者兼并重组境内企业有序发展，维护国家产业安全。

6. 防止外资垄断损害农民利益

加入 WTO，意味着中国农业进入对外开放的新阶段，对中国农业有利的因素将逐步消失，不利因素逐渐显现。根据农产品供需结构和资源禀赋判断，我国农产品今后将呈现大进大出的趋势，农产品贸易逆差成为常态。国际农产品市场风险复杂，我国将面临越来越多国际市场风险挑战。在这样的大背景下，国外资本大举进入我国食品、农业领域，先后在大豆压榨业、乳业、种业、肉食品加工等行业占有相当重要的地位。我国农业企业产化还处于初期阶段，还没有形成完整的产业链，也没有形成绝对的核心竞争力。

政府对我国幼稚产业也应提供必要的保护，同时快速提高本土农业龙头企业的竞争力，形成中国自我发展的资本体系。利用反垄断法限制国外资本在我国农业领域的集中，加大对农业龙头企业和农户的补贴，保护我国民族产业。同时建立行业组织，实行统一的对外策略，通过直接对外采购等方式，打破跨国公司对进口的垄断。鼓励具有国际贸易经验的大中型粮食企业实施“走出去”战略，直接掌握国际粮源，建立稳定的国际粮食供应链，阻断跨国公司的风险转移链条，保障国内粮食安全。

10.2.2 投资控股型

1. 大力鼓励民营私营农业龙头企业兼并重组，放宽民营资本的市场准入

在农业龙头企业投资控股型兼并重组中，民营资本积极参与，收购主体出现多元化。但一些投资控股型兼并重组的行政干预、地方保护色彩较浓，对民营资本有意无意地形成了挤压，导致民营资本成功实施重大资产兼并重组的数量较少，民企参与投资控股型兼并重组的意愿不高。如果民营资本不能进入投资控股型兼并重组的核心，必将损害市场的效率，降低资源配置效率。

国家应鼓励民营私营农业龙头企业兼并重组，鼓励龙头企业创新发展机制。农业龙头企业投资控股型兼并重组应当借鉴国内其他行业龙头企业中成功的经营机制，不断探索、创造适合自身的利益分配机制、管理机制、营销机制，实行现代公司治理、运行模式。加快垄断行业改革，鼓励民营资本通过兼并重组等方式进入农业的竞争性业务领域，支持民营资本进入农业基础设施、农业公共事业和农业社会化服务等相关领域。

2. 制定完善的促进、规范和保护跨国兼并重组的法律体系

投资控股型跨国兼并重组愈演愈烈，政府应予以关注。要限制对关系国家安全的战略性产业的兼并重组行为，更要关注对民营企业的跨国兼并重组。未来跨国兼并重组的对象将主要是民营企业，政府应解决企业行为带来的外部性问题，既要充分发挥宏观指导作用，制定宏观战略和相关政策，明确发展目标和重点，鼓励跨国发展，规范兼并重组行为，利用市场手段进行引导和调控，又要积极参与双边、多边贸易谈判，提高我国国际地位，经济和政治相互配合，相互促进。同时，制定符合国际规范和世界通用做法的涉外经济法律体系，利用世贸组织允许的法律手段，支持和保护海外投资企业，规避风险，使我国企业兼并重组有法可依，使企业“走出去”战略能够更加持续健康发展。

3. 取消或大幅简化行政性兼并重组审批，提高经济安全审查标准和程序的透明度，改进反垄断监管

投资控股型兼并重组较其他兼并重组模式更容易产生垄断，所以，兼并重组监管应区别反垄断法普遍性适用、国资特别监管和经济安全审查中的主体差异性，取消或大幅简化对非国有企业兼并重组和风险防范能力进行的行政审查和审批措施。对兼并重组涉及反垄断、融资、就业、劳保、环保、外汇、产业政策等规定的，以监督参与者履行合规义务和备案为主，最大限度减少前置审批。反垄断审查要多附条件放行，少做预防性反垄断判断或否定交易，加强反垄断行为的查处。建立兼并重组反垄断审查豁免行业和企业名单，积极推动双边和多边合作，提高兼并重组交易效率，降低监管增加的成本。改进跨区域兼并重组分税和统计方法，简化免税兼并重组申报程序，扩大促进转型升级、控制权合并、企业分立等兼并重组交易的免税范围。建立行业经济增加值、单位产品能耗、生产效率、兼并重组绩效等强制挤出指标，鼓励和支持指标优异企业进行兼并重组，遏制低效率企业兼并重组高效率企业现象。

10.2.3 无形资产入股型

1. 支持国有企业及老字号企业兼并重组

国有企业及老字号企业的品牌是一项重要的无形资产，应该鼓励其以品牌等无形资产进行兼并重组。完善国有农业产业化龙头企业兼并重组激励制度，将市值管理绩效、兼并重组绩效纳入国有农业产业化龙头企业的业绩考核范畴，支持符合条件的企业按照有关规定实施股权激励。积极支持农业产业化老字号企业兼并重组，依法确认老字号企业无形资产的价值和权属，加强对老字号品牌价值的保护，鼓励各种资本参与老字号企业改组改制，特别是对劣势老字号企业实施战略重组。

2. 培育和发展中介机构，提高农业产业化龙头企业兼并重组的专业性

我国农业龙头企业兼并重组一般没有中介机构的参与，尤其是小型企

业在区域内的兼并重组活动大多是处于非专业状态。这种情形将导致两种结果，一种是发生于民营企业间的兼并重组案例中，失败的比例必然会升高；另一种是发生于民营企业与国营企业之间的兼并重组案例中，国有资产流失的可能性会增加。对于无形资产入股型兼并重组，最重要的是要评估无形资产的价值，无形资产价值评估值的高低，直接影响兼并重组的成败，因此，引入投资银行或者专业的咨询机构参与到无形资产入股型兼并重组活动中来，通过专业的兼并重组方案的设计，全面的尽职调查，以及直接或间接提供必要的兼并重组融资，提高农业龙头企业无形资产入股型兼并重组的成功率。

鼓励发展资产评估、会计、审计、产权交易平台等中介机构，为龙头企业无形资产入股型兼并重组提供优质服务。建立促进境内外兼并重组活动的公共服务平台，拓宽企业兼并重组信息交流渠道。积极引入律师事务所、会计师事务所等专业中介机构参与跨国兼并重组，发挥法律、技术、商务等专业服务的作用，指导和帮助企业制定境外兼并重组风险防范和应对方案，保护企业利益。

3. 健全服务体系，提高行政服务水平

落实促进中介服务业发展的有关政策，加强对农业产业化龙头企业兼并重组企业的跟踪服务，简化程序，提高效率。对兼并重组中涉及资质证明、资产权属证明等相关批准文书符合条件的，按更名方式直接办理，只收取工本费。同时，经批准后对其他行政事业性收费实行减免，非行政事业性收费应当给予优惠，切实降低企业兼并重组成本。

按照“行政效率最高、行政透明度最高、行政收费最少”的要求，深化行政审批制度改革，发挥市、区、县网上行政审批管理和服务平台作用，不断完善农业产业化龙头企业兼并重组中的行政管理与服务。编制农业产业化龙头企业兼并重组工作指引，梳理政策，剖析案例，总结经验，促进相关行政服务科学化、规范化和透明化，切实降低企业兼并重组成本。

改革企业注册登记办法，允许以股权投资方式直接申请设立集团母公司和办理集团登记证。农业产业化龙头企业因兼并重组办理工商登记，无需提交货币出资比例证明；开辟工商“绿色通道”等专项服务。农业产业化龙头

企业因兼并重组实施合并、分立，属于同一登记机关管辖范围的，可同时申请办理注销、新设或变更登记；不属于同一登记机关管辖范围的，先行受理的登记机关要帮助企业搞好工作衔接；农业产业化龙头企业合并、分立前有对外投资或设立分支机构的，可在企业注销后办理相应的变更登记。

10.2.4 资产划拨型

1. 破除农业产业化龙头企业跨地区兼并重组的制度障碍

形成国际性的农业大公司，资产划拨型兼并重组是一条非常可行的途径，资产划拨型兼并重组可以大大减少其规模扩张的难度。我国在推动农业产业化龙头企业兼并重组过程中将会遇到多方面问题，除了税收、地方产业发展导向以及企业兼并重组可能会受到地方政府干预等问题外，跨区域兼并重组的难度也会随着管理范围的扩大而增加。企业要兼并重组，做成全国性甚至世界性的龙头企业时，体制障碍就显得比较突出，因为市场是统一的，兼并重组就需要打破地方行政、条块分割。地方政府必须尽快放下传统思维和狭隘的既得利益，放弃本位主义，收起地方保护伞，尽快转变职能，把不该管的事情交给市场，加快转型升级的步伐。

第一，清理限制跨地区兼并重组的规定。为优化农业产业布局、进一步破除市场分割和地区封锁，要认真清理废止各种不利于龙头企业兼并重组和妨碍公平竞争的规定，尤其要取消各地区自行出台的限制外地企业对本地企业实施兼并重组的规定，推动企业跨区域重组。

第二，理顺地区间利益分配关系。在不违背国家有关政策规定的前提下，地区间可根据农业龙头企业资产规模和盈利能力，签订农业龙头企业兼并重组后的财税利益分成协议，妥善解决企业兼并重组后增加值等统计数据的归属问题，实现企业兼并重组成果共享。

2. 规范政府在资产划拨型兼并重组中的行为权限

企业的兼并重组本来就是企业为了适应市场的竞争所做出的调整行为，理应按照市场规律来进行，政府只负责相关法律的制定和完善，并在

宏观产业结构层面进行引导。但是在我国市场经济体制尚未健全的情况下，受到法律环境和经济发展的制约，政府在资产划拨型兼并重组中往往处于主导地位。地方政府为了本地区的经济发展利益，形成区域内的竞争优势，也会利用行政手段来帮助企业进行跨区域、跨行业的兼并重组业务。政府会要求发展比较壮大的企业对濒危的企业进行收购，并对企业工人进行合理安置，以解决社会稳定问题。在兼并重组业务中，政府以主导人的身份参与，剥夺了企业的运作主体地位，使得企业缺乏兼并的动机与愿望，使得兼并重组达成一致共识的几率减小，即使兼并重组完成，也会浪费企业大量精力进行后续的结构调整和关系协调，企业的资源得不到有效配置，无法正常地参与市场竞争，不利于企业的效益提高和长期发展。

要规范政府在资产划拨型兼并重组中的行为权限，明确政府的职责在于制定和完善相应的法律法规，保证市场公平公正，为企业健康发展提供良好的运营环境，为企业兼并重组制定产业和金融政策，提供完善的信息服务。

3. 企业要依法进行资产评估

资产评估不单单是资产评估机构的事情，企业是否配合，将直接关系到资产评估的质量。因此，作为国有资产占有单位要积极配合，认真做好资产清查和产权界定等一系列资产评估工作。为了保证评估工作的质量，资产占有单位及委托方必须明确纳入资产评估范围的资产及负债；认真进行资产清查，填报资产清单；并提供相应的产权证明。评估机构必须到现场进行认真核实，并在此基础上对涉及的全部资产（包括长期投资、土地使用权、商标使用权、专利使用权、专用使用权、专有技术、特许经营权、商誉及其他无形资产、资源性资产等各类资产）和相关负债进行评估。国有资产占有单位对所提供的各类原始资料的真实性和可靠性承担完全责任。

4. 妥善解决债权债务和职工安置问题

农业产业化龙头企业兼并重组要严格依照有关法律规定和政策妥善分类处置债权债务关系，落实清偿责任，确保债权人、债务人的合法利益。

研究债务重组政策措施，支持资产管理公司、创业投资企业、股权投资基金、产业投资基金等机构参与被兼并企业的债务处置。切实落实相关政策规定，积极稳妥地解决职工劳动关系、社会保险关系接续、拖欠职工工资等问题。制定完善相关政策措施，继续支持国有企业实施主辅分离、辅业改制和分流安置富余人员。认真落实积极的就业政策，促进下岗失业人员再就业，所需资金从就业专项资金中列支。

5. 加强农业产业化龙头企业兼并重组的风险监管

督促农业产业化龙头企业严格执行兼并重组的有关法律法规和政策，规范操作程序，加强信息披露，防范道德风险，确保兼并重组操作规范、公开、透明。深入研究农业产业化龙头企业兼并重组中可能出现的各种矛盾和问题，加强风险评估，妥善制定相应的应对预案和措施，切实维护企业、社会和谐稳定。有效防范和打击内幕交易和市场操纵行为，防止恶意收购，防止以企业兼并重组之名甩包袱、偷逃税款、逃废债务，防止国有资产流失。充分发挥境内银行、证券公司等金融机构在跨国兼并重组中的咨询服务作用，指导和帮助农业产业化龙头企业制定境外兼并重组风险防范和应对方案，保护企业利益。及时了解和掌握重点企业兼并重组动向，对涉及重大民生项目、自主品牌、关键技术的兼并重组，应按规定履行报批手续。

6. 加快社会保障体系建设，为推进农业产业化龙头企业兼并重组奠定坚实基础

政府是推进农业产业化龙头企业兼并重组的重要保证。农业产业化龙头企业兼并重组是一项复杂的系统工程，许多关键问题和深层次矛盾，单靠农业产业化龙头企业自身的努力是无法解决的，必须靠政府的支持和帮助。社会保障是社会的安全和福利制度，包括城市社会保障和农村社会保障。政府应当着力于建立适应市场经济发展需要的、多渠道筹集社会保障资金，抓好社会互助活动，加强社会保障立法工作，建设最低生活保障制度、医疗保险制度和社会养老保险制度，为经济活动提供安全的社会保障。

参考文献

［1］［美］阿瑟·刘易斯：《二元经济论》，北京经济学院出版社 1998 年版。

［2］陈丹、唐茂华：《“三农”政策的整合及协调研究：一个整体性框架》，载《学习与实践》2012 年第 1 期。

［3］陈剑：《加快农业产业化经营发展模式及路径选择》，载《农业经济》2010 年第 1 期 。

［4］陈磊等：《基于 DEA 的农业产业化龙头企业带动农户能力评价研究——以福建省 87 家龙头企业为例》，载《经济问题》2011 年第 12 期。

［5］程国强：《中国农业政策的支持水平与结构特征》，载《发展研究》2011 年第 9 期。

［6］邓胜东等：《农业龙头企业的科技创新服务功能浅析》，载《科技与企业》2012 年第 22 期。

［7］范永玲：《对实现农业规模经营途径的探讨》，载《农业纵横》2010 年第 3 期。

［8］韩喜平：《我国土地适度规模经营政策的历史演变与反思》，载《科学社会主义》2010 年第 2 期。

［9］蒋和平：《适度规模经营是农业现代化的重要途径》，载《农民日报》2013 年 1 月 1 日。

［10］蒋和平：《适度规模经营是农业现代化的重要途径》，载《农民日报》2013 年 1 月 1 日。

［11］蒋和平、崔凯：《培育创业型农民带动中国农业现代化建设》，载《四川大学学报》（哲学社会科学版）2012 年第 3 期。

［12］蒋和平等：《建设中国现代农业的思路和实践》，中国农业出版

社 2009 年版。

[13] 蒋和平等:《中国特色农业现代化建设机制与模式》,中国农业出版社 2013 年版。

[14] 蒋和平等:《中国特色农业现代化建设研究》,经济科学出版社 2011 年版。

[15] 李瑞民:《农业政策性金融支持农民增收问题探讨——从龙头企业辐射带动的视角进行分析》,载《农业发展与金融》2009 年第 8 期 。

[16] 李书锋、江土金:《美国企业兼并重组述评》,载《财会通讯》2001 年第 2 期。

[17] 李万明、魏玲玲:《新疆兵团农业产业化龙头企业发展问题研究》,载《新疆农垦经济》2013 年第 3 期。

[18] 刘保:《农业产业化龙头企业发展现状、难点与对策——基于连云港市的实地调查》,载《金融纵横》2009 年第 7 期 。

[19] 刘俊:《挖掘农业潜力应加强"组织化"》,载《源流》2013 年第 3 期。

[20] 卢良恕:《中国农业现代化建设理论、道路与模式》,山东科技出版社 1996 年版。

[21] 陆磊等:《中国农村金融改革的蓄势与突破》,载《中国农村金融》2013 年第 3 期。

[22] 马彦今:《辽宁省推进农业产业化经营的经验探讨》,载《农业经济》2010 年第 1 期 。

[23] 乔福厚:《农业产业化龙头企业的博弈分析》,载《内蒙古统计》2013 年第 2 期。

[24] 秦富:《培育壮大农业龙头企业》,载《中国国情国力》2013 年第 3 期。

[25] 曲福玲:《天津都市农业发展现状、问题及对策研究》,载《农业经济》2010 年第 9 期 。

[26] 申彩虹等:《对制约农业龙头企业发展因素的调查及对策取向》,载《中国经贸导刊》2010 年第 15 期。

[27] [日] 速水佑次郎、[美] 弗农·拉坦:《农业发展的国际分

析》，中国社会科学出版社2000年版。

[28] 田冰川：《以重组兼并重组促进我国种业做大做强——解读〈国务院关于促进企业兼并重组的意见〉》，载《种子世界》2011年第2期。

[29] 王筱：《农业产业化龙头企业的使命与机遇》，载《农经》2013年第1期。

[30] 王雪娇等：《农业政策性金融扶持龙头企业发展的国内外经验和启示》，载《农业经济》2013年第5期。

[31] [美] 西奥多·W·舒尔茨：《改造传统农业》，商务印书馆1998年版。

[32] 宣杏云、王春法等：《西方国家农业现代化透视》，上海远东出版社1998年版。

[33] 颜渊：《我国企业兼并重组中的纳税筹划》，载《合作经济与科技》2013年第5期。

[34] 杨万娣：《加强农业龙头企业建设 提升产业化经营水平》，载《现代农业》2012年第11期。

[35] 杨英：《试论企业兼并重组及问题对策》，载《科技信息》2010年第26期。

[36] [美] 约翰·梅尔著，王华译：《农业经济发展学》，农村读物出版社1988年版。

[37] 张迪颖：《对我国企业兼并重组中存在的问题的讨论》，载《中国总会计师》2013年第1期。

[38] 张明林等：《我国农业龙头企业绿色品牌“局部化”战略的现状、动机、问题与对策》，载《宏观经济研究》2012年第8期。

[39] 张日新等：《农业龙头企业产学研合作及其绩效研究——以广东温氏集团为例》，载《科技管理研究》2009年第11期。

[40] 章军：《安徽省农业产业化龙头企业发展问题与对策》，载《安徽农业科学》2013年第7期。

[41] 赵海：《政府政策扶持、创新驱动对我国农业产业化龙头企业发展的影响——基于894家国家重点龙头企业的实证分析》，载《技术经济》2012年第8期。

[42] David N. Plank Gary Sykes Editors, Choosing Choice, School Choice in international perspective, Teachers college, Columbia university 2003.

[43] Fan Senggen, 2000. "Research Investment and the Economic Returns to Chinese Agricultural Research" Journal of Productivity Analysis, Vol. 14, No. 92.

[44] Thomas. C. Ricketts edited, Rural health in United States. Oxford university press, 1999.

[45] Timotny stoltzfus Jost, Disentitlement? The threats facing our public health progrems and a right-based Response. Oxford University Press, 2003.

后 记

农业产业化龙头企业兼并重组是推动我国农业产业化进程和实现农业发展方式转型的重要途径。近些年来我国出台了一系列政策，大力支持农业产业化龙头企业通过兼并重组等方式来组建大型企业集团，采取有力措施来扶持农业产业化龙头企业，这些政策和措施对推动我国农业产业化龙头企业兼并重组产生了较好作用，也取得了显著成效。理论来源于实践，更应该指导实践的发展，在推动我国农业产业化龙头企业兼并重组中，政府如何充分发挥引导、协调、服务等作用，主要采用何种方式来推动农业产业化龙头企业兼并重组，这些政府行为有何特点，政府在推动兼并重组时应承担哪些职能，农业产业化龙头企业兼并重组存在的问题、典型模式有哪些，应如何改进和完善推动农业企业兼并重组的政策法规，这些都是农业经济学界应该及时思考并积极研究的问题。本书从理论和实践层面，结合国内外兼并重组经验分产业对我国农业产业化龙头企业兼并重组发展现状、问题及趋势进行了全面分析，系统研究农业产业化龙头企业兼并重组的政策环境和政府行为，在案例研究基础上总结出典型的兼并重组模式，进而有针对性地提出完善我国农业产业化龙头企业兼并重组政策、体制和机制的相关建议，这不仅是对我国近年来大力推行的农业产业化龙头企业兼并重组政策及其效果的客观总结，也将为今后一段时期我国农业产业化龙头企业兼并重组实践提供有益的理论和实践参考。

近 3 年来，我们一直关注着我国农业产业化发展问题，针对我国农业产业化龙头企业兼并重组问题，结合主持的 2013 年工业和信息化部重大招标课题“促进农业产业化龙头企业兼并重组政策研究”，对我国农业产业化龙头企业兼并重组现状、问题、政策环境、政府行为、政府职能、兼并重组模式、政策的调整和完善等重大问题进行了系统阐述，本书就是近年来课题组研究的系统成果。

本书由中国农业科学院农经所蒋和平教授牵头和统稿，参加本书撰写的科研人员主要有蒋和平教授、湖南吉首大学蒋辉副教授、中国人民大学蒋黎博士、中国农科院农经所辛岭副研究员等；参加本书撰写和校核工作的还有博士后詹琳，研究生崔凯、彭成圆、刘学瑜、朱福守、张松涛、陈冬等。

全书的编写分工如下：前言由蒋和平撰写；第1章、第2章由蒋和平、崔凯撰写；第3章由蒋黎、蒋辉撰写；第4章由蒋黎、崔凯撰写；第5章由蒋辉、辛岭、蒋黎撰写；第6章由蒋和平、蒋辉撰写；第7章由蒋辉、蒋和平撰写；第8章由蒋辉、辛岭、蒋黎撰写；第9章由蒋和平、辛岭、詹琳撰写；彭成圆、刘学瑜、朱福守、张松涛、陈冬等完成了本书的校对、编辑、排版和打印工作。课题组全体研究成员在为期两年的调研、座谈、讨论、研究过程中攻坚克难，付出了辛勤劳动和汗水，对此表示衷心的感谢。

在课题调研过程中，得到了工业和信息化部产业政策司、农业部农业产业化办公室和中国农学会农业产业化分会冀献民秘书长等单位和个人的大力支持，北京汇源饮料食品集团有限公司、中粮集团有限公司、北京新发地农产品有限公司、广东温氏食品集团股份有限公司、中华棉花集团有限公司、广东省四会市人民政府等单位为课题调研提供了宝贵的第一手资料和数据。中国农科院农经所领导对现代农业研究室科研创新团队开展工作给予了积极支持，尤其是中国农科院农经所所长秦富教授、党委书记任爱荣研究员、副所长马飞研究员、王济民研究员等领导，以及朱立志研究员、李宁辉研究员、吴敬学研究员一直以来都在积极支持本团队的研究工作，从而使得本课题研究和本书编写工作得以顺利进行。对于上述长期以来支持本团队研究工作的单位、领导和专家们谨表诚挚的谢意！

本书出版得到了经济科学出版社齐伟娜编辑热心的帮助，对此，作者深表感谢。

在本书即将出版之际，我对所有关心中国农业产业化发展，为本书写作和研究提供各种数据和资料，以及给予各种帮助和支持的各位专家同仁和朋友衷心感谢。

蒋和平

2013 年 8 月于北京

图书在版编目（CIP）数据

促进农业产业化龙头企业兼并重组政策研究／蒋和平，蒋辉，蒋黎著．—北京：经济科学出版社，2013.12
（中国农业科学院农业经济与发展研究所研究论丛．第3辑）
ISBN 978-7-5141-4143-6

Ⅰ.①促… Ⅱ.①蒋…②蒋…③蒋… Ⅲ.①农业企业-龙头企业-企业兼并-研究-中国 Ⅳ.①F324

中国版本图书馆CIP数据核字（2013）第304824号

责任编辑：齐伟娜
责任校对：郑淑艳
责任印制：李 鹏

促进农业产业化龙头企业兼并重组政策研究
蒋和平 蒋辉 蒋黎 著
经济科学出版社出版、发行 新华书店经销
社址：北京市海淀区阜成路甲28号 邮编：100142
总编部电话：010-88191217 发行部电话：010-88191540
网址：www.esp.com.cn
电子邮件：esp@esp.com.cn
天猫网店：经济科学出版社旗舰店
网址：http://jjkxcbs.tmall.com
北京季蜂印刷有限公司印装
710×1000 16开 15.75印张 240000字
2013年12月第1版 2013年12月第1次印刷
ISBN 978-7-5141-4143-6 定价：42.00元
（图书出现印装问题，本社负责调换。电话：010-88191502）